INTELIGÊNCIA ARTIFICIAL

Revisão técnica:

Carine Webber
Doutora em Ciência da Computação

S586i   Silva, Fabrício Machado da
        Inteligência artificial / Fabrício Machado da Silva, Maikon Lucian Lenz, Pedro Henrique Chagas Freitas e Sidney Cerqueira Bispo dos Santos; revisão técnica: Carine Webber. – Porto Alegre : SAGAH, 2023.

        ISBN 978-65-5690-454-2

        1. Inteligência artificial. I. Lenz, Maikon Lucian. II. Freitas, Pedro Henrique Chagas. III. Santos, Sidney Cerqueira Bispo dos. IV. Título.

        CDU 004.8

Catalogação na publicação: Mônica Ballejo Canto – CRB 10/1023

INTELIGÊNCIA ARTIFICIAL

Fabrício Machado da Silva
Especialista em Qualidade de Software

Maikon Lucian Lenz
Especialista em Automação Industrial e Controle de Processos
Engenheiro de Controle e Automação

Pedro Henrique Chagas Freitas
Mestre em Gestão do Conhecimento e Tecnologia da Informação
Especialista em Gestão e Desenvolvimento de Sistemas de Informação
Engenheiro de Computação

Sidney Cerqueira Bispo dos Santos
Doutor em Sistemas de Telecomunicações
Mestre em Engenharia Elétrica
Especialista em Ciências Militares
Especialista em Gestão Estratégica de Instituições de Ensino Superior
Aperfeiçoamento em Formação de Professores em EAD
Graduado em Engenharia Elétrica

Porto Alegre,
2023

© Grupo A Educação S.A., 2023

Gerente editorial: *Arysinha Affonso*

Colaboraram nesta edição:
Editora responsável: *Carol Vieira*
Capa: *Paola Manica | Brand&Book*
Editoração: *Ledur Serviços Editoriais Ltda.*

Importante

Os *links* para *sites* da *web* fornecidos neste livro foram todos testados, e seu funcionamento foi comprovado no momento da publicação do material. No entanto, a rede é extremamente dinâmica; suas páginas estão constantemente mudando de local e conteúdo. Assim, os editores declaram não ter qualquer responsabilidade sobre qualidade, precisão ou integralidade das informações referidas em tais *links*.

Reservados todos os direitos de publicação ao GRUPO A EDUCAÇÃO S.A.
(Sagah é um selo editorial do GRUPO A EDUCAÇÃO S.A.)

Rua Ernesto Alves, 150 – Floresta
90220-190 Porto Alegre RS
Fone: (51) 3027-7000

SAC 0800 703-3444 – www.grupoa.com.br

É proibida a duplicação ou reprodução deste volume, no todo ou em parte, sob quaisquer formas ou por quaisquer meios (eletrônico, mecânico, gravação, fotocópia, distribuição na Web e outros), sem permissão expressa da Editora.

IMPRESSO NO BRASIL
PRINTED IN BRAZIL

APRESENTAÇÃO

A recente evolução das tecnologias digitais e a consolidação da internet modificaram tanto as relações na sociedade quanto as noções de espaço e tempo. Se antes levávamos dias ou até semanas para saber de acontecimentos e eventos distantes, hoje temos a informação de maneira quase instantânea. Essa realidade possibilita a ampliação do conhecimento. No entanto, é necessário pensar cada vez mais em formas de aproximar os estudantes de conteúdos relevantes e de qualidade. Assim, para atender às necessidades tanto dos alunos de graduação quanto das instituições de ensino, desenvolvemos livros que buscam essa aproximação por meio de uma linguagem dialógica e de uma abordagem didática e funcional, e que apresentam os principais conceitos dos temas propostos em cada capítulo de maneira simples e concisa.

Nestes livros, foram desenvolvidas seções de discussão para reflexão, de maneira a complementar o aprendizado do aluno, além de exemplos e dicas que facilitam o entendimento sobre o tema a ser estudado.

Ao iniciar um capítulo, você, leitor, será apresentado aos objetivos de aprendizagem e às habilidades a serem desenvolvidas no capítulo, seguidos da introdução e dos conceitos básicos para que você possa dar continuidade à leitura.

Ao longo do livro, você vai encontrar hipertextos que lhe auxiliarão no processo de compreensão do tema. Esses hipertextos estão classificados como:

Saiba mais

Traz dicas e informações extras sobre o assunto tratado na seção.

Fique atento

Alerta sobre alguma informação não explicitada no texto ou acrescenta dados sobre determinado assunto.

Exemplo

Mostra um exemplo sobre o tema estudado, para que você possa compreendê-lo de maneira mais eficaz.

Link

Indica, por meio de *links* e códigos QR*, informações complementares que você encontra na *web*.

https://sagah.maisaedu.com.br/

Todas essas facilidades vão contribuir para um ambiente de aprendizagem dinâmico e produtivo, conectando alunos e professores no processo do conhecimento.

Bons estudos!

---

* Atenção: para que seu celular leia os códigos, ele precisa estar equipado com câmera e com um aplicativo de leitura de códigos QR. Existem inúmeros aplicativos gratuitos para esse fim, disponíveis na Google Play, na App Store e em outras lojas de aplicativos. Certifique-se de que o seu celular atende a essas especificações antes de utilizar os códigos.

PREFÁCIO

Os sistemas inteligentes já fazem parte do nosso cotidiano: carros inteligentes, reconhecimento facial, aplicações médicas, segurança de dados, prevenção de fraudes, sistemas de recomendação, personalização do *marketing*, indústria 4.0, educação 4.0.

A inteligência artificial aplicada às mais diferentes atividades humanas proporciona o desenvolvimento de sistemas com capacidade de planejar, compreender a linguagem, reconhecer sons e objetos, aprender e resolver problemas. É um processo de aprendizagem de máquina em que um algoritmo é executado várias vezes com grandes quantidades de dados para que o sistema se ajuste e se aprimore continuamente. A aprendizagem de máquina possui diferentes abordagens, como redes neurais, aprendizado profundo (*deep learning*), árvores de decisão, programação de lógica indutiva, agrupamento, aprendizagem de reforço e redes *bayesianas*.

Este livro trata especificamente de inteligência artificial. A disciplina foca principalmente o estudo de redes neurais e os conceitos básicos oriundos de outras áreas do conhecimento relacionados com essa abordagem.

Carine Webber

SUMÁRIO

Introdução à inteligência artificial 13
Fabrício Machado da Silva
  Origem da inteligência artificial 13
  Categorizações da inteligência artificial 16
  Importância da análise estatística de dados 17

Teste de Turing 23
Fabrício Machado da Silva
  Conceito do teste de Turing 23
  Análise do teste de Turing 25
  Aplicação do conceito do teste de Turing atualmente 29

Estatística para inteligência artificial 33
Fabrício Machado da Silva
  Estatística 34
  Medidas de dispersão 34
  Regressão linear e medida de curtose 37
  Estatística e inteligência artificial 39

Probabilidade 43
Fabrício Machado da Silva
  Definições básicas de probabilidade 43
  Probabilidade condicional 47
  Aplicação da probabilidade na inteligência artificial 50

Introdução ao Python I 55
Fabrício Machado da Silva
  Python 55
  Tipos de dados, variáveis e expressões 58

Introdução ao Python II 67
Fabrício Machado da Silva
  Funções 67
  Classes 72

Estrutura de dados para IA I 79
Pedro Henrique Chagas Freitas
  Listas em Python 79
  Filas em Python 84
  Pilhas em Python 85

Estrutura de dados para IA II 89
Pedro Henrique Chagas Freitas
  Fundamentos sobre árvores binárias 89
  Algoritmo de busca em largura 94
  Algoritmo de busca em profundidade 98

Estrutura de dados para IA III 103
Pedro Henrique Chagas Freitas
  Tabelas *hash* 103
  Colisões em tabelas *hash* 105
  Tabelas *hash* em Python 108

Redes neurais artificiais I 111
Pedro Henrique Chagas Freitas
  Redes neurais artificiais 111
  Estruturas de redes neurais artificiais 115
  Algoritmos de redes neurais artificiais 120

Perceptrons 125
Maikon Lucian Lenz
  Modelo de neurônio — perceptron 125
  Representações de perceptrons 129
  Aprendizado de funções linearmente separáveis 134

Redes multicamadas 141
Maikon Lucian Lenz
  Características de redes multicamadas 141
  Backpropagation 145
  Aplicação de redes multicamadas 153

Aplicações de redes neurais 157
Maikon Lucian Lenz
  Redes neurais e internet das coisas 157
  Redes neurais e medicina 161
  Redes neurais e agronomia 163

Redes neurais convolucionais I 169
Sidney Cerqueira Bispo dos Santos
  Introdução ao processamento de imagens 170
  Formação das imagens 173
  Extração de características de imagens 179

Redes neurais convolucionais II 185
Maikon Lucian Lenz
  Redes neurais densas e convolucionais 185
  Camadas das redes convolucionais 191
  Extração de características 194

Redes neurais convolucionais III 201
Maikon Lucian Lenz
    Operação de convolução 202
    Funções de *pooling* e *flattening* 211
    Redes neurais convolucionais densas 214

Diferentes técnicas de IA 219
Sidney Cerqueira Bispo dos Santos
    Agentes inteligentes 220
    Algoritmos genéticos 227
    Aprendizado de máquinas 232

Introdução à inteligência artificial

Objetivos de aprendizagem

Ao final deste texto, você deve apresentar os seguintes aprendizados:

- Reconhecer o conceito de inteligência artificial e sua história.
- Analisar os tipos de inteligência artificial.
- Identificar a importância da distribuição, frequência e média para a inteligência artificial.

Introdução

O termo "inteligência artificial" representa um *software* diferente dos demais, pois é inteligente e visa fazer os computadores realizarem funções que eram exclusivamente dos seres humanos, por exemplo, praticar a linguagem escrita ou falada, aprender, reconhecer expressões faciais, etc. Seu campo tem um longo histórico e muitos avanços, como o reconhecimento de caracteres ópticos, que atualmente são considerados de rotina.

Neste capítulo, você estudará a origem e o conceito de inteligência artificial, seus tipos ou suas classificações de sistemas inteligentes e a importância dos métodos estatísticos utilizados pelos sistemas desse *software*.

Origem da inteligência artificial

A inteligência artificial está cada vez mais presente no dia a dia, mas essa tecnologia é mais antiga do que você pensa e começou a ser desenvolvida ainda na década de 1950, com o Dartmouth Summer Research Project on Artificial Intelligence (Projeto de Pesquisas de Verão em Inteligência Artificial de Dartmouth) no Dartmouth College, em Hanover, New Hampshire, Estados Unidos.

Contudo, seu objeto de estudo continua não sendo muito claro, no sentido em que o ser humano ainda não possui uma definição suficientemente satisfatória de inteligência e, para compreender seus processos e a representação do conhecimento, deve dominar os conceitos de inteligência humana e conhecimento.

Com o decorrer do tempo, surgiram várias linhas de estudo da inteligência artificial, como a biológica, que estudava o desenvolvimento de conceitos que pretendiam imitar as redes neurais humanas. Já durante os anos de 1960, essa ciência recebeu o nome de inteligência artificial, e seus pesquisadores pensavam ser possível que máquinas realizassem tarefas humanas complexas, como raciocinar. Depois de um período, na década de 1980, esse estudo sobre redes neurais volta e, nos anos de 1990, ele tem um grande impulso, consolidando-o verdadeiramente como a base das análises de inteligência artificial.

Assim sendo, a inteligência artificial foi desenvolvida para que os dispositivos criados pelo ser humano pudessem desempenhar determinadas funções sem a interferência humana, mas quais são elas? A cada dia que passa, a resposta fica maior e pode ser entendida por meio de alguns exemplos de suas aplicações.

O sistema de inteligência artificial não é capaz apenas de armazenar e manipular dados, como também adquirir, representar e manipular conhecimento. A manipulação inclui a capacidade de deduzir ou inferir novos conhecimentos ou relações sobre fatos e conceitos a partir do conhecimento já existente e utilizar métodos de representação e manipulação para resolver problemas complexos que são frequentemente não quantitativos por natureza.

Uma das ideias mais úteis que emergiram das pesquisas é que fatos e regras (conhecimento declarativo) podem ser representados separadamente dos algoritmos de decisão (conhecimento procedimental), tendo um efeito profundo tanto na forma com que os cientistas abordavam os problemas como nas técnicas de engenharia para produzir os sistemas inteligentes. Ao adotar um procedimento particular ou a máquina de inferência, o desenvolvimento de um sistema de inteligência artificial é reduzido à obtenção e codificação de regras e fatos que sejam suficientes para determinado domínio do problema, cujo processo é chamado de engenharia do conhecimento.

Portanto, as principais questões a serem contornadas pelo projetista do sistema de inteligência artificial são aquisição, representação e manipulação de conhecimento e, geralmente, uma estratégia de controle ou a máquina de inferência que determina os itens de conhecimento acessados, as deduções feitas e a ordem dos passos usados. Na Figura 1, você pode ver tais questões e a inter-relação entre os componentes de um sistema clássico de inteligência artificial.

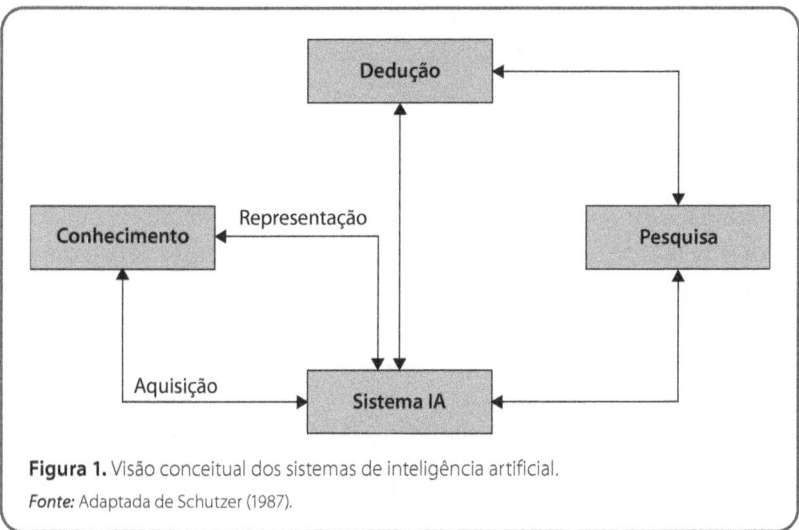

Figura 1. Visão conceitual dos sistemas de inteligência artificial.
Fonte: Adaptada de Schutzer (1987).

Exemplos de aplicação da inteligência artificial

O setor de atendimento ao consumidor é um dos mais beneficiados pela inteligência artificial, porque a eficiência do *chatbot* (robô atendente) assegura que todo usuário seja devidamente atendido, solucionando sua dúvida de maneira imediata ou redirecionando-o à área competente. Porém, como o *chatbot* funciona na prática? Quando o cliente acessa ao *site* da empresa e deseja tirar dúvidas ou falar com o representante, há um robô de prontidão para respondê-lo por meio do chat, assim, ao mesmo tempo em que isso agiliza o processo, por ocorrer imediatamente, ainda valoriza o tempo dos empregados que prestam o atendimento inicial, permitindo que eles se dediquem a outros processos internos.

Link

Acesse o *link* a seguir para ver um exemplo de aplicação da inteligência artificial, como a plataforma digital que pretende solucionar problemas relacionados aos planos de saúde em até três horas; o uso dessa tecnologia na medicina, por exemplo, no tratamento de doenças; e o primeiro hospital da América Latina a usá-la contra o câncer.

https://qrgo.page.link/6QoR

A chegada das *fintechs* no mercado financeiro, antes dominado por tradicionais instituições bancárias, também expandiu as possibilidades do consumidor com inovações incríveis, as quais costumam envolver o uso de inteligência artificial.

Quanto à inteligência artificial moderna, oriunda dos anos de 1950 com Alan Turing (criptoanalista), passando por Noam Chomsky (linguista) até HAL 9000 e Watson, desenvolveu-se duas perspectivas que se tornaram conhecidas como inteligência artificial forte e fraca.

Fique atento

A inteligência artificial é definida como o estudo dos sistemas que agem de um modo que, a um observador qualquer, pareçam ser inteligentes.

Categorizações da inteligência artificial

As categorizações da inteligência artificial auxiliam a compreender seu grau de desenvolvimento, que vai desde o mais restrito e específico até a superinteligência. Assim, de forma geral, qualquer produto dessa ciência pode ser classificado em três categorias.

Inteligência artificial fraca

A inteligência artificial fraca é uma corrente de pesquisa e desenvolvimento que defende que nunca será possível construir máquinas inteligentes no real sentido da palavra, pois, para ela, a inteligência demanda consciência e autopercepção, habilidades impossíveis de serem recriadas. Tudo que se pode fazer envolve imitar comportamentos inteligentes e emoções, bem como resolver problemas, mas nunca a consciência, considerando que isso se resume a um conjunto de cálculos.

Inteligência artificial forte

Já o grupo da inteligência artificial forte acredita que um dia será possível recriar máquinas capazes de pensar, criar e exibir comportamento inteligente nos moldes humanos, a partir da criação de algoritmos cognitivos que possam executar em computadores. Assim, essas duas correntes são de caráter filosófico e servem para refletir sobre os limites da tecnologia.

Superinteligência

O termo superinteligência, por sua vez, foi definido pelo filósofo sueco Nick Bostrom como "um intelecto que é muito mais inteligente do que o melhor cérebro humano em praticamente todas as áreas, incluindo criatividade científica, conhecimentos gerais e habilidades sociais" (BOSTROM, 2003, p. 12–17). Assim, a artificial abrange possibilidades que variam desde o computador um pouco mais inteligente do que um ser humano até aquele milhões de vezes mais inteligente do que uma pessoa em todas as capacidades intelectuais.

Nesse tipo hipotético de inteligência artificial, concentram-se hoje as principais discussões, pois é dessa área que vêm as promessas mais promissoras e assustadoras para o futuro da humanidade: a imortalidade ou a extinção dos seres humanos.

Importância da análise estatística de dados

A estatística pode ser explicada como um ramo da ciência que busca modelar a incerteza e a aleatoriedade para inferir conclusões para a estimativa de fenômenos futuros, funcionando por meio da coleta, análise e interpretação de dados. Em suma, ela é uma ferramenta para interpretar esses dados.

Aliada à inteligência artificial, decorrente do avanço científico em campos como *machine learning* (o aprendizado de máquinas que substitui a codificação algorítmica por seres humanos) e *deep learning* (o campo de codificação algorítmica com uso das técnicas de redes neurais artificiais, que imitam o cérebro), a estatística é uma área de apoio para atravessar a Era *big data* e enfrentar todos os inerentes desafios e oportunidades, como na Indústria 4.0 e na Internet of Things (IoT). Na Figura 2, você pode conferir uma representação dos campos da inteligência artificial.

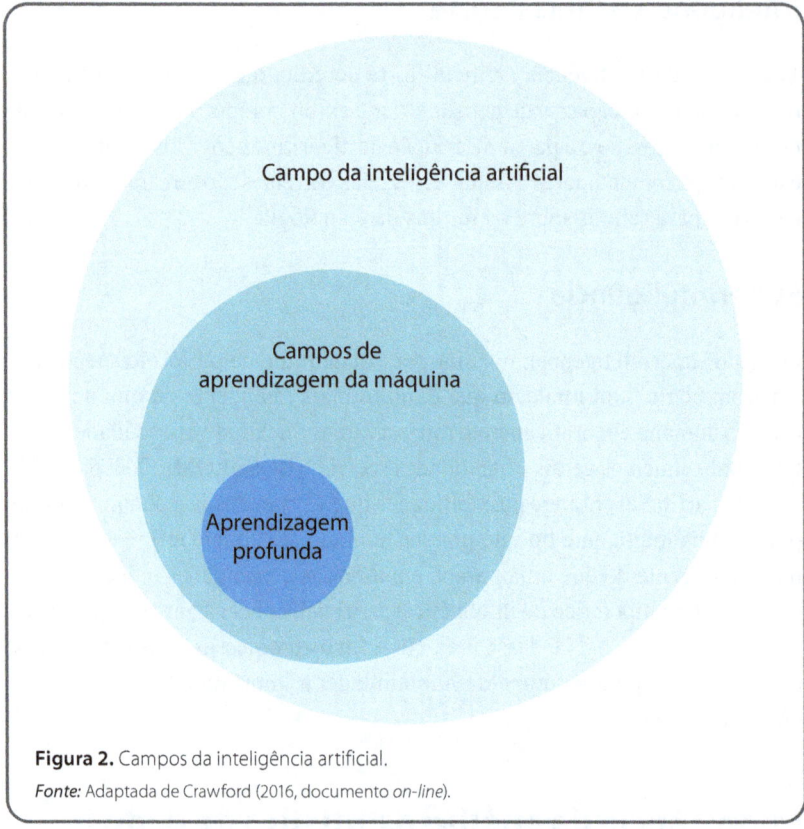

Figura 2. Campos da inteligência artificial.
Fonte: Adaptada de Crawford (2016, documento *on-line*).

Ao abordar uma problemática envolvendo métodos estatísticos, estes devem ser utilizados antes de se recolher a amostra, planejando a experiência que permitirá essa coleta de dados a fim de, posteriormente, extrair o máximo de informação relevante para o problema e a população da qual eles provêm.

Quando você tiver esses dados, precisa agrupá-los e reduzi-los sob forma de amostra, evitando a aleatoriedade.

Já o objetivo do estudo estatístico inclui estimar uma quantidade ou testar uma hipótese, utilizando as técnicas convenientes, as quais realçam toda a potencialidade da estatística, na medida em que permitem tirar conclusões sobre uma população e baseiam-se em uma pequena amostra, propiciando uma medida do erro cometido.

Distribuição de frequências

Na análise de dados, é comum conferir certa ordem aos números e torná-los visualmente mais amigáveis. Assim, o procedimento mais frequente é sua divisão por classes ou categorias, verificando-se o número de indivíduos pertencentes a cada uma.

A distribuição de frequências compreende a organização dos dados de acordo com as ocorrências dos diferentes resultados para cada variável. Essas informações podem ser resumidas e visualizadas por meio de tabelas e gráficos.

Essa distribuição dos dados pode ser feita de dois modos: relativo ou acumulado. A frequência relativa é a apresentação da frequência de valores que aparecem em cada uma das faixas, dividida pela frequência total de valores de um conjunto, geralmente, expressa em porcentagem e sendo representada pela seguinte fórmula:

$$Frequência\ relativa\ (faixa) = \frac{(frequência\ da\ faixa)}{(frequência\ total)} \times 100$$

O modo acumulado, por sua vez, é a apresentação das frequências acumuladas que aparecem em cada uma das faixas, dividida pela frequência total de valores de um conjunto. Assim, uma simples análise da distribuição de frequências tem muito valor.

Quando se começa a descrever os dados e a explorá-los, compreende-se um pouco mais a população da qual eles foram extraídos. Esse tipo de análise pode ser caracterizado como exploratório ou uma tentativa de captar a essência das informações contidas nesses dados, por meio da construção de tabelas e gráficos. Em termos mais técnicos, uma análise exploratória consiste na busca de um padrão ou modelo que possa orientar em estudos posteriores.

No Quadro 1, você pode ver uma distribuição de frequências e sua análise.

Quadro 1. Exemplo de distribuição de frequências

Intervalos de classe	Frequências
0 | – 10	47
10 | – 20	29
20 | – 30	13
30 | – 40	7
40 | – 50	3
Acima de 50	1

Média aritmética

A média é entendida como o ponto de equilibração entre os dados de uma distribuição, considerando os desvios dos valores. Já a média aritmética seria o valor que equilibra os dados — como o ponteiro de uma balança — e equivaleria ao ponto central da massa de um conjunto deles (NOVAES; COUTINHO, 2009). Os estudos anteriores sobre média apontam diferentes aspectos conceituais que precisariam ser abordados na escola, por exemplo, Strauss e Bichler (1988) investigaram essa compreensão entre 80 estudantes com 8 a 12 anos, em Israel, e elencaram sete propriedades que deveriam ser ensinadas para se ter o domínio do conceito de média.

No Quadro 2, você pode ver as propriedades da média segundo Strauss e Bichler (1988).

Quadro 2. Propriedades da média

Propriedades (P)	Significado
P1	A média está localizada entre os valores extremos.
P2	A soma dos desvios a partir da média é zero.
P3	A média é influenciada por cada um e por todos os valores.
P4	A média não coincide necessariamente com um dos valores do banco de dados que a compõe.
P5	A média pode ser um número que não tem correspondente na realidade física.
P6	O cálculo da média considera todos os valores, inclusive os nulos e os negativos.
P7	A média é um valor representativo do banco de dados a partir dos quais ela foi calculada.

Fonte: Adaptado de Strauss e Bichler (1988).

Exemplo

A DeepMind Health faz parte do Google e trabalha com o University College London Hospitals para desenvolver algoritmos de aprendizado de máquinas que detectam diferenças em tecidos saudáveis e cancerosos a fim de melhorar os tratamentos de radioterapia. A pesquisa usa uma técnica chamada de *deep learning*.

Referências

CRAWFORD, C. An Introduction to Deep Learning. *Algorithmia — AI in Every Application*, Seattle, 4 Nov. 2016. Disponível em: https://blog.algorithmia.com/introduction-to-deep-learning/. Acesso em: 27 abr. 2019.

NOVAES, D. V.; COUTINHO, C. Q. S. *Estatística para a educação profissional*. São Paulo: Atlas, 2009. 186 p.

SCHUTZER, D. *Artificial intelligence*: na applications-oriented approach. New York: Van Nostrand Reinhold, 1987. 294 p.

STRAUSS, S.; BICHLER, E. The development of children's concepts of the arithmetic average. *Journal for Research in Mathematics Education*, Reston, v. 19, n. 1, p. 64–80, Jan. 1988.

Leituras recomendadas

GONZALO, L. M. *Inteligencia humana e inteligencia artificial*. Madrid: Palabra, 1987. 167 p.

GROOVER, M. P. *et al*. *Robótica*: tecnologia e programação. São Paulo: McGraw-Hill, 1989. 401 p.

MORETTIN, L. G. *Estatística básica*: probabilidade e inferência. São Paulo: Pearson Prentice Hall, 2010. 375 p.

NAVIDI, W. *Probabilidade e estatística para ciências exatas*. Porto Alegre: AMGH; Bookman, 2012. 616 p.

Teste de Turing

Objetivos de aprendizagem

Ao final deste texto, você deve apresentar os seguintes aprendizados:

- Reconhecer o teste de Turing, suas forças, fraquezas e importância para a inteligência artificial.
- Descrever o teste de Turing.
- Prever a aplicação do teste de Turing.

Introdução

Alan Turing desenvolveu o teste de Turing com o objetivo de verificar se o computador seria capaz de imitar e pensar como o cérebro humano, sendo uma espécie de inteligência artificial que pode enganar qualquer um. O teste consistia em pedir a uma pessoa que mandasse uma série de perguntas para o computador e, depois de analisar as respostas dadas por ele, tentar diferenciar se a resposta do sistema foi elaborada pelo ser humano ou pela máquina.

Esse teste foi introduzido em 1950, no artigo "Computing Machinery and Intelligence", e mostrou que se um computador fosse capaz de enganar um terço de seus interlocutores, fazendo-os acreditar que ele era um ser humano, então estaria pensando por si próprio. Todavia, há controvérsias se os testes são válidos ou não, apesar de já terem ocorrido muitos eventos que visaram sua utilização prática (como o Loebner Prize, que acontece anualmente desde 1990 e é conhecido como o primeiro teste de Turing).

Neste capítulo, você estudará o teste de Turing, suas forças, fraquezas e importância para a inteligência artificial, bem como sua aplicação.

Conceito do teste de Turing

Em 1950, Alan Turing publicou um artigo chamado "Computing Machinery and Intelligence" na revista filosófica *Mind*, que resumidamente expõe a capacidade que as máquinas têm de pensar e ser inteligentes. Ao contrário do que muitos pensam, esse texto não é técnico e específico para profissionais de tecnologia da informação, podendo ser facilmente entendido por pessoas de todas as áreas. Turing inicia-o propondo a seguinte questão: "as máquinas podem pensar?", porém, como esse processo é difícil de se definir, ele trocou a pergunta para "pode-se imaginar um computador digital que faria bem o jogo da imitação?" (TURING, 1950).

Link

Para saber mais sobre o teste de Turing e sua pergunta "as máquinas podem pensar?", acesse o *link* a seguir.

https://qrgo.page.link/Vmtbi

Com base nessa pergunta, o teste de Turing funciona a partir de dois seres humanos e um sistema de inteligência artificial localizados em ambientes separados. Como você pode observar na Figura 1, um dos indivíduos é um interrogador que está separado (por uma barreira) da outra pessoa e da máquina, entrando em uma conversa em linguagem natural (via teclado) com ambas e, caso ele não consiga distinguir se está falando com a máquina ou o ser humano, é um indicativo de que o sistema é inteligente e passou no teste.

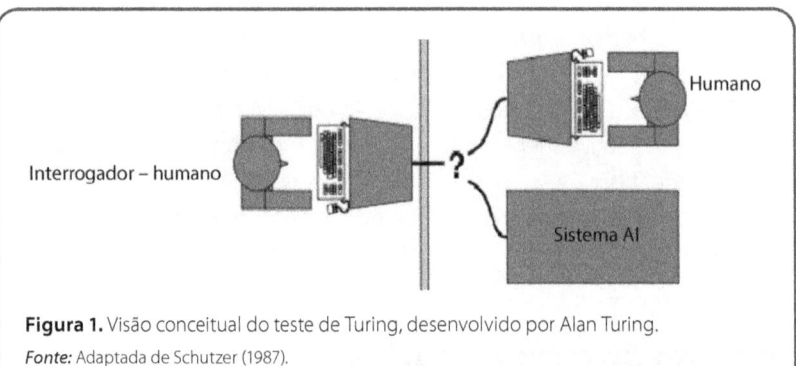

Figura 1. Visão conceitual do teste de Turing, desenvolvido por Alan Turing.
Fonte: Adaptada de Schutzer (1987).

No artigo original de 1950, o ser humano da Figura 1 é do sexo feminino, o computador simula uma pessoa do sexo masculino, e o interrogador tem qualquer sexo — por isso, este deve fazer perguntas para ambos com o objetivo de descobrir qual seria o homem e a mulher. Nesse cenário, o computador pode ter a função de atrapalhar o interrogador e o levar à decisão errada para que ele não consiga distinguir quem é quem, com frases como "não acredite nele, eu é que sou o homem pelos motivos A e B". Diferentemente, o outro jogador tenta ajudá-lo. Para medir o resultado do teste, o computador deve ser substituído por uma pessoa e, segundo Turing, para que a máquina seja considerada inteligente, o interrogador não deve errar na resposta sobre os respectivos sexos.

Fique atento

Alan Turing é considerado um dos pais da inteligência artificial, pois criou o teste que avaliava se uma máquina era capaz de enganar um ser humano, a partir de um sistema de perguntas e respostas em formato de textos.

Análise do teste de Turing

O teste de Turing consiste em avaliar a inteligência da máquina em relação à inteligência do ser humano, em que se propõe um número de perguntas. Assim, testava-se a capacidade que os computadores, robôs e máquinas têm de pensar.

No exemplo original, o teste de Turing propõe que um jogador inicie uma conversa natural com outro ser humano e uma máquina, que tenta produzir respostas indistinguíveis da pessoa. Todos os participantes ficam separados, e um juiz avalia os resultados, mas se este não for capaz de distinguir com segurança as respostas que são enviadas da máquina daquelas provenientes do ser humano, significa que o computador passou no teste.

Contudo, o teste não avalia se as respostas enviadas pela máquina estão corretas ou não, e sim o quão próximas elas são de respostas dadas por um ser humano comum, tanto que a conversa está restrita a um canal de texto, com dispositivos de teclado e monitor para que o resultado não dependa, por exemplo, da capacidade da máquina de renderizar áudio.

Todos os anos, pesquisadores se reúnem na Inglaterra para submeter seus projetos à avaliação no teste de Turing, cujas regras são simples: 30 seres humanos conversam por mensagens de texto com o sistema por cinco minutos e, no outro lado deste, estão embaralhados tanto pessoas de verdade como sistemas de inteligência artificial. Ao fim da interação, os indivíduos devem classificá-los em máquina ou ser humano e, se a máquina conseguir enganar os avaliadores em 30% das interações, ela vence.

Porém, uma vitória no teste de Turing também pode ser contraditória quando se considera um sistema inteligente a ponto de compará-lo com a mente humana. Antes de tratar os algoritmos como os novos reis supremos do planeta, deve-se pensar em alguns aspectos.

- Não foi Alan Turing que definiu a metodologia usada hoje no teste, como mostra o BuzzFeed. No artigo "Computing Machinery and Intelligence", publicado em 1950, ele imaginou que uma máquina podia ser considerada inteligente quando "o interrogador decide equivocadamente na mesma frequência quando o jogo é jogado (entre um PC e um humano) como quando é jogado entre um homem e uma mulher". O matemático ainda previu que, perto dos anos 2000, a inteligência artificial seria avançada o suficiente para que 70% das interações pudessem ser confundidas, mas ainda se está muito longe disto.
- Um sistema convencer um terço dos jurados de que é um ser humano parece ser mais fruto da habilidade dos seus criadores (que adicionam uma personalidade ao algoritmo) do que uma máquina pensante. Um *chatbot* ou robô de conversa (Figura 2), por exemplo, se trata de um algoritmo criado para responder perguntas e reagir a elas dentro do mesmo *script*, e não um supercomputador como mencionado em alguns veículos. Quando a conversa vai além do que ele tem preparado, esse teste geralmente tenta trazê-la para seus domínios e propõe que o sistema reaja, sem aprender com outros sistemas inteligentes que já existem.

A Figura 2 ilustra o domínio de respostas e perguntas do sistema de *chatbot*, que atualmente é uma das tecnologias mais úteis e confiáveis, podendo substituir os modelos tradicionais e tornando os aplicativos e *sites* redundantes. O *chatbot* é um programa de computador que imita conversas humanas no seu formato natural, incluindo texto ou linguagem falada e técnicas de inteligência artificial, como Processamento de Linguagem Natural (PLN), processamento de imagem e vídeo e análise de áudio.

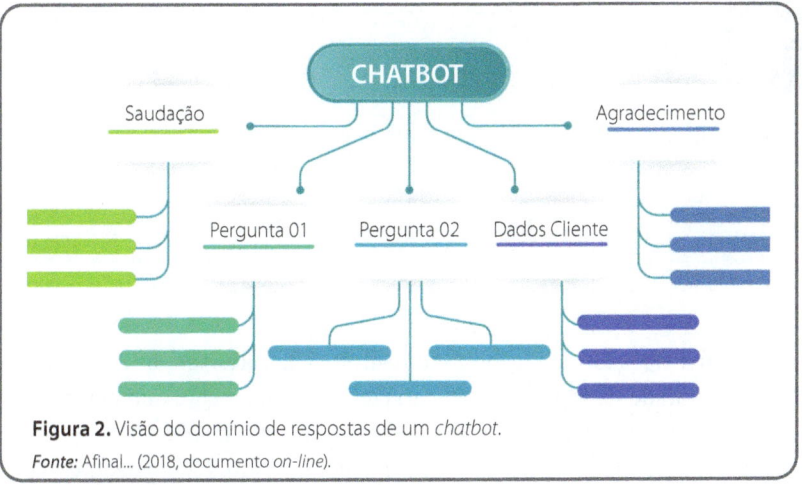

Figura 2. Visão do domínio de respostas de um *chatbot*.
Fonte: Afinal... (2018, documento *on-line*).

Ter personalidade é diferente do conceito de inteligência que Turing descreveu no seu artigo, pois tire-a do ambiente controlado e certamente a máquina, presa ao roteiro original, terá dificuldades de manter a máscara. De acordo com o professor de ciência cognitiva Gary Marcus, em um artigo na revista *The New Yorker*, o que Turing imaginou era "uma inteligência flexível e de proposta geral, do tipo que humanos têm, que permite a qualquer indivíduo dominar um vasto leque de tarefas, de amarrar seu próprio cadarço a manter conversas e saber tudo sobre biologia".

Relevância do teste de Turing na inteligência artificial

O teste de Turing traz uma série de discussões na área da inteligência artificial, na medicina e nos meios sociais, sendo sua intenção descobrir se é possível atribuir à máquina a noção de inteligência.

Por meio da máquina de Turing, chamada de jogo da imitação, se uma máquina fosse capaz de ganhar, não restariam as mínimas dúvidas quanto à evidência de existir computadores inteligentes, pela imitação dos comportamentos humanos. Em 1935, ele elaborou uma abstrata, cuja premissa fundamental consistia em fornecer uma descrição rigorosa do processo automático, refazendo o comportamento do ser humano que a executa. Assim, suas teorias são, de certa forma, percursoras dos posteriores sistemas periciais, que tentam imitar os procedimentos dos peritos humanos — assim como sua máquina.

Link

Para conhecer a ligação do teste de Turing com o *design* inteligente e a inteligência artificial, acesse o *link* a seguir.

https://qrgo.page.link/cj7Tr

O maior opositor de Turing foi o neurologista Jefferson, que afirmava a impossibilidade de reproduzir as características da mente humana em um artefato não biológico. Porém, na época o debate era sobretudo teórico e abstrato, pois somente com o aparecimento dos primeiros computadores, após a Segunda Guerra Mundial, que as noções de automatismo e inteligência se revolucionaram, tornando possível sua discussão em torno da modelização da inteligência humana e da construção de autômatos à imagem do ser humano.

Em vez de responder à pergunta "pode-se ter computadores inteligentes?", Alan Turing formulou um teste que se tornou praticamente o ponto de partida da pesquisa em inteligência artificial. No seu artigo original, ele fez a previsão de que até 2000 os computadores passariam nesse teste.

Há um concurso anual de programas para o teste de Turing, mas o resultado dos sistemas ganhadores é tão fraco (o último se chama Ella) que, com poucas perguntas, se percebe a simplicidade das respostas da máquina. Não existe a menor esperança de que um computador passe o teste de Turing, e qualquer previsão nesse sentido não tem base científica, o que mostra um dos muitos erros dos filmes "Inteligência Artificial" (de 2001, dirigido por Steven Spielberg) e "O Homem Bicentenário" (de 1999, dirigido por Chris Columbus). Em ambos, os robôs passariam não somente o teste de Turing, que é um teste comportamental linguístico, mas uma versão estendida para todo o comportamento humano.

Talvez, tanto a máquina de Turing (MT) como o teste de Turing derivem da visão que Turing tinha de que o ser humano é uma máquina, que está absolutamente errada do ponto de vista linguístico, porque se associa ela a um artefato inventado e eventualmente construído, o que não ocorre com as pessoas. Sua ingenuidade social, pode estar ligada a essa visão, tornando o ser humano infinitamente mais simples do que realmente é — apesar de, paradoxalmente, na peça ele afirmar que a vida é complexa (ALCHORNE, 2005).

A partir do desenvolvimento das pesquisas e técnicas de inteligência artificial, computação cognitiva e genética, tornou-se um tanto complexo avaliar as habilidades de pensamento, raciocínio e inteligência de uma máquina ou um software, uma vez que surgiram contextos biológicos e filosóficos tentando derrubar ou auxiliar esses conceitos, mas ainda assim os pesquisadores da área continuam as pesquisas e os estudos não somente para o desenvolvimento e a aplicação dessas inteligências, como também para a criação de métodos válidos a fim de avaliá-las.

Mesmo com todo o progresso atual, muitos softwares ainda falham no teste, isso prova o quanto o desenvolvimento de uma inteligência artificial funcional pode ser complexo. Algumas técnicas utilizadas para desenvolver esse tipo de inteligência incluem as redes neurais artificiais (RNA), o aprendizado de máquina, os algoritmos evolutivos (AE), entre outros.

Conceito de sistema inteligente

O principal objetivo dos sistemas de inteligência artificial é executar as funções que, caso um ser humano fosse fazer, seriam consideradas inteligentes, sendo ainda um conceito amplo que recebe tantas definições quanto se atribui significados diferentes à palavra inteligência.

Afinal, qual o conceito de sistemas inteligentes? A inteligência artificial tenta imitar a dos seres humanos ou teria uma definição diferente? Trata-se do mesmo conceito de inteligência humana, como explica John McCarthy, professor da Universidade de Stanford, a quem é atribuída a criação do termo. Originalmente, a inteligência artificial foi fundada na tentativa de expressar a razão humana por meio de algoritmos, o que esclarece vários trabalhos dedicados a mostrar que o cérebro não opera como um computador. Assim, ser inteligente é surpreender, receber e responder ao novo, trata-se de razão e entendimento, capacidades que definitivamente não existem nos computadores digitais.

Aplicação do conceito do teste de Turing atualmente

Não é difícil perceber o quanto se tem contato com derivados do teste de Turing diariamente, o Facebook usa reconhecimento de imagem para recomendar a marcação de seus amigos nas fotos, por exemplo. Já a Netflix indica exatamente o filme ou a série que você deseja ver devido ao algoritmo, que considera suas ações passadas.

O *chatbot* pode simular uma conversa com o consumidor como se fosse um ser humano, de forma que o atendimento seja mais prático e não deixe a impressão de estar falando com o robô. Esses robôs de bate-papo são usados em diversas funcionalidades, como vendas, entretenimento e atendimento ao cliente, mas apenas simulam uma conversa natural com o ser humano — eles não pensam realmente como um.

Pensando nisso, o trabalho de Alan Turing testa a capacidade da máquina de exibir um comportamento inteligente semelhante a um humano, com a questão "pode-se imaginar que um computador digital faria bem o jogo da imitação?". Assim, o teste de Turing pressupõe que, se uma máquina pode pensar como o ser humano, ela tem uma consciência ou consegue simular uma muito bem. Por exemplo, você mesmo já participou dele, mais especificamente de um *Completely Automated Public Turing test to tell Computers and Humans Apart* (CAPTCHA), a confirmação de que você não é um robô em *sites*, que em português significa "Teste de Turing público completamente automatizado para diferenciação entre computadores e humanos".

Os *chatbots* são o primeiro passo para o futuro da interação humana e, junto à revolução dos *bots*, vem o crescimento da indústria dos assistentes pessoais ativados via voz, como o Google Assistant da Google; a Alexa da Amazon; a Cortana da Microsoft; e a Siri da Apple. Esses elementos tendem a invadir as casas e, com eles, é possível interagir com geladeira, máquina de lavar, televisão e ar-condicionado tanto para ativá-los como para obter informações de outras aplicações (p. ex., *e-mail*, previsão do tempo ou pedir um táxi). A indústria automobilística também focou na criação de carros autônomos guiados por computador, a ideia é usar recursos como *deep learning* para melhorar a interação humana com as máquinas, trazendo soluções para o transporte, por exemplo, a otimização de tráfegos.

Essa aposta por um futuro mais conectado traz algumas preocupações com questões éticas, porque ao interagir com máquinas dotadas de inteligência artificial, você cria expectativas emocionais perante elas. Por exemplo, precisa ser educado com um *bot*? Um robô ficará chateado se você não disser "por favor" e "obrigada"? Será que, um dia, os robôs humanoides precisarão de seu próprio conjunto de leis e direitos? A velocidade em que eles estão absorvendo a cultura e percepção é impressionante, assim, é natural sentir simpatia por algo que se pareça com você. Porém, quais os limites éticos da utilização de dados coletados por essas inteligências na publicidade e qual o nível de interrupção tolerável para que marcas possam tirar proveito das novas tecnologias na comunicação com os consumidores?

O futuro girará em torno da interação com as máquinas e, ao longo do tempo, será possível definir se ela vem sempre para beneficiar ou eventualmente prejudicar, mas a pergunta de hoje é onde isso chegará?

Exemplo

Depois da demonstração de um diálogo entre a assistente digital Duplex e um ser humano (que deixou todos boquiabertos por não saberem identificar que era um robô), a Google garantiu em entrevista ao *The Verge* que, mesmo não tendo a data para ser lançado no mercado, o Google Duplex incluirá formas de avisar as pessoas previamente que elas estão conversando com um robô.

Referências

AFINAL, o que é um chatbot? Para que serve e como usar? Resposta definitiva! *Silver Shark Solutions*, São Paulo, 18 jul. 2018. Disponível em: https://silversharksolutions.com.br/index.php/2018/07/18/o-que-e-um-chatbot-resposta-definitiva/. Acesso em: 9 maio 2019.

ALCHORNE, R. A. *Alan Turing: Quem foi? O que fez? Qual a sua importância para a Lógica?* Recife: Centro de Informática, Universidade Federal de Pernambuco, 2005. 7 p. (Trabalho apresentado no âmbito da disciplina História e Futuro da Computação, ministrada por Silvio Meira). Disponível em: http://www.cin.ufpe.br/~raa3/projetao/Renata/TrabalhoHFC3.doc. Acesso em: 9 maio 2019.

SCHUTZER, D. *Artificial intelligence*: an applications-oriented approach. New York: Van Nostrand Reinhold, 1987. 294 p.

TURING, A. M. Computing machinery and intelligence. *Mind – a Quarterly Review of Psychology and Philosophy*, Cambridge, v. 59, n. 236, p. 433–460, 1950.

Leituras recomendadas

FETZER, J. H. *Computers and cognition*: why minds are not machines. Dordrecht: Kluwer Academic Publishers, 2001. 352 p.

SETZER, V. W. *IA – Inteligência Artificial ou Imbecilidade Automática? As máquinas podem pensar e sentir?* São Paulo: Departamento de Ciência da Computação, Universidade de São Paulo, nov. 2002. Disponível em: http://www.ime.usp.br/~vwsetzer/IAtrad.html. Acesso em: 9 maio 2019.

TEIXEIRA, J. F. *Mentes e máquinas*: uma introdução à ciência cognitiva. Porto Alegre: Artes Médicas, 1998. 179 p.

TURING, A. Computação e Inteligência. *In*: TEIXEIRA, J. F. (org.). *Cérebros, máquinas e consciência*: uma introdução à filosofia da mente. São Carlos: EdUFSCar, 1996. 166 p.

Estatística para inteligência artificial

Objetivos de aprendizagem

Ao final deste texto, você deve apresentar os seguintes aprendizados:

- Descrever média, desvio padrão e variância relacionados à estimativa do intervalo de confiança.
- Explicar regressão linear, seu intervalo de confiança e medida de curtose.
- Identificar a utilização das medidas estatísticas em inteligência artificial.

Introdução

Quando se fala em estatística, é impossível não considerar todo o viés matemático implícito nesse termo, cujo significado está muito relacionado às considerações, hipóteses e suposições. Já a inteligência artificial tem uma relação mais direta com a ciência da computação, as análises e previsões que incluem grande complexidade, estruturas abstratas de dados, entre outras. Ela ainda se refere a um grande conjunto de técnicas que visa construir sistemas cujo comportamento seja definido com base em dados existentes.

Neste capítulo, você estudará a média, o desvio padrão e a variância relacionados à estimativa do intervalo de confiança; a regressão linear, seu intervalo de confiança e a medida de curtose; bem como a utilização das medidas estatísticas em inteligência artificial.

Estatística

A estatística é o ramo da matemática que objetiva oferecer métodos e técnicas de pesquisa, que envolvem coleta de dados, seu processamento, suas representações e sua análise. Ao longo da história, sua evolução sempre buscou aperfeiçoar os processos de se obter informações, possibilitando que o estudo de diversos fenômenos e comportamentos de eventos e ocorrências fosse possível para o conhecimento humano. Para entender melhor como a estatística funciona, deve-se conhecer alguns critérios.

Conceitos e fundamentos

A população é o conjunto de elementos e o número de pessoas de uma cidade. Já a amostra envolve uma parte representativa de uma população.

A variável depende da abordagem da pesquisa, da pergunta que será feita, por exemplo, qual sua marca de carro favorita? Ford, Volks, Fiat, Peugeot e Nissan são algumas respostas. Já a frequência absoluta se trata do valor exato, número de vezes que o valor da variável é citado. A frequência relativa, por sua vez, envolve o valor representado pela porcentagem, a divisão entre a frequência absoluta de cada variável e o somatório das absolutas.

Medidas de tendência central

A média aritmética é a medida de tendência central, o somatório dos valores dos elementos dividido pelo seu número. Já a média aritmética ponderada envolve o somatório dos valores dos elementos multiplicado pelos seus respectivos pesos e dividido pela soma dos pesos atribuídos.

A moda é o valor de maior frequência em uma série de dados, o que mais se repete. Já a mediana trata-se da medida central em determinada sequência de dados numéricos.

Medidas de dispersão

A amplitude é a subtração entre o maior e o menor valor dos elementos do conjunto. Já a variância trata-se da dispersão dos dados variáveis em relação à média. Por fim, o desvio padrão envolve a raiz quadrada da variância, indicando a distância média entre a variável e a média aritmética da amostra.

 **Fique atento**

Aprender estatística é importante, porque muitas das decisões que se toma na vida cotidiana são baseadas nelas. As pessoas podem não perceber, mas as estatísticas permeiam a maior parte dessa tomada de decisões todos os dias. No fundo, todos têm uma compreensão intuitiva dos seus princípios, porém, ajuda muito entender seus conceitos formalmente.

O conceito de média em estatística é basicamente achar um ponto de equilíbrio de determinada frequência de dados, um valor que representa a massa de dados da amostragem. Já a variância e o desvio padrão são medidas de dispersão, que indicam a regularidade do conjunto de dados em função da média aritmética. O termo desvio padrão também tem como objetivo demonstrar a regularidade referente a esse conjunto, para apontar o grau de oscilação deste em comparação à média dos seus valores.

Média

Comumente, escuta-se perguntas como qual a média de consumo que seu carro faz na cidade? A média é um dos conceitos mais básicos da estatística e um valor que representa vários outros. Usando o exemplo anterior, imagine que, no último mês, Carlos fez três abastecimentos completos de combustível no carro e marcou a quilometragem total percorrida até o outro abastecimento. Após o primeiro, ele conseguiu fazer 605 Km com seu carro, depois do segundo, percorreu o total de 590 Km e, com o último, fez 592 Km.

Considerando a capacidade de 55 litros do reservatório de combustível, tem-se os seguintes dados:

- o consumo após o primeiro abastecimento foi de 11 km/L;
- o consumo após o segundo abastecimento foi de 10,72 km/L;
- o consumo após o terceiro abastecimento foi de 10,76 km/L;
- a média (M) de consumo de combustível do carro de Carlos será $M =$ soma dos consumos dividido pela quantidade de abastecimentos, ou seja;
- $M = 11 + 10,72 + 10,76 / 3$;
- $M = 10,82$ km/L.

Perceba que a média não é igual a nenhum consumo, mas representa a amostragem do consumo médio do carro. Portanto, obtém-se a média de um conjunto de dados numéricos ao somar os valores de todos e dividir essa soma pelo número de dados.

Na Figura 1, você pode ver a altura isolada de cada jogador de uma equipe. Se quiser descobrir a média de altura, deve somar todas elas e dividir por 11, que é a quantidade de integrantes.

Figura 1. Média de altura dos jogadores.
Fonte: Côrtes (2016, documento *on-line*).

Variância

A variância se trata da soma dos quadrados dividida pelo número de observações do conjunto menos uma, é representada por $s2$ e calculada pela seguinte fórmula:

$$\sum (xi - Média)2 / (n-1)$$

Assim,

$$s2 = SQ / (n-1)$$

O denominador $n-1$ da variância se trata dos graus de liberdade, cujo princípio é constantemente usado na estatística. Considerando o conjunto de n observações (dados) e fixando uma média para ele, existe a liberdade de escolher os valores numéricos de $n-1$ observações, sendo que o valor da última estará fixado para atender ao requisito de ser a soma dos desvios da média igual a zero. No caso específico do cálculo da variância, tem-se que os n graus originalmente disponíveis no conjunto sofreram a redução de uma unidade, pois uma estatística (média) já foi calculada dos dados e aplicada na determinação da variância.

Desvio padrão

Muito utilizado, o desvio padrão é uma medida de variação de um conjunto de dados. Sua vantagem sobre a variância inclui permitir uma interpretação direta da variação desse grupo, pois ele é expresso na mesma unidade que a variável (kg, cm, atm.), sendo representado por s e calculado pela seguinte fórmula:

$$s = \sqrt{\sum (x_i - Média)2/ (n-1)}$$

Pode-se entender o desvio padrão como a média dos valores absolutos dos desvios, considerados todos com sinal positivo, obtida por um processo bastante elaborado, no qual se calcula o quadrado de cada um, obtém-se sua média e, depois, encontra-se a raiz quadrada da média dos quadrados dos desvios.

Saiba mais

A estatística é utilizada em vários casos, como campanhas políticas, seguro de carro, testes de medicamentos, consumo de produtos e mercado de ações, que são apenas alguns exemplos de aplicação dos seus métodos.
Porém, você sabia que, em alguns países, as escolas já começaram a ensinar estatística e linguagens de programação ainda na fase inicial de aprendizado?

Regressão linear e medida de curtose

A regressão linear é o processo de traçar uma reta por meio dos dados em um diagrama de dispersão. Essa reta resume tais informações, sendo útil quando se faz previsões, por exemplo. Quando se vê uma relação em um diagrama de dispersão, pode-se usar uma reta para resumi-la nos dados ou para fazer previsões a partir destes. Em geral, ela ainda objetiva tratar de um valor que não se consegue estimar inicialmente.

Com os resultados obtidos, a regressão visualiza as maiores tendências que essas variáveis analisadas apresentam e consiste em modelar, na estatística, os valores que se deseja observar. Ela é linear quando os acontecimentos observados na função têm um formato em linha reta, como você pode ver na Figura 2.

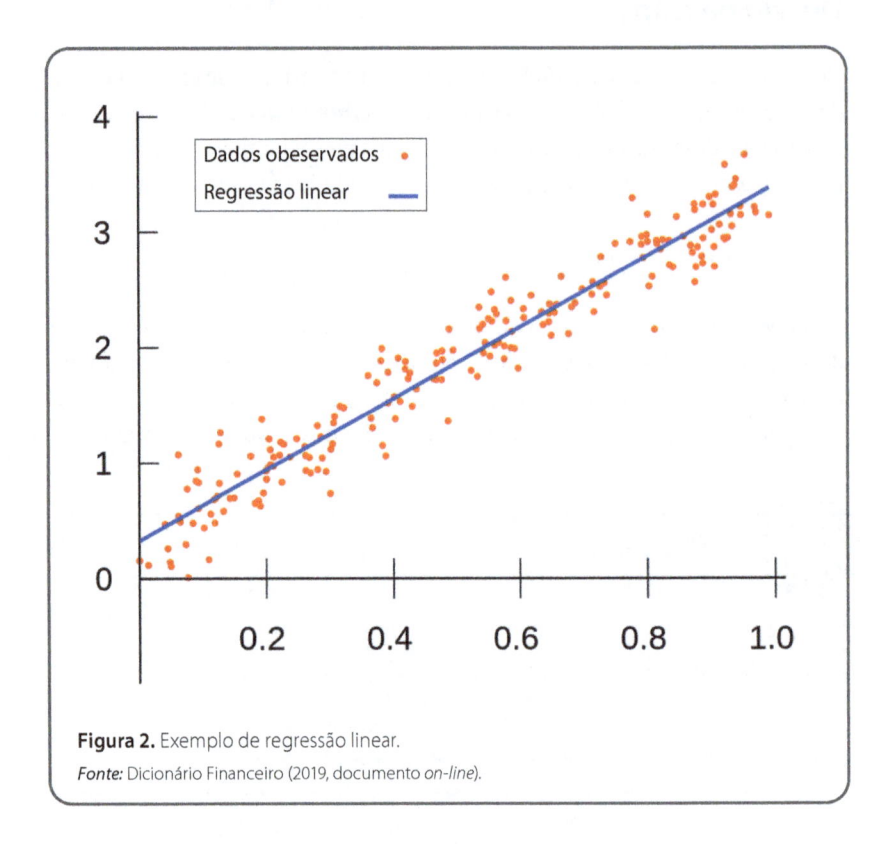

Figura 2. Exemplo de regressão linear.
Fonte: Dicionário Financeiro (2019, documento *on-line*).

Quando se faz um levantamento estatístico, dificilmente se encontra uma distribuição simétrica na prática, já em levantamentos de dados reais, existem medidas mais ou menos assimétricas em relação à frequência máxima. Desse modo, curtose (Figura 3) é o grau de achatamento de distribuição quanto à curva normal, uma distribuição padrão, que corresponde a uma distribuição teórica de probabilidade.

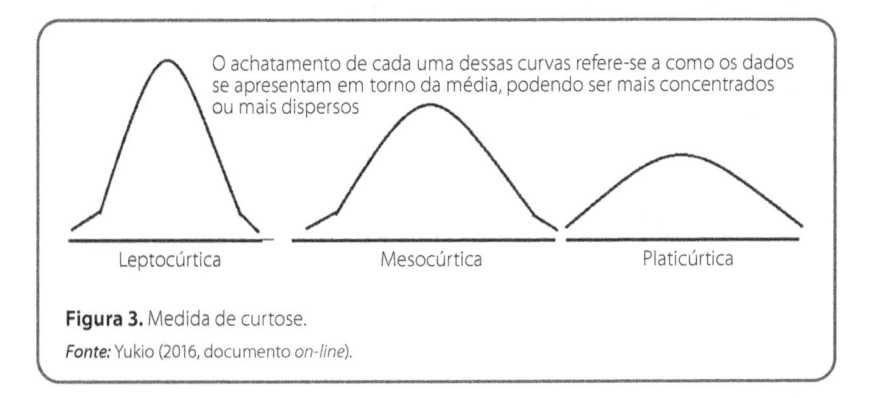

> O achatamento de cada uma dessas curvas refere-se a como os dados se apresentam em torno da média, podendo ser mais concentrados ou mais dispersos
>
> Leptocúrtica   Mesocúrtica   Platicúrtica
>
> **Figura 3.** Medida de curtose.
> *Fonte:* Yukio (2016, documento *on-line*).

O coeficiente de curtose define sua medida ou o grau de achatamento da curva, sendo representado pela seguinte fórmula, que se denomina como coeficiente percentílico de curtose:

$$C = (Q3 - Q1) / 2 (P90 - P10)$$

Assim, esse coeficiente classifica o grau de achatamento da curva como medida de assimetria e curtose percentílico de curtose.

$C = 0{,}263 \Longrightarrow$ curva mesocúrtica
$C < 0{,}263 \Longrightarrow$ curva leptocúrtica
$C > 0{,}263 \Longrightarrow$ curva platicúrtica

A análise conjunta da assimetria e de curtose da distribuição de frequências pode fornecer informações importantes sobre os dados/valores obtidos, que muitas vezes não aparecem na sua simples observação.

Estatística e inteligência artificial

Ao seu redor, o mundo tem se tornado cada vez mais automatizado e inteligente, com carros, televisores, drones, *smartphones*, relógios, eletrodomésticos e robôs ganhando uma estrutura de conexão singular e independente, que requer menos sua intervenção. Por trás de tudo isso, existe ciência e tecnologia, com a matemática, a estatística e a computação sendo os pilares responsáveis por essa transformação.

Na Figura 4, você pode conferir o avanço da receita e o crescimento esperado até o ano de 2025 com os investimentos relacionados à inteligência artificial.

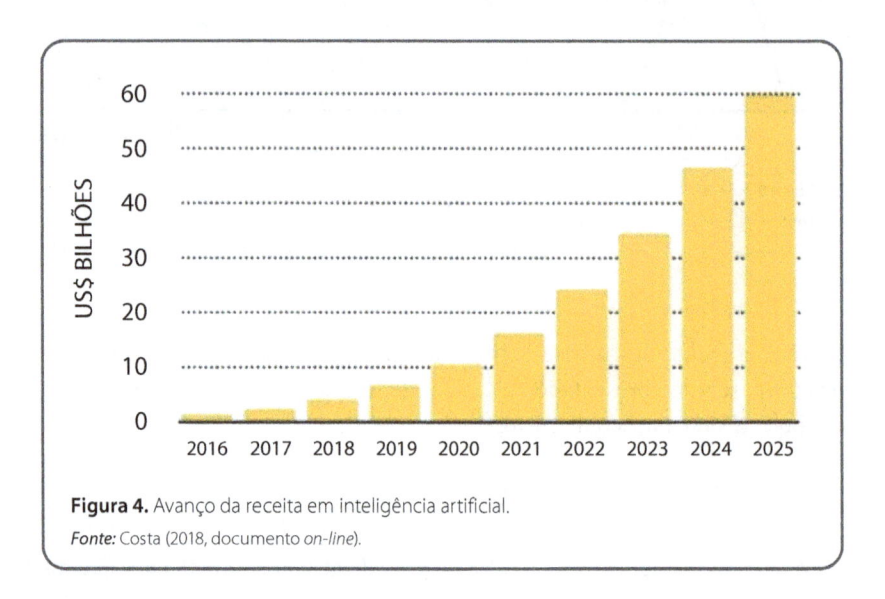

Figura 4. Avanço da receita em inteligência artificial.
Fonte: Costa (2018, documento *on-line*).

Link

Para saber mais sobre estatística e seus conceitos, acesse o *link* a seguir.

https://qrgo.page.link/3xKQD

Machine learning e *deep learning*

O *machine learning* é uma subárea da inteligência artificial e a principal técnica por trás da automação. Trata-se da construção de algoritmos que aprendem a partir dos dados, em que a estatística tem um papel fundamental, oferecendo as ferramentas necessárias para o processo de análise e a construção de modelos. Assim, aprender análise estatística te tornará um profissional preparado para o novo mundo.

Atualmente muito associado ao *big data* e a *analytics*, o *machine learning* foi defendido por T. Mitchell, em 1997, e surgiu dos sistemas baseados em conhecimento da inteligência artificial clássica. Seu grande objetivo é desenvolver sistemas que aprendem por si mesmos por meio de experiências e comportamentos passados (aprendizagem não supervisionada); entrada de mapas de dados (aprendizagem supervisionada); e interação com o ambiente (aprendizagem por reforço), por exemplo, dirigindo um carro.

Para implementar o *machine learning*, diversas técnicas estão envolvidas, como uso de estatística para auxiliar na análise e predição de dados até técnicas de mineração de dados (*data mining*), algoritmos de árvore de decisão, redes bayesianas e processos de *clustering*.

Já o *deep learning* é uma técnica de *machine learning* eficaz e precisa para aprendizagem de máquina, que utiliza grandes quantidades de dados não estruturados, possibilitando a representação hierárquica das suas camadas. Os algoritmos de rede neural artificial (RNA) são usados nele justamente por permitir que o aprendizado de padrões ocorra. Portanto, quaisquer soluções que envolvam o reconhecimento de voz, o processamento de imagem, a análise de comportamento, entre outras características, podem ser aplicações factíveis de *deep learning*.

Link

Para entender melhor o *machine learning* e sua importância, acesse o *link* a seguir.

https://qrgo.page.link/ZjMmV

Link

Conheça as diferenças entre *machine learning* e *deep learning* no *link* a seguir.

https://qrgo.page.link/43jDf

Referências

CÔRTES, R. Média, moda, mediana, variância e desvio padrão. *Estatística no Enem*, 16 jun. 2015. Disponível em: http://geniodamatematica.com.br/media-moda-mediana-variancia-e-desvio-padrao/. Acesso em: 14 maio 2019.

COSTA, O. Você sabe como a Inteligência Artificial pode impactar seus negócios? *TI Inside*, 26 jun. 2018. Disponível em: http://tiinside.com.br/tiinside/webinside/estrategia/26/06/2018/voce-sabe-como-a-inteligencia-artificial-pode-impactar-seus-negocios/. Acesso em: 17 maio 2019.

DICIONÁRIO FINANCEIRO. *Regressão linear.* 2019. Disponível em: https://www.dicionariofinanceiro.com/regressao-linear/. Acesso em: 17 maio 2019.

YUKIO. Curtose. *Estatsite.com*, 14 fev. 2016. Disponível em: https://estatsite.com/2016/02/14/curtose/. Acesso em: 17 maio 2019.

Leituras recomendadas

BUSSAB, W. O.; MORETTIN, P. A. *Estatística básica.* 6. ed. São Paulo: Saraiva, 2014.

CHAUVIN, Y.; RUMELHART, D. E. *Backpropagation:* theory, architectures, and applications. Hillsdale, NJ: Lawrence Erlbaum Associates, 1995.

CHERKASSKY, V.; MULIER, F. M. *Learning from data*: concepts, theory, and methods. 2nd. ed. Hobokrn: Wiley, 2007.

MAGALHÃES, M. N.; LIMA, A. C. P. *Noções de probabilidade e estatística.* 3. ed. São Paulo: EDUSP, 2001.

MARTINS, G. A.; DOMINGUES, O. *Estatística geral e aplicada.* 4. ed. São Paulo: Atlas, 2011.

Probabilidade

Objetivos de aprendizagem

Ao final deste texto, você deve apresentar os seguintes aprendizados:

- Definir contagem, evento e espaço amostral.
- Distinguir probabilidade, probabilidade condicional e teorema de Bayes.
- Explicar a utilização da probabilidade na inteligência artificial.

Introdução

A história da probabilidade se iniciou com os jogos de cartas, dados e roleta, talvez por isso haja uma grande quantidade de exemplos de jogos de azar associados ao seu estudo. A teoria da probabilidade é calcular a chance de ocorrência de um resultado em um experimento aleatório, permitindo prever com certa antecipação essa chance.

Neste capítulo, você estudará as definições básicas de probabilidade, contagem, evento, espaço amostral; sua utilização na inteligência artificial; bem como a diferença entre probabilidade, probabilidade condicional e teorema de Bayes.

Definições básicas de probabilidade

A probabilidade é uma técnica de estudo das chances de ocorrência de cada resultado de um experimento aleatório, às quais são atribuídos os números reais do intervalo entre 0 e 1 — os resultados mais próximos de 1 têm mais chances de ocorrer. Ela também pode ser apresentada na forma de percentual.

A probabilidade associa números às chances de determinado resultado acontecer, assim, quanto maior for o número, maior deve ser a chance. Existem ainda um menor número que representa a impossibilidade da ocorrência desse evento e um maior que mostra a certeza do resultado. Para analisar a probabilidade de sua ocorrência, é necessário entender três fatores envolvidos nela:

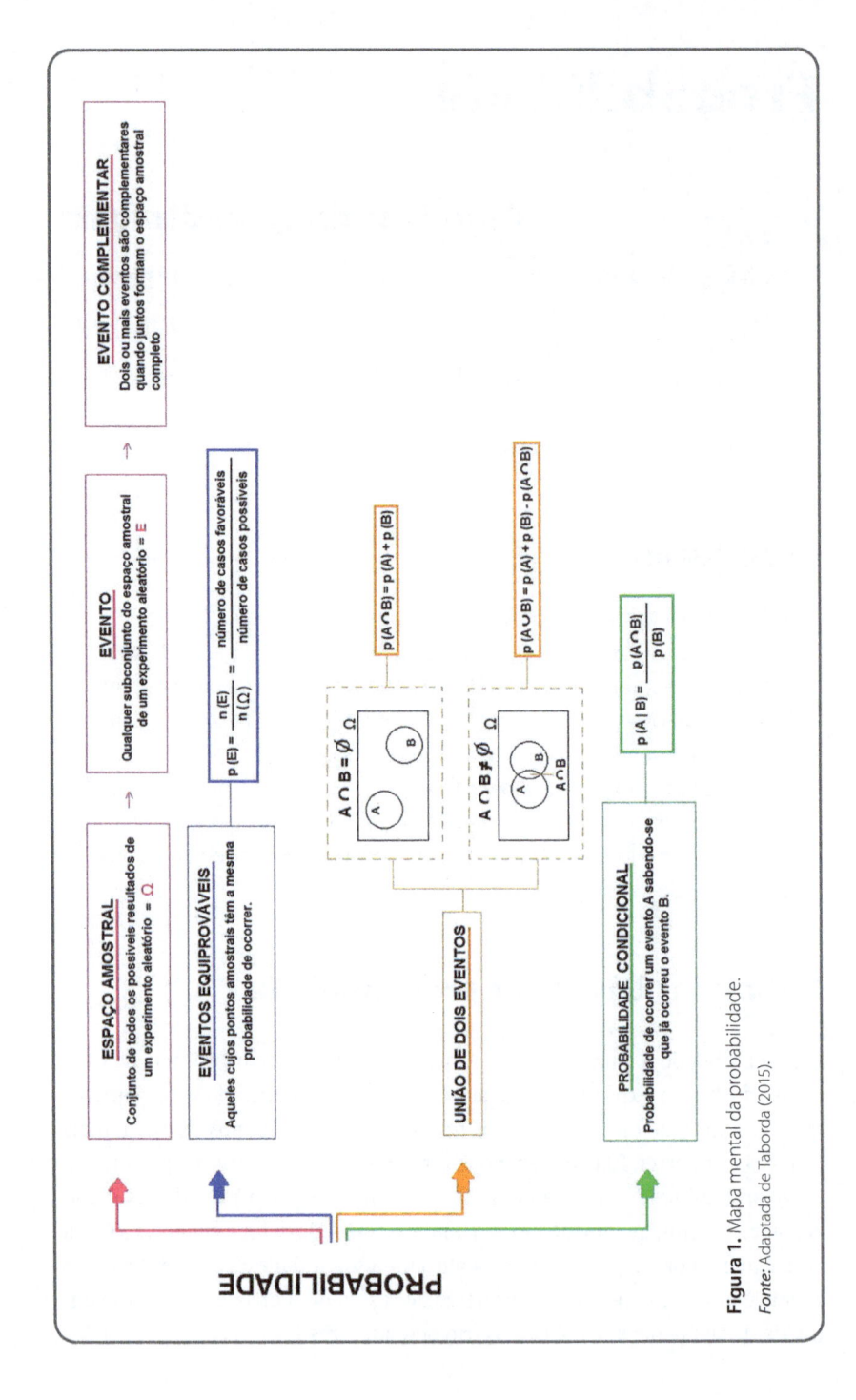

PROBABILIDADE

ESPAÇO AMOSTRAL
Conjunto de todos os possíveis resultados de um experimento aleatório = Ω

EVENTO
Qualquer subconjunto do espaço amostral de um experimento aleatório = E

EVENTO COMPLEMENTAR
Dois ou mais eventos são complementares quando juntos formam o espaço amostral completo

EVENTOS EQUIPROVÁVEIS
Aqueles cujos pontos amostrais têm a mesma probabilidade de ocorrer.

$$p(E) = \frac{n(E)}{n(\Omega)} = \frac{\text{número de casos favoráveis}}{\text{número de casos possíveis}}$$

UNIÃO DE DOIS EVENTOS

$A \cap B = \emptyset$: $p(A \cup B) = p(A) + p(B)$

$A \cap B \neq \emptyset$: $p(A \cup B) = p(A) + p(B) - p(A \cap B)$

PROBABILIDADE CONDICIONAL
Probabilidade de ocorrer um evento A sabendo-se que já ocorreu o evento B.

$$p(A \mid B) = \frac{p(A \cap B)}{p(B)}$$

Figura 1. Mapa mental da probabilidade.
Fonte: Adaptada de Taborda (2015).

- contagem;
- evento;
- espaço amostral.

Em probabilidade, o espaço amostral é o conjunto de todos os possíveis resultados de um experimento aleatório e, no evento, são considerados quaisquer subconjuntos desse espaço amostral. Na Figura 1, você pode ver um exemplo de mapa mental para entender melhor os conceitos de probabilidade. Perceba que o espaço está em uma etapa anterior ao evento, simbolizando exatamente o que já foi relatado.

Contagem

Em matemática, a definição de contagem é o ato de determinar um número de elementos de um conjunto (finito), e existem evidências arqueológicas que possibilitam concluir que o processo de contar tenha sido utilizado há mais de 50 mil anos por culturas primitivas para acompanhar os dados econômicos e sociais, como:

- quantidade de membros do grupo, das presas, etc.;
- propriedades e dívidas.

O princípio de contagem levou ao desenvolvimento da notação matemática, dos sistemas numéricos e da escrita atual. Ela ainda pode ocorrer de várias formas, por exemplo, verbalmente, falando cada número em voz alta (ou mentalmente) para acompanhar o progresso, utilizado com frequência para contar objetos presentes em vez de uma variedade de coisas no decorrer do tempo (horas, dias, semanas, etc.). Também pode ser por meio de marcações, com base de contagem unitária, registrando uma marca para cada objeto e contando seu total, o que é útil quando se deseja contar objetos ao longo de períodos, como o número de ocorrências de algo durante um dia. A contagem usual é realizada em base decimal, já os computadores usam base binária (zeros e uns).

A realização da contagem permite determinar a quantidade de elementos de determinado conjunto, por exemplo, o censo demográfico, que, por meio dela, sabe o número de elementos dos seguintes conjuntos:

- quantidade de pessoas que vivem em determinado estado ou cidade;
- quantidade de pessoas do sexo masculino e do feminino que vivem em determinado lugar.

No exemplo anterior, o estado ou a cidade podem ser o conjunto da contagem, assim como o sexo.

Evento

O evento é qualquer subconjunto de um espaço amostral e pode conter nenhum elemento (conjunto vazio) ou todos os elementos desse espaço. Já seu número de elementos é representado da seguinte forma: $n(E)$, sendo E o evento em questão. Seus exemplos incluem duas opções.

a) Sair cara em um lançamento de uma moeda.

O evento é sair cara e tem um único elemento. Sua representação também pode ser feita com notações de conjuntos, e seu número de elementos se trata de $n(E) = 1$.

$$E = \{cara\}$$

b) Sair um número par no lançamento de um dado.

O evento é sair um número par, e seu número de elementos se trata de $n(E) = 3$.

$$E = \{2, 4, 6\}$$

Os eventos que possuem apenas um elemento (ponto amostral) são chamados de simples. Quando eles forem iguais ao espaço amostral, se chamam evento certo e sua probabilidade de ocorrência é 100%. Caso eles sejam iguais ao conjunto vazio, se denominam evento impossível e têm 0% de chances de ocorrência.

Espaço amostral

O espaço amostral, também chamado de universo, é um conjunto que possui todos os pontos amostrais de um evento aleatório, por exemplo, quando se referir ao experimento lançar uma moeda, ele será formado por cara e coroa. Além disso, como se trata de um conjunto, qualquer notação deste pode representá-lo.

Assim, o espaço amostral, seus subconjuntos e as operações que o envolvem herdam as propriedades e operações dos conjuntos numéricos, por isso, pode-se dizer que os possíveis resultados do lançamento de duas moedas são:

$S = \{(x, y)$ naturais $\mid x < 7$ e $y < 7\}$

Nesse caso, S representa o conjunto de pares ordenados, formados pelos resultados dos dois dados. Já o número de elementos de um espaço amostral é representado da seguinte maneira: dado o espaço amostral Ω, o número de elementos de Ω é n(Ω).

Fique atento

O espaço amostral S (finito) é equiprovável quando os eventos elementares têm probabilidades iguais de ocorrência. Assim, em um espaço amostral equiprovável S (finito), a probabilidade de ocorrência de um evento A é sempre:

$$P(A) = \frac{\text{número de elementos de } A}{\text{número de elementos de } S} = \frac{n(A)}{n(S)}$$

Probabilidade condicional

A probabilidade condicional refere-se à probabilidade de um evento ocorrer com base em um anterior e, evidentemente, ambos precisam ser conjuntos não vazios pertencentes a um espaço amostral finito.

Por exemplo, se no lançamento simultâneo de dois dados obtêm-se números em suas faces superiores, qual a probabilidade de que a soma desses números seja 8, desde que seus resultados sejam ímpares? Veja que ela está condicionada aos resultados ímpares nos dois dados, logo, lançamentos que têm um ou dois números pares na face superior podem ser descartados, havendo uma redução no espaço amostral.

O novo espaço amostral é composto dos seguintes pares:

{1,1}; {1,3}; {1,5}; {3,1}; {3,3}; {3,5}; {5,1}; {5,3} e {5,5}.

Desses, apenas {3,5} e {5,3} possuem soma 8. Logo, a probabilidade de se obter 8 no lançamento de dois dados é de 2/9, considerando que os resultados obtidos são ambos ímpares.

Para entender melhor a probabilidade condicional, considere um espaço amostral S finito não vazio e um evento A de S, se quiser outro evento B desse espaço S, a nova probabilidade é indicada por $P(B|a)$, denominada como a probabilidade condicional de B em relação ao A. Assim, ela formará um novo espaço amostral, pois agora este será A e os elementos do evento B pertencerão a $B \cap A$, como você pode ver na Figura 2.

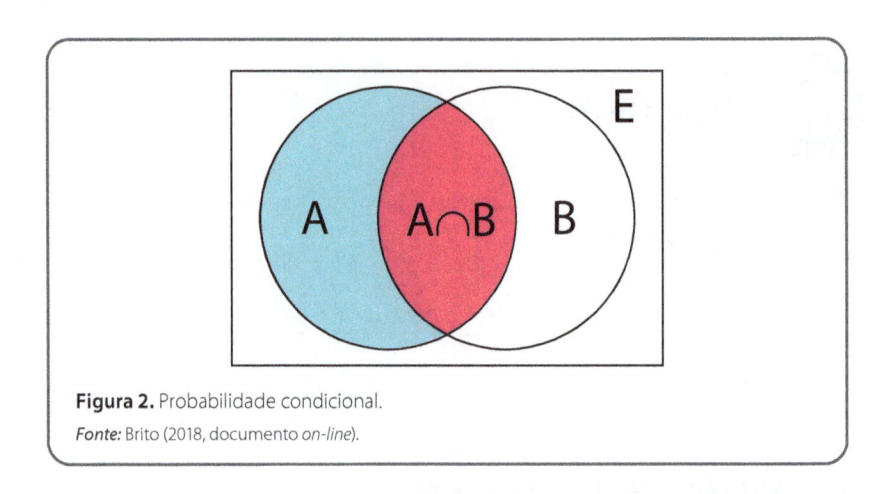

Figura 2. Probabilidade condicional.
Fonte: Brito (2018, documento *on-line*).

Há diversos casos para ilustrar a probabilidade condicional, por exemplo, as chances de um bebê nascer menina é um evento A, mas a probabilidade de essa criança ter doença celíaca (intolerância ao glúten) se trata de um evento B. Essa situação pode ser considerada uma probabilidade condicional, porque a doença celíaca atinge mais mulheres do que homens. Se as chances fossem iguais para pessoas dos dois gêneros, esses eventos não estariam condicionados e seriam uma probabilidade marginal ou incondicional, pois a possibilidade de que um deles ocorra não influencia na do outro.

Assim, se os eventos forem independentes, a probabilidade não será condicional, pois você representa a probabilidade condicional com a seguinte expressão: $P(A|B)$, que se lê "a probabilidade condicional de A em relação a B". Já a fórmula para calculá-la é:

$$P(A|B) = P(A \cap B)/P(B)$$

Quando dois eventos são independentes, a probabilidade de ocorrerem ao mesmo tempo é dada por:

$P(A \cap B) = P(A) \cdot P(B)$

Já se você colocar isso na fórmula da probabilidade condicional, encontrará:

$P(A|B) = P(A \cap B)/P(B)$
$P(A|B) = P(A) \cdot P(B)/P(B)$
$P(A|B) = P(A) \cdot P(B)/P(B)$
$P(A|B) = P(A)$

Portanto, a probabilidade de A ocorrer não se altera.

Teorema de Bayes

O teorema de Bayes é uma fórmula matemática usada para o cálculo da probabilidade de um evento dado que outro já ocorreu, o que se chama probabilidade condicional. Para esse teorema, precisa-se ter alguma informação anterior ou saber que determinado evento já ocorreu e qual sua probabilidade. Baseada nessa inferência bayesiana, surge a expressão grau de crença, ou a confiança em algum evento anterior.

Uma das muitas aplicações do teorema de Bayes é a inferência bayesiana, uma abordagem particular da inferência estatística. Assim, quando for aplicado, as probabilidades envolvidas nele podem ter diferentes interpretações de probabilidade.

Com a interpretação bayesiana, o teorema expressa como a probabilidade de um evento (ou seu grau de crença) deve ser alterada após considerar as evidências sobre sua ocorrência. Apesar do pioneirismo, essa abordagem caiu em esquecimento nas ciências e foi preterida pela frequentista, que ainda é hegemônica, mas devido ao grande aumento na capacidade de processamento dos computadores, a bayesiana renasceu com muita força.

Para calcular pelo teorema de Bayes a probabilidade de um evento A dado que um B ocorreu, $P(A|B)$, tem-se a seguinte fórmula:

$$P(A/B) = \frac{P(B/A) \times P(A)}{P(B)}$$

Em que,

$P(B|A)$: probabilidade de B acontecer dado que A ocorreu;
$P(A)$: probabilidade de A ocorrer;
$P(B)$: probabilidade de B ocorrer.

Saiba mais

Em um algoritmo probabilístico, a mesma sequência de entrada não leva sempre a um mesmo estado final de computação, porque as transições entre os estados dependem do estado atual, do símbolo recebido e de uma escolha aleatória. Simplificadamente, imagine que, além de ler um símbolo para decidir o próximo passo de computação, a máquina ainda lance uma moeda para decidir se passa ou não ao próximo estado.

Aplicação da probabilidade na inteligência artificial

A inteligência artificial é um campo amplo há muitas décadas, que vem sendo impulsionado rapidamente com a informática e a computação. Sua aplicação nos sistemas especialistas procura escrever programas que copiem e reproduzam os modos como os seres humanos pensam, falam, compreendem e aprendem, elaborando uma réplica da inteligência humana e aplicando-a nas diversas áreas da empresa.

Esses sistemas especialistas aplicam a inteligência artificial nas empresas e, segundo O'Brien (2004), situam-se na área da ciência cognitiva, a qual utiliza disciplinas como biologia, neurologia, psicologia e matemática para verificar como os seres humanos aprendem, criam e desenvolvem as aplicações baseadas no conhecimento com acompanhamento de um especialista. Trata-se de sistemas que agem e comportam-se como um ser humano, utilizados para solucionar problemas em áreas específicas da empresa.

Os dois grandes paradigmas para o desenvolvimento de sistemas especialistas em inteligência artificial são o simbólico e o subsimbólico (conexionista). No paradigma conexionista, utiliza-se técnicas de redes neurais para representar e solucionar problemas em um domínio específico, sendo aplicável aos domínios nos quais a forma de raciocínio do especialista não pode ser totalmente explicitada. No simbólico, por sua vez, o conhecimento é disposto em uma base de conhecimentos, em que as inferências são representadas por meio de regras do tipo SE–ENTÃO. Geralmente, o raciocínio do sistema se baseia em uma árvore de decisões, mas nesse caso, o conhecimento do especialista deve ser adquirido e representado do modo mais aprofundado possível para permitir que o sistema emule seu comportamento.

A rede bayesiana trabalha com relações causais quantificadas por valores de probabilidade condicional e, segundo Murteira (1990), "a causalidade é a vantagem de nossa existência e a desvantagem de nossa matemática. Acreditamos em causalidade em nossas interações com a realidade, mas é difícil capturá-la em nossos modelos". Portanto, considerando que a causa precede o efeito, é fundamental ter um processo unidirecional para modelar a causalidade — se B causa A, então B ocorre antes de A. Já no contexto da lógica clássica, a implicação não capta uma relação causal por problemas de falta de direcionalidade, em que (B->A) é equivalente a (]B->]A), assim não permite que a causalidade seja modelada.

As redes bayesianas são compostas de duas partes complementares: uma qualitativa e outra quantitativa (GAAG, 1996). A parte qualitativa é um modelo gráfico (grafo acíclico direcionado), em que as variáveis incluem os nodos e as regras, relações de dependência entre elas, chamadas de arcos direcionados. Assim, um arco ligando as variáveis A e B (na forma A->B) indica que a variável B é a consequência e a variável A se trata da causa, apresentando uma relação de dependência resumida na regra "se A então B". Porém, se não houver um arco ligando duas variáveis, assume-se que elas são independentes.

Veja na Figura 3 um exemplo de rede bayesiana.

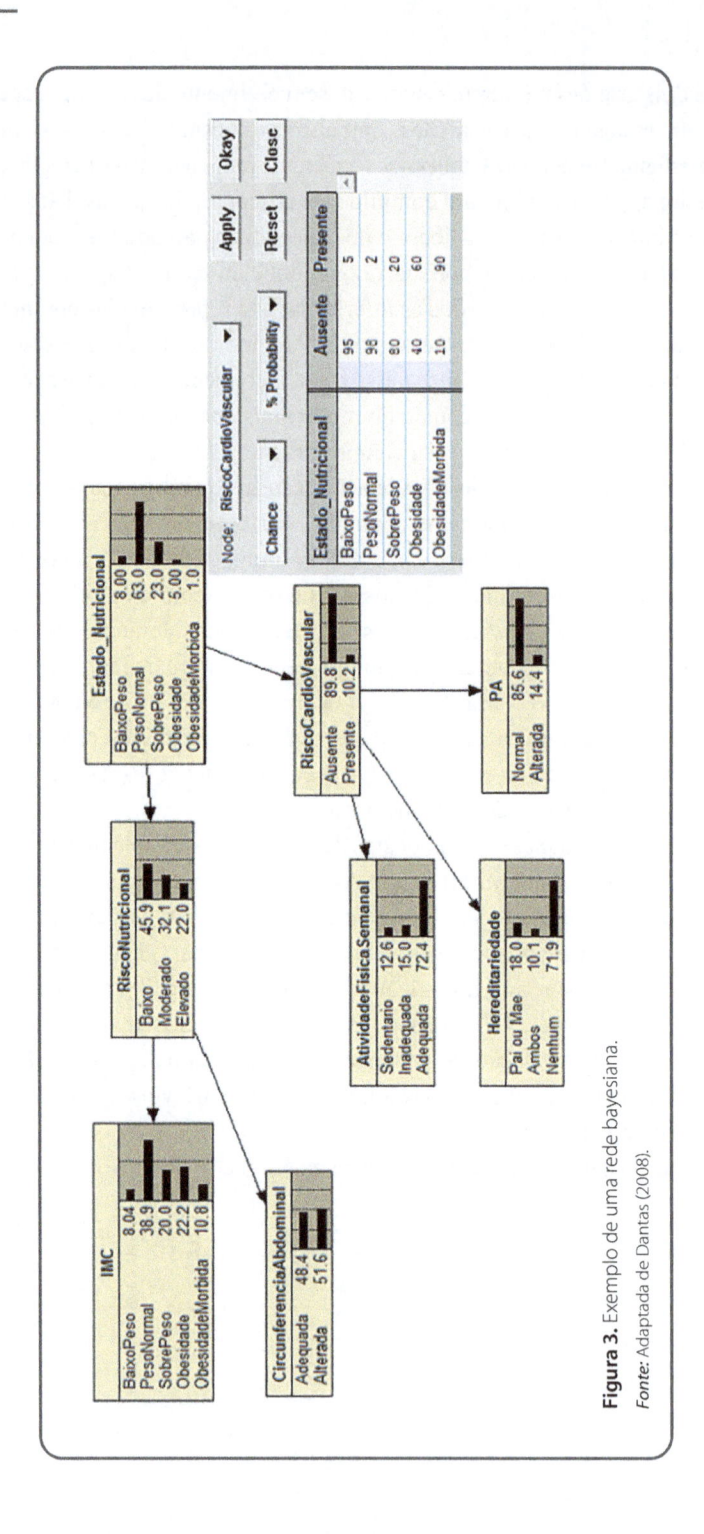

Figura 3. Exemplo de uma rede bayesiana.
Fonte: Adaptada de Dantas (2008).

Nos sistemas especialistas probabilísticos, os valores de probabilidade refletem a crença do especialista sobre o que espera que ocorra em situações similares às que têm experiência e aprendeu ao longo de sua vivência. Assim, ele tenta extrapolar com base em experiência e aprendizado no domínio de aplicação.

Link

Conheça um instituto brasileiro de inteligência artificial, que usa probabilidade e estatística, no *link* a seguir.

https://qrgo.page.link/QeSBj

Link

Administrado pelo Centro de Estudos do Risco da Universidade Federal da Bahia (CER-UFBA), o *site* Previsão Esportiva tem o objetivo de agregar pesquisadores, alunos de graduação e pós-graduação interessados no desenvolvimento metodológico estatístico para dados esportivos. As previsões divulgadas são obtidas a partir de um modelo estatístico para os resultados dos jogos, que considera os fatores: mando de campo, poder de ataque e poder de defesa de cada equipe do campeonato. Saiba mais sobre esse assunto no *link* a seguir.

https://qrgo.page.link/T2hWE

Referências

BRITO, R. Probabilidade condicional: o que é, exemplos e exercícios! *Stoodi*, 22 jul. 2018. Disponível em: https://www.stoodi.com.br/blog/2018/07/11/probabilidade-condicional/. Acesso em: 14 maio 2019.

DANTAS, C. A. B. *Probabilidade*: um curso introdutório. 3. ed. São Paulo: EDUSP, 2008.

MURTEIRA, B. J. F. *Probabilidades e estatística*. 2. ed. Lisboa: McGraw-Hill, 1990. 2 v.

TABORDA, A. Mapa mental: probabilidade. *Desconversa*, 13 ago. 2015. Disponível em: https://descomplica.com.br/blog/matematica/mapa-mental-probabilidade/. Acesso em: 14 maio 2019.

Leituras recomendadas

BUSSAB, W. O.; MORETTIN, P. A. *Estatística básica*. 5. ed. São Paulo: Saraiva, 2006.

MURTEIRA, B. J. *et al. Introdução à estatística*. 2. ed. Lisboa: McGraw Hill, 2002.

WALPOLE, R. E. *et al. Probabilidade e estatística para engenharia e ciências*. 8. ed. São Paulo: Pearson Prentice Hall, 2014.

Introdução ao Python I

Objetivos de aprendizagem

Ao final deste texto, você deve apresentar os seguintes aprendizados:

- Identificar os tipos de dados, as variáveis e as expressões na linguagem Python.
- Explicar as estruturas condicionais em Python.
- Descrever as estruturas iterativas em Python.

Introdução

Neste capítulo, você estudará a linguagem Python, seu uso pela comunidade de programação, seus tipos de dados, suas variáveis e expressões, bem como suas estruturas condicionais e iterativas. Assim, você entenderá como essa linguagem, apesar de ter facilidade de aprendizado comparada às outras, é poderosa e largamente utilizada no campo da inteligência artificial.

Python

Python é uma linguagem de programação largamente utilizada, com a sua facilidade de aprendizado aliada às características de programação de alto nível, *script*, imperativa, orientada aos objetos e interpretada. Ela permite se desenvolver utilizando tanto o conceito de programação estruturada como aquela orientada aos objetos, possui suporte à tipificação dinâmica, aos recursos de gerenciamento de uso de memória e oferece uma abrangente biblioteca padrão. Já seus interpretadores têm suporte para diversos sistemas operacionais, possibilitando a adaptação dos sistemas construídos.

O nome Python, apesar de ser confundido com o animal cobra, na realidade, se originou de um grupo de comédia britânico, chamado *Monty Python*, que era assistido pelo criador da linguagem. Denominados de pythonistas, seus programadores e as referências às serpentes geralmente estão espalhados pelos tutoriais e pela sua documentação (BORGES, 2014).

Python é uma linguagem muito simples, fácil de usar e aprender, porém, bastante robusta e utilizada em diversas soluções, como as demonstradas a seguir.

- *Back-end* de sistemas Web, *customer relationship management* (CRM) e *enterprise resource planning* (ERP).
- Pesadas simulações de engenharia.
- Processamento pesado de efeitos especiais de filmes.
- Soluções de análise de dados (*data analytics*).
- Aprendizado de máquina (ML, em inglês *machine learning*).

Devido aos seus recursos, essa linguagem tem sido amplamente utilizada por grandes corporações, como Google, National Aeronautics and Space Administration (NASA), YouTube, Disney, Embratel, International Business Machines (IBM) e Rede Globo. O mercado de Python está em amplo crescimento nos últimos anos e deve ganhar cada vez mais espaço.

Na Figura 1, você pode ver o crescimento de visualizações em questões relacionadas à linguagem Python, segundo o gráfico, cerca de 10,5% das visualizações mensais do *Stack Overflow* são em tópicos referentes a ela.

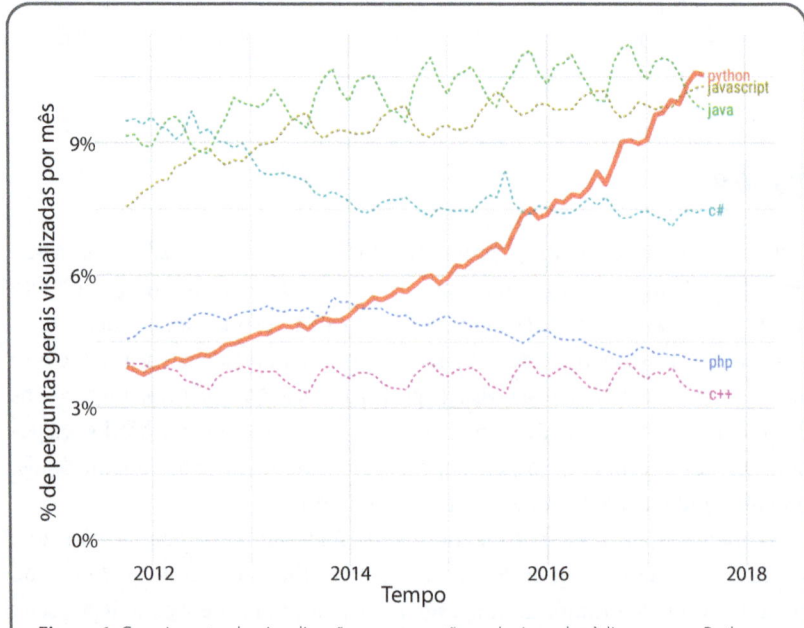

Figura 1. Crescimento de visualizações em questões relacionadas à linguagem Python.
Fonte: Ramos (2018, documento *on-line*).

Principais características da linguagem Python

Veja a seguir uma pequena lista com as características que tornam a tecnologia Python uma das linguagens de programação mais interessantes do mercado atual de desenvolvimento.

Facilidade de aprendizado

A linguagem Python oferece recursos de agilidade, é de fácil acesso à sua comunidade de desenvolvimento, com vários desenvolvedores, e possui uma sintaxe clara e objetiva, o que facilita o uso nas instituições de ensino (BARRY; GRIFFITHS, 2010). Ela ainda está orientada aos objetos, constando comumente na sua documentação que, em Python, tudo é um objeto, desde a variável mais simples. Tudo isso a torna uma linguagem utilizada para o ensino de variados públicos: crianças, universitários, desenvolvedores mais experientes e entusiastas de programação.

Simplicidade

Por ser considerada uma linguagem de alto nível, Python não requer um conhecimento específico de outras linguagens, apenas conhecimento de lógica de programação para trabalhar com ela. Com tal entendimento, vai-se diretamente ao código, tornando o aprendizado rápido e a linguagem enxuta, com menos código para concluir tarefas básicas. A partir de somente algumas linhas de código, você consegue implementar rotinas que demandariam muito mais linhas em qualquer outra linguagem de programação. Ela ainda é livre, aberta e possui uma grande comunidade de apoio aos seus desenvolvedores.

Robustez

Apesar de ser considerada simples e fácil de aprender, a linguagem Python também pode ser aplicada em projetos de grande porte, como *back-end* de sistemas na Web, projetos de *machine learning*, automações de rotinas, entre outros. Os setores de tecnologia de grandes *players* do mercado estão comportando muitos funcionários que dominam Python, sendo justamente essas empresas que puxam o crescimento do mercado.

Eficácia

Para quem não deseja enfrentar problemas com conceitos e regras complexas, a linguagem Python também é uma boa opção. Como já foi citado, sua sintaxe é considerada de fácil aprendizado, assim, coisas simples (como um comando se encerrar quando uma linha acabar) tornam suas exigências reduzidas e, muitas vezes, apenas uma linha de código é suficiente para realizar as tarefas que exigiriam três ou mais linhas em outras linguagens. Isso permite ao programador reduzir as chances de erro e, por ser interpretada e não compilada, ela tem código fonte lido por um interpretador, convertido e executável, assim como o Java.

Tipos de dados, variáveis e expressões

Um tipo de dado é uma categoria para valores, os quais pertencem exatamente a ele. Os tipos de dados mais comuns em Python são descritos abaixo.

- Inteiros = –2, –1, 0, 1, 2, 3, 4, 5.
- Números de ponto flutuante = –1.25, –1.0, –0.5, 0.0, 0.5, 1.0, 1.25.
- *Strings* = 'a', 'aa', 'aaa', 'Olá', '15 Laranjas'.

O tipo de dado inteiro (*int*) representa valores que contêm números inteiros, por exemplo, –2 e 30. Já os números com um ponto decimal, como 3.14, são chamados de ponto flutuante (*floats*). Observe que, apesar de o valor 42 ser um inteiro, o 42.0 é um número de ponto flutuante.

Em Python, existem vários tipos de dados, desde numéricos, *strings*, sequenciais e coleções, sendo que os sequenciais são tanto de coleções como *strings*. Já os tipos numéricos são os inteiros, booleanos `True` ou `False`, de ponto flutuante e complexos (BARRY; GRIFFITHS, 2010). Os tipos de coleções, por sua vez, podem armazenar objetos de outros tipos além deles, como tuplas, listas, dicionários e conjuntos (`set` e `frozenset`).

- Tipos sequenciais: têm uma ordem, portanto, seus itens podem ser encontrados pela ordem em que estão armazenados e sofrer fatiamentos com o operador colchetes []. Apesar de não serem um tipo de dado propriamente, eles definem o que determinado tipo pode fazer, como suportar o fatiamento com parênteses [], a função `len(x)` e os operadores `in` e `not in`.

- Tipos iteráveis: não são um tipo de dado, mas, em Python, deve-se saber o que eles significam. Um objeto capaz de devolver seus membros um de cada vez ou, o mais importante, que pode ser percorrido por um *loop* `for`. Seus exemplos incluem todos os tipos sequenciais (como listas, *strings* e tuplas) e alguns não sequenciais, como dicionários e conjuntos (*sets*).

> **Fique atento**
>
> Embora o valor em *string* de um número seja considerado totalmente diferente da versão inteira ou do ponto flutuante, um inteiro pode ser igual a um número de ponto flutuante.
>
> ```
> >>> 42 == '42'
> False
> >>> 42 == 42.0
> True
> >>> 42.0 == 0042.000
> True
> ```
>
> A linguagem Python faz essa distinção, porque *strings* incluem textos, já inteiros e números de ponto flutuante são números.

Já o significado de um operador pode mudar de acordo com os tipos de dados dos valores próximos a ele. Por exemplo, + é o operador de adição quando atua sobre dois valores inteiros ou de um ponto flutuante, porém, quando for usado com dois valores do tipo *string*, ele une este e se torna o operador de concatenação de *strings*.

Nas linguagens de programação, você pode definir as variáveis e, para criá-las em Python, basta escrever um nome que ainda não tenha sido definido, utilizar o comando de atribuição (=) e atribuir um valor. Nele, você não precisa definir antes e estaticamente o tipo de variável, a qual nunca é explicitamente definida ou escrita, porque ele a descobre no momento em que se atribui um valor a ela e a monitora de forma interna. Por isso, o Python é uma linguagem com definições dinâmicas, o que de certo modo condiz com seu *design* voltado para ajudar o programador.

As variáveis no Python também são fortemente definidas, sendo seu tipo sempre reforçado. Quando você tem uma variável inteira, não pode tratá-la como uma do tipo *string*, sem ter uma conversão explícita antes. Contudo, se fosse uma linguagem com variáveis fracamente definidas, seus tipos poderiam ser ignorados, por exemplo, a VBScript, na qual você pode concatenar uma *string* ('12') com um número do tipo inteiro (3) para ter a *string* ('123') sem precisar explicitar nenhuma conversão antes.

Portanto, o Python é uma linguagem com definições de tipos de forma dinâmica, porque você não precisa defini-los explicitamente antes de criar uma variável. Eles também são fortes, pois, depois que foi atribuído um tipo a esse dado, ele importa.

Já as expressões são uma combinação de valores, variáveis e operadores, chamadas de funções e sempre avaliadas como um valor, necessitando ser calculadas. Assim, se você pede ao Python que:

```
>>> y = 3.14
>>> x = len("Olá")
>>> print(x)
3
>>> print(y)
3.14
>>> y
3.14
>>>
```

O cálculo de uma expressão produz um valor, que é a razão desta conseguir aparecer do lado direito de um comando de atribuição. Um valor por si só é uma expressão e o mesmo para a variável, assim, calcular o valor de uma variável resulta no valor ao qual ela se refere.

Note que, quando se entra com o comando de atribuição `y = 3.14`, somente o *prompt* retorna e não existe valor, devido ao fato de que esse comando não retorna valor algum. Ele é simplesmente executado, mas o resultado da execução de um comando de atribuição se trata da criação de uma referência da variável *y* para o valor 3.14. Ao executar a função `print` com y como argumento, você pode ver o valor ao qual *y* se refere, assim, digitando apenas `"y"` se obtém o mesmo resultado.

Estruturas condicionais e iterativas

As instruções de controle de fluxo geralmente começam com uma parte chamada condição, que é seguida de um bloco de código denominado cláusula. As expressões booleanas vistas até agora poderiam ser todas consideradas condições, sendo o mesmo que expressões, mas a condição é somente o nome mais específico no contexto dessas instruções de controle de fluxo.

As condições sempre são avaliadas como um valor booleano, True ou False, logo, a instrução de controle de fluxo decide o que fazer conforme sua condição seja True ou False, sendo que quase todas as instruções utilizam uma condição.

> **Saiba mais**
>
> O Raspbian é o sistema operacional desenvolvido em Python e embarcado para o Raspberry Pi, um computador cujo *hardware* é integrado em uma placa do tamanho de um cartão de crédito. Desenvolvido no Reino Unido, pela Fundação Raspberry Pi, ele tem o objetivo de ser usado por crianças mundialmente para ensinar sobre computadores, como manipular o mundo eletrônico, programar, etc.

Instruções if

O tipo mais comum de instrução de controle de fluxo é a if. Sua cláusula (ou o trecho de código após essa instrução) será executada se a condição for True, e ignorada caso seja False. Explicitamente, uma instrução if pode ser lida como se (if) esta condição for verdadeira. Em Python, essa instrução é composta de:

- palavra-chave if;
- uma condição ou uma expressão avaliada como True ou False;
- dois pontos;
- um bloco de código endentado chamado de cláusula if, começando na próxima linha.

Por exemplo, suponha que exista um código que verifique se o nome de uma pessoa é Alice.

```
if name == 'Alice':
    print('Olá, Alice')
```

Todas as instruções de controle de fluxo terminam com dois pontos e são seguidas de um novo bloco de código (a cláusula). A cláusula da instrução if do exemplo anterior é o bloco com `print('Olá, Alice.')`.

Instruções `else`

Uma cláusula `if` pode opcionalmente ser seguida de uma instrução `else`, que será executada somente quando a condição da instrução `if` for `False`. Explicitamente, a instrução `else` pode ser lida como "se esta condição for verdadeira, execute este código; senão (`else`) execute aquele código". Ela não tem uma condição e, no código, sempre se constitui de:

- palavra-chave `else`;
- dois pontos;
- um bloco de código endentado chamado de cláusula `else`, começando na próxima linha.

Retornando ao exemplo com Alice, observe um código que utiliza uma instrução `else` para oferecer uma saudação diferente caso o nome da pessoa não seja esse.

```
if name == 'Alice':
    print('Olá, Alice')
else:
    print('Olá, estranho')
```

Instruções `elif`

Embora se execute somente uma das cláusulas `if` ou `else`, você pode querer que uma entre as várias cláusulas possíveis seja executada. A instrução `elif` significa `else if`, sempre vem após um `if` ou um `elif` e provê outra condição que será verificada apenas se todas as anteriores forem `False`. No código, essa instrução é sempre constituída de:

- palavra-chave `elif`;
- uma condição ou uma expressão avaliada como `True` ou `False`;
- dois pontos;
- um trecho de código endentado chamado de cláusula `elif`, começando na próxima linha.

Agora, acrescente um `elif` ao verificador de nomes e veja essa instrução em ação.

```
if name == 'Alice':
    print('Olá, Alice.')
elif age < 12:
    print('Você não é a Alice, criança.')
```

Assim, verifica-se a idade da pessoa, e o programa informará algo diferente caso ela tenha menos de 12 anos.

Estruturas de repetição

As linguagens de programação atuais fornecem meios para a repetição de um bloco de instrução de forma mais simples e menos verbosa do que as antecessoras. Tecnicamente, essas estruturas se chamam iteradores, ou repetidores. Em geral, as linguagens disponibilizam um iterador que repetirá uma quantia finita de vezes, e outro que repetirá enquanto uma condição for verdadeira, sendo um repetidor condicional.

O Python disponibiliza dois iteradores: o condicional, que é mais simples e repete determinado bloco de código enquanto a condição definida no cabeçalho da estrutura for verdadeira (`while`); e o finito, que repete por uma quantidade de vezes conhecida previamente (`for..in`).

O comando `while` faz um conjunto de instruções ser executado enquanto uma condição for atendida e, quando o resultado desta passa a ser falso, a execução do *loop* é interrompida, como você pode observar no exemplo a seguir:

```
01 contador = 0
02 while (contador < 5):
03      print(contador)
04      contador = contador + 1
```

Neste código, enquanto a variável contador (inicializada com 0) for menor que 5, as instruções das linhas 3 e 4 serão executadas. Observe que, na linha 4, incrementa-se o valor da variável contador, de forma que, em algum momento, seu valor ultrapassará o número 5 e, quando isso for verificado na linha 2, o laço será interrompido. Sem esse código, a condição de parada não será atingida, gerando um *loop* infinito, que deve ser evitado, pois leva ao congelamento e à finalização da aplicação.

No fim do `while`, pode-se utilizar a instrução `else` com o propósito de executar alguma instrução ou algum bloco de código ao final do *loop*, como você pode ver no seguinte exemplo:

```
01 contador = 0
02 while (contador < 5):
03     print(contador)
04     contador = contador + 1
05 else:
06     print("O loop while foi encerrado com sucesso!")
```

Assim como ocorre com `for/else`, declarando o `else` no fim do `while`, pode-se executar um código ao final do *loop*. Nesse caso, será impressa a mensagem "O loop while foi encerrado com sucesso!". O *loop* `while` continuará em execução enquanto sua condição for `True` (por isso, se chama `while`, que significa enquanto), mas o que aconteceria se você quisesse executar um bloco de código apenas determinado número de vezes? Pode-se fazer isso usando uma instrução de *loop* `for` e a função `range()`.

No código, uma instrução `for` é semelhante a `for i in range(5):` e sempre inclui os fatores mostrados a seguir.

- A palavra-chave `for`.
- Um nome de variável.
- A palavra-chave `in`.
- Uma chamada ao método `range()` com até três inteiros passados a ele.
- Dois pontos.
- Um bloco de código endentado chamado de cláusula `for`, começando na próxima linha.

Veja o código a seguir:

```
print('Meu nome é')
for i in range(5):
    print('James cinco vezes (' + str(i) + ')')
```

O código da cláusula do *loop* for é executado cinco vezes e, na primeira, a variável i é definida com 0. Já a chamada a print() na cláusula exibirá James cinco vezes (0). Depois que o Python finalizar uma iteração passando por todo o código da cláusula do *loop* for, a execução retornará ao início do *loop* e a instrução for incrementará i de um. Por isso, range(5) resulta em cinco iterações pela cláusula, com i sendo definido com 0, logo após, com 1, 2, 3 e, por fim, 4. A variável i assumirá os valores até o inteiro passado para a range(), porém, sem incluí-lo.

> **Link**
>
> Conheça as 59 maneiras de programar melhor a linguagem Python no livro disponível no *link* a seguir.
>
> https://qrgo.page.link/cn6kc

Para auxiliar as estruturas de repetição, existem outros dois comandos:

- break, usado para sair de um *loop*, não importando o estado em que se encontra.
- continue, funciona de forma parecida com a do break, porém, em vez de encerrar o *loop*, ele faz todo o código que esteja abaixo (ainda dentro do *loop*) ser ignorado e avança para a próxima iteração.

Exemplo

O módulo PyAIML é uma implementação de um interpretador para *Artificial Intelligence Markup Language* (AIML). Para obter mais informações sobre PyAIML e AIML, acesse os *links* a seguir.

https://qrgo.page.link/Qprk7

https://qrgo.page.link/1Gfs8

https://qrgo.page.link/veC5u

Referências

BARRY, P.; GRIFFITHS, D. *Use a cabeça! Programação*: o guia do aprendiz de qualquer curso de programação. Rio de Janeiro: Alta Books, 2010. 440 p.

BORGES, L. E. *Python para desenvolvedores*. São Paulo: Novatec, 2014. 320 p.

RAMOS, V. A. Por que aprender Python: 5 motivos para começar agora! *Python Academy*, [S. l.], 11 abr. 2018. Disponível em: <https://pythonacademy.com.br/blog/porque-aprender-python-5-motivos-para-aprender-agora>. Acesso em: 1 jun. 2019.

Leituras recomendadas

BRUECK, D.; TANNER, S. *Python 2.1 bible*: includes a complete Python language reference. New York: Hungry Minds, 2001. 731 p.

LUTZ, M.; ASCHER, D. *Aprendendo Python*. 2. ed. Porto Alegre: Bookman; O'Reilly, 2007. 566 p.

MATTHES, E. *Curso intensivo de Python*: uma introdução prática e baseada em projetos à programação. São Paulo: Novatec, 2016. 656 p.

Introdução ao Python II

Objetivos de aprendizagem

Ao final deste texto, você deve apresentar os seguintes aprendizados:

- Reconhecer a criação de funções no Python.
- Definir classes no Python.
- Desenvolver programas orientados aos objetos no Python.

Introdução

As funções são blocos de código e realizam tarefas que geralmente precisam ser executadas diversas vezes em uma aplicação. Quando surge essa necessidade, para que várias instruções não sejam repetidas, elas se agrupam em uma função, à qual é dado um nome e pode ser chamada ou executada em diferentes partes do programa. O Python é uma linguagem de programação orientada a objetos (POO), com recursos que dão suporte a esta, como a criação e utilização de classes.

Neste capítulo, você estudará as funções e classes na linguagem Python, sua definição e seu uso na prática, bem como o desenvolvimento de POO.

Funções

As funções são definidas como sub-rotinas que executam um objetivo em particular. Todas as linguagens de programação utilizadas atualmente possuem formas de criá-las, como Python, C++, Java, C# e *Object Pascal* (*Delphi*). Além de o programador poder criar as próprias funções, a linguagem de programação tem funções que já estão incluídas na biblioteca padrão com o objetivo facilitar o trabalho dele. Seus exemplos são as funções matemáticas para cálculo de seno, cosseno e tangente, bem como as funções de manipulação de texto (*substring*), que permitem manipular caracteres (BARRY; GRIFFITHS, 2010).

O Python disponibiliza diversas funções internas (*built-in*), como as mencionadas anteriormente, porém, você pode criar outras. Um dos principais propósitos das funções é agrupar os códigos que serão executados várias vezes, sendo que, sem uma função definida, seria necessário copiá-los e colá-los cada vez que fossem usados, resultando em um programa de aspecto mais poluído e uma manutenção bem mais complexa. Para entender melhor essa questão, analise o código da seguinte função (SWEIGART, 2015):

```
def ola():
    print('Olá!')
    print('Olá!!!')
    print('Alguém aí?')

ola()
ola()
ola()
```

As linhas contendo `ola()` após a função são as chamadas de função. No código, uma chamada de função é composta simplesmente do seu nome seguido de parênteses, possivelmente com alguns argumentos entre eles. Quando alcança essas chamadas, a execução do programa segue para a linha inicial da função e começa a executar o código a partir daí. Já ao alcançar o final da função, ela retorna à linha em que essa função foi chamada e continua percorrendo o código como anteriormente.

Caso não se defina uma função, para a execução desse código três vezes, seria necessário copiá-lo e colá-lo cada vez que ele fosse usado, assim, o programa teria o seguinte aspecto (SWEIGART, 2015):

```
print('Olá!')
print('Olá!!!')
print('Alguém aí?')
print('Olá!')
print('Olá!!!')
print('Alguém aí?')
print('Olá!')
print('Olá!!!')
print('Alguém aí?')
```

Na Figura 1, você pode observar a função para exibir o famoso *hello world*.

```
11  --- HelloWorld ---
12
13  def main():
14      print "hello world!"
15
16  if __name__ == "__main__"
17      main()
18
```

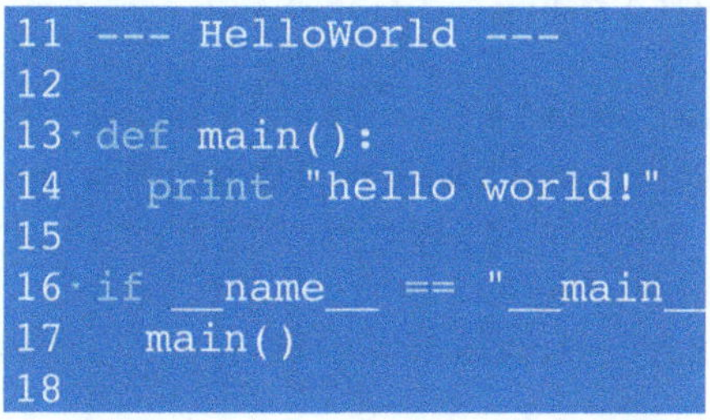

Figura 1. Função para exibir o famoso *hello world*.
Fonte: Spak (2016, documento *on-line*).

Instruções *def* para passagem de parâmetros

Ao chamar as funções da biblioteca padrão, como `print()` ou `len()`, passa-se valores (ou argumentos, nesse contexto) ao digitá-los entre os parênteses. Você ainda pode definir outras funções que aceitem argumentos. Como exemplo, avalie o seguinte código (adaptado de SWEIGART, 2015, p. 96):

```
def ola(name):
    print('Olá ' + name)

ola('Alice')
ola('Carlos')
```

A definição da função `ola()` nesse programa contém um parâmetro chamado name, sendo que parâmetro é uma variável em que se armazena um argumento ao chamar uma função. Na primeira vez que se chama a função `ola()`, isso ocorre com o argumento `'Alice'`. A execução do programa entra na função, e a variável name é automaticamente definida com `'Alice'`, exibido pela instrução `print()`. Um aspecto importante sobre um parâmetro é que se esquece o valor armazenado nele quando a função retorna. Por exemplo, ao adicionar `print(name)` depois de `ola('Carlos')` no programa anterior, um NameError será gerado pelo programa, pois não há uma variável name, a qual foi destruída após o retorno da chamada de função `ola('Carlos')`, portanto, `print(name)` faria referência à variável name inexistente.

Valor de retorno da função (*return*)

Quando se chama a função `len()` e lhe passa um argumento como `'Olá'`, a chamada de função será avaliada como o valor inteiro três, que é o tamanho da *string* passada. Em geral, o valor com o qual uma chamada é avaliada se denomina valor de retorno da função. Assim, ao criar uma função com a instrução `def`, pode-se especificar qual deve ser o valor de retorno com uma instrução `return`, que se constitui de:

- Palavra-chave `return`.
- Valor ou expressão que a função deve retornar.

Quando se usa uma expressão com a instrução `return`, ela é avaliada com o valor de retorno. Por exemplo, o programa a seguir define uma função que retorna uma *string* diferente de acordo com o número passado a ela como argumento (SWEIGART, 2015):

```
import random
def getAnswer(answerNumber):
    if answerNumber == 1:
          return 'It is certain'
      elif answerNumber == 2:
          return 'It is decidedly so'
      elif answerNumber == 3:
          return 'Yes'
      elif answerNumber == 4:
          return 'Reply hazy try again'
      elif answerNumber == 5:
          return 'Ask again later'
      elif answerNumber == 6:
          return 'Concentrate and ask again'
      elif answerNumber == 7:
          return 'My reply is no'
      elif answerNumber == 8:
```

```
        return 'Outlook not so good'
    elif answerNumber == 9:
        return 'Very doubtful'

r = random.randint(1, 9)
fortune = getAnswer(r)
print(fortune)
```

Em Python, há o None, que representa a ausência de um valor e é o único valor do tipo de dado NoneType — outras linguagens de programação também o chamam de *null*, *nil* ou *undefined*. Assim como os valores booleanos True e False, ele deve ser digitado com uma letra N maiúscula. Esse valor pode ser útil quando houver a necessidade de armazenar algo que não deva ser confundido com um valor real em uma variável. Um local em que se usa None é como valor de retorno de print(), cuja função exibe um texto na tela e não precisa retornar nada, como len() ou input() o fazem. No entanto, como todas as chamadas de função devem ser avaliadas com um valor de retorno, print() retorna None.

Escopos local e global

As variáveis e os parâmetros atribuídos em uma função chamada existem no seu escopo local, já as variáveis que recebem o valor fora de todas as funções ocorrem no escopo global. Uma variável que esteja no escopo local é chamada de variável local, e aquela que existe no escopo global se denomina variável global. Elas devem ser de um ou outro tipo e não podem ser, ao mesmo tempo, local e global (BARRY; GRIFFITHS, 2010).

Pense no escopo como um contêiner para variáveis que, ao ser destruído, todos os valores armazenados nelas são esquecidos. Há apenas um escopo global, criado quando seu programa se inicia e que, ao terminar, é destruído e esquece todas as suas variáveis. Se não fosse dessa forma, na próxima vez que você executasse o programa, as variáveis se lembrariam dos valores da última execução. Já um escopo local é criado sempre que se chama uma função, no qual existirá qualquer variável que receber um valor nessa função. Quando a função retornar, esse escopo será destruído, e as variáveis esquecidas. Na próxima vez que ela for chamada, as variáveis locais não se lembrarão dos valores armazenados na última vez que se usou essa função.

> **Fique atento**
>
> Em geral, sempre evite duplicar códigos, pois, se algum dia você decidir atualizá-lo, por exemplo, e encontrar um *bug* que deva ser corrigido, será necessário alterar seu código em todos os locais em que o copiou.

Classes

Uma classe representa uma categoria de objeto, por exemplo, a classe carro envolve todos os tipos de carro, mas cada carro ou objeto implementa seus atributos e métodos. Objetos são abstrações computacionais que representam entidades, com as qualidades (atributos) e as ações (métodos) que elas podem realizar. A classe é ainda a estrutura básica do paradigma de orientação aos objetos, que se refere ao seu tipo, um modelo a partir do qual esses objetos serão criados. Na Figura 2, você pode observar uma estrutura de classes.

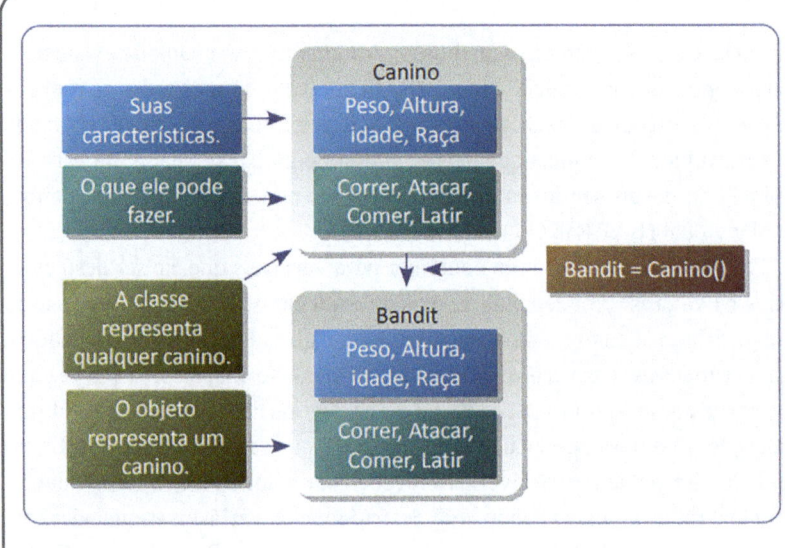

Figura 2. Exemplo de uma estrutura de classes.
Fonte: Borges (2014, p. 109).

Como você viu no exemplo da Figura 2, a classe canino descreve as características e ações dos caninos em geral, já o objeto Bandit representa um canino específico. Os atributos envolvem as estruturas de dados que armazenam informações sobre o objeto; os métodos, por sua vez, são funções associadas ao objeto, que descrevem como ele se comporta.

No Python, os objetos são criados a partir das classes por meio de atribuição, sendo uma instância delas, que possui características próprias. Ao criar um deles, executa-se o construtor da classe, que é um método especial, denominado _ _ new _ _ (). Após a chamada do construtor, o método _ _ init _ _ () também é chamado para inicializar uma nova instância.

Algumas características da POO na linguagem Python são:

- Quase tudo é objeto, mesmo os tipos básicos, como números inteiros.
- Tipos e classes são unificados.
- Operadores são, na verdade, chamadas para métodos especiais.
- Classes são abertas, menos para os tipos *builtins*.

Os métodos especiais são identificados por nomes no padrão _ _ metodo _ _ () (dois sublinhados no início e no final do nome) e definem como os objetos derivados da classe se comportarão em situações específicas, como na sobrecarga de operadores.

Classes no Python

Como já foi citado, as classes são o principal recurso da POO, que tem como objetivo criar modelos que representem objetos da vida real, com atributos e métodos que atendam a essa representação (LUTZ; ASCHER, 2007). A seguir, você pode conferir um exemplo na prática que utiliza a linguagem Python e cria uma classe para representar animais de estimação, a qual teria os seguintes atributos:

- Nome.
- Espécie.
- Nome do dono.

Observe a seguir o código dessa classe, que se chama AnimalEstimacao:

```
class AnimalEstimacao():
    def _ _ init _ _ (self, nome, especie, dono):
```

```
        self.nome = nome
        self.especie = especie
        self.dono = dono
```

O self que aparece na frente de cada atributo e no primeiro parâmetro do método _ _ init _ _ () se refere ao objeto criado, assim, self.especie define um atributo da classe que é a espécie do objeto animal de estimação. Note que especie e self.especie são distintos, sendo uma variável e um atributo da classe respectivamente. No código a seguir, usa-se a classe AnimalEstimacao criando dois animais de estimação peludos e fofinhos, uma notação para acessar os atributos de cada classe.

```
import animal_estimacao as animal

peludo = animal.AnimalEstimacao('Peludo', 'cão', 'Alice')
print('Meu nome é:', peludo.nome, 'eu sou um', peludo.especie,
'e meu dono é:', peludo.dono)
print()

fofinho = animal.AnimalEstimacao('Fofinho', 'gato', 'Luís')
print('Meu nome é:', fofinho.nome, 'eu sou um', fofinho.especie,
'e meu dono é:', fofinho.dono)
```

Até aqui apenas se definiu atributos para a classe, agora serão desenvolvidas algumas ações e, para isso, se utiliza a definição de métodos para a classe AnimalEstimacao, como correr, brincar e comer.

```
class AnimalEstimacao():
    def _ _ init _ _ (self, nome, especie, dono):
        self.nome = nome
        self.especie = especie
        self.dono = dono

    def correr(self):
        print('{0} está correndo'.format(self.nome))

    def brincar(self):
        print('{0} está brincando'.format(self.nome))
```

```
def comer(self):
    print('{0} está comendo'.format(self.nome))
```

Se você já sabe o que são as funções, fica mais simples de entender. As classes implementam atributos e métodos, sendo que estes executam ou implementam uma funcionalidade, assim como as funções. Portanto, a classe é um elemento que carrega diversas funções dentro de si.

Vamos a um exemplo utilizando classes (CAELUM ENSINO E INOVAÇÃO, 2019, p. 139):

```
class Ponto:

    def __init__(self, x, y):
        self.x = x
        self.y = y

    def __str__(self):
        return "({}, {})".format(self.x, self.y)

    def __repr__(self):
        return "Ponto({}, {})".format(self.x + 1, self.y + 1)

if __name__ == '__main__':
    p1 = Ponto(1, 2)
    p2 = eval(repr(p1))

    print(p1)
    print(p2)
```

Se executarmos o código acima, temos:

```
(1, 2)
(2, 3)
```

Para concluir, deve-se entender que tanto `__str__()` como `__repr__()` retornam uma *string* que representa o objeto, mas com propósitos diferentes. O método `__str__()` é utilizado para apresentar mensagens para os usuários da classe, de forma mais amigável; já o `__repr__()`

se usa para representar o objeto de modo técnico, inclusive como comando válido do Python, no exemplo da classe Ponto.

Portanto, pode-se criar múltiplos objetos da mesma classe, os quais serão únicos. Eles têm o mesmo tipo, mas podem armazenar diferentes valores para suas propriedades individuais.

Saiba mais

Em Python, não existem variáveis e métodos privados, que apenas podem ser acessados a partir do próprio objeto. Em vez disso, usa-se uma convenção, um nome que comece com sublinhado (_) deve ser considerado parte da implementação interna do objeto e sujeito às mudanças sem aviso prévio. Além disso, essa linguagem oferece uma funcionalidade chamada *name mangling*, que acrescenta na frente dos nomes que iniciam com dois sublinhados (_ _), um sublinhado e o nome da classe.

Link

Saiba mais sobre a linguagem Python e como criar uma classe nela nos *links* a seguir.

https://qrgo.page.link/gfQFV

https://qrgo.page.link/CUwPK

Exemplo

Veja um exemplo de classe `PessoaFisica` na linguagem Python:

```
from pessoa import Pessoa
```

```
class PessoaFisica(Pessoa):
    def _ _init_ _(self, CPF, nome, idade):
        super()._ _init_ _(nome, idade)
        self.CPF = CPF

    def getCPF(self):
        return self.CPF

    def setCPF(self, CPF):
        self.CPF = CPF
```

Referências

BARRY, P.; GRIFFITHS, D. *Use a cabeça! Programação*: o guia do aprendiz de qualquer curso de programação. Rio de Janeiro: Alta Books, 2010. 440 p.

BORGES, L. E. *Python para desenvolvedores*. São Paulo: Novatec, 2014. 320 p.

CAELUM ENSINO E INOVAÇÃO. Herança e polimorfismo. *In*: CAELUM ENSINO E INOVAÇÃO. *Python e orientação a objetos*: curso PY-14. São Paulo: Caelum, 2019. p. 132–152. Disponível em: https://www.caelum.com.br/apostila-python-orientacao-objetos/heranca-e-classes-abstratas/. Acesso em: 1 jun. 2019.

LUTZ, M.; ASCHER, D. *Aprendendo Python*. 2. ed. Porto Alegre: Bookman; O'Reilly, 2007. 566 p.

SPAK, F. Funções em Python. *DevMedia*, Rio de Janeiro, 2016. Disponível em: https://www.devmedia.com.br/funcoes-em-python/37340. Acesso em: 1 jun. 2019.

SWEIGART, A. Funções. *In*: SWEIGART, A. *Automatize tarefas maçantes com Python*: programação prática para verdadeiros iniciantes. São Paulo: Novatec; No Starch Press, 2015. 604 p.

Leituras recomendadas

BRUECK, D.; TANNER, S. *Python 2.1 bible*: includes a complete Python language reference. New York: Hungry Minds, 2001. 731 p.

MATTHES, E. *Curso intensivo de Python*: uma introdução prática e baseada em projetos à programação. São Paulo: Novatec, 2016. 656 p.

Estrutura de dados para IA I

Objetivos de aprendizagem

Ao final deste texto, você deve apresentar os seguintes aprendizados:

- Definir listas e sua implementação em Python.
- Explicar a implementação de filas em Python.
- Descrever pilhas e sua implementação em Python.

Introdução

Neste capítulo, você estudará o funcionamento das estruturas de dados (listas, filas e pilhas) utilizando a linguagem de programação Python, bem como a implementação de cada uma dessas estruturas.

Listas em Python

Para entender o funcionamento de uma lista em Python, é necessário relatar algumas características dessa linguagem, por exemplo, pode-se destacar que, por volta dos anos de 1970, várias linguagens dinâmicas começaram a ser propostas em formato de *script*, tinham como fundamento sua utilização na automação e, aos poucos, foram conquistando espaço no mercado de desenvolvimento de *software*.

Houve então um crescimento acentuado ao longo do tempo do *software* de código aberto, que utilizava linguagens dinâmicas abertas e compartilhava funcionalidades embarcadas, aumentando a produtividade dos códigos. Porém, em meados dos anos de 1990, as metodologias ágeis começaram a ser inseridas com enfoque no processo de criação e manutenção de *software*, modificando seus paradigmas tradicionais de implementação e desenvolvimento, até que uma dessas linguagens dinâmicas se destacou, o Python.

O Python ganhou grande avanço no mercado e se popularizou por ser uma linguagem dinâmica com alto poder de utilização, considerando as milhares de comunidades de usuários que foram surgindo, uma sintaxe concisa, de fácil entendimento, alto nível e grau de dinamismo (muito parecida com a linguagem humana), orientada ao objeto, interpretativa e interativa (PERKOVIC, 2016).

Logo, a linguagem Python inclui estruturas de dados como listas, dicionários, pilhas, filas, entre outras, além de recursos avançados, por exemplo, persistência, introspecção, metaclasses, gerados, etc.. Assim, ele se espalhou pelo mundo do desenvolvimento de *software*, com suas características de interpretação de *bytecode* por meio da sua máquina virtual, o que possibilita um código embarcado portável por diferentes tipos de plataforma.

Hoje, a especificação da linguagem Python é mantida pelo Python Software Foundation (PSF) e, entre os diversos *softwares* que o utilizam no seu *core* (núcleo), pode-se destacar o PostgreSQL, o BrOffice, o Blender, etc..

Saiba mais

Em 1990, o Python foi criado por Guido van Rossum no Centrum Wiskunde & Informatica (CWI), o instituto nacional de pesquisa para matemática e ciência da computação da Holanda, que o utilizou inicialmente para pesquisas nas áreas de engenharia e física, o que se espalhou. Logo, o Python é usado em diversas aplicações Web do Google, Microsoft e Yahoo, bem como em vários celulares Android, com a tecnologia embarcada, e aplicações de inteligência artificial, devido ao dinamismo e à alta recursividade dessa linguagem.

Na Figura 1, você pode observar um exemplo lúdico de cenário em que o Python pode ser utilizado em aplicações de inteligência artificial, chamada *machine learning* (aprendizado de máquina), na qual existe um subcampo da inteligência dedicado ao desenvolvimento de técnicas por meio dessa linguagem, que permitem aos sistemas de computação aprender com base em dados matemáticos empíricos (DROZDEK, 2017).

Figura 1. Exemplo de cenário em que o Python é utilizado em aplicações de inteligência artificial.

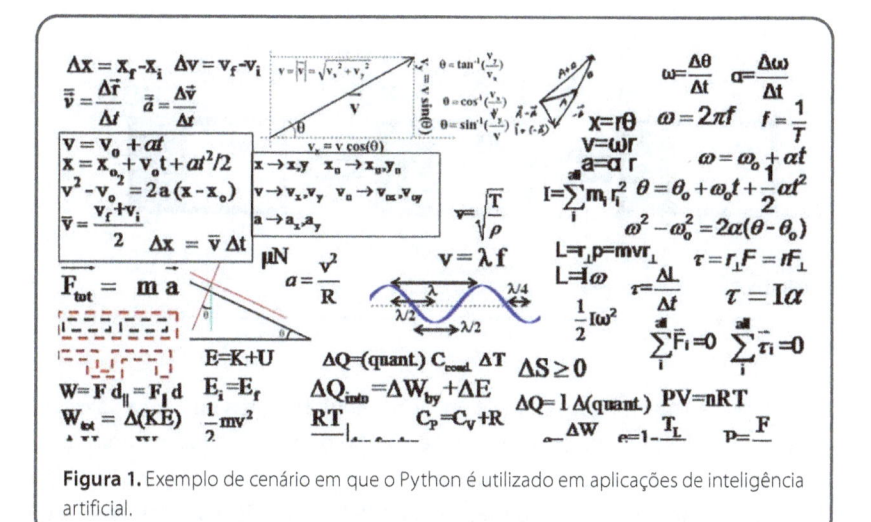

Depois dessa breve contextualização sobre a linguagem Python, pode-se compreender o funcionamento das filas, que são uma das principais estruturas de dados computacionais, muito utilizada não somente em Python, como também em diversas linguagens de alto nível.

A lista é uma estrutura de dados dinâmica que, neste caso, será implementada em Python, formada por uma sequência encadeada de elementos, também chamados de nós. Dentro delas, esses nós contêm, pelo menos, dois campos principais: de informação e endereço, sendo o primeiro responsável por armazenar os elementos da lista; e o segundo, o endereço do próximo nó. Logo, cada endereço na lista é compreendido como um ponteiro, porque aponta para um nó e serve para acessá-lo.

Esse apontamento faz a lista ficar ligada, sendo que esta pode ser acessada por meio de um ponteiro (endereço) externo que aponta para o primeiro nó, assim, o endereço deste é encapsulado para facilitar as operações futuras sobre a lista, sem a necessidade de se conhecer toda a sua estrutura (COOPIN, 2017).

Por meio do ponteiro externo (que não está incluído no nó), referencia-se uma variável, por exemplo, dentro da lista. Perceba, então, que o campo do próximo endereço do último nó contém um valor especial, que se chama NULL, um endereço inválido. Assim, esse ponteiro nulo é utilizado para indicar que a lista terminou, sendo o final dela. Pode-se ter também uma lista vazia ou nula, caso não tenha nós ou apenas um deles. Nesse caso, o valor do ponteiro externo seria nulo. Veja um exemplo de lista na Figura 2.

Figura 2. Exemplo de lista.

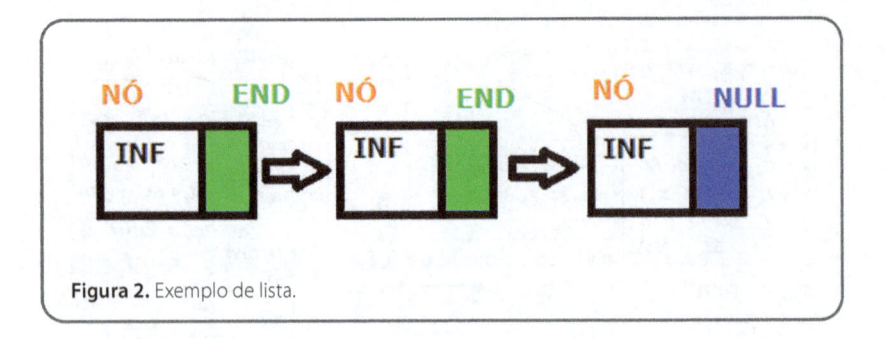

Outra informação importante é que, caso houvesse uma mudança na estrutura de uma lista linear, de forma que o campo próximo ao último nó tivesse um ponteiro de volta para o primeiro, em vez de um nulo, surgiria um tipo de lista chamada de circular ou fechada (PERKOVIC, 2016), conforme você pode ver no exemplo da Figura 3. Uma lista circular não possui nem o primeiro nem o último nó, logo, o ponteiro deve apontar para o último arbitrariamente, já o nó seguinte é estabelecido como o primeiro.

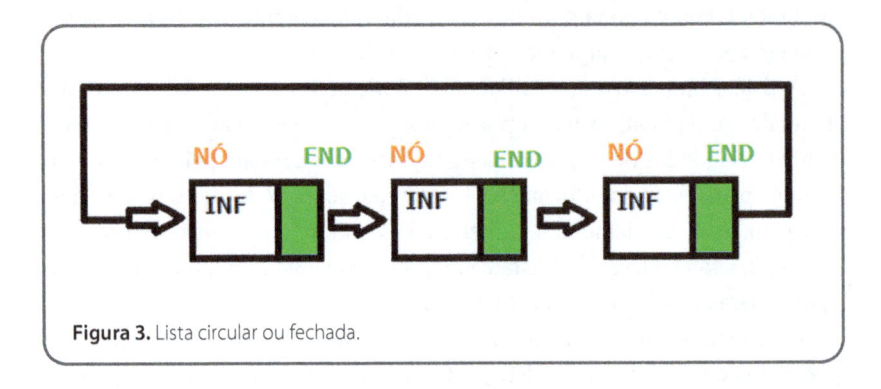

Figura 3. Lista circular ou fechada.

Existe também a lista duplamente encadeada, que surgiu para prover uma travessia no sentido contrário entre os nós. Perceba que a lista encadeada linear e a circular permitem a travessia entre os nós em apenas uma direção, portanto, a fim de solucionar esse problema, as duplamente encadeadas usam o apontamento do ponteiro do primeiro elemento para o último e o ponteiro seguinte do último para o primeiro elemento, como você pode visualizar no exemplo da Figura 4.

Figura 4. Lista duplamente encadeada.

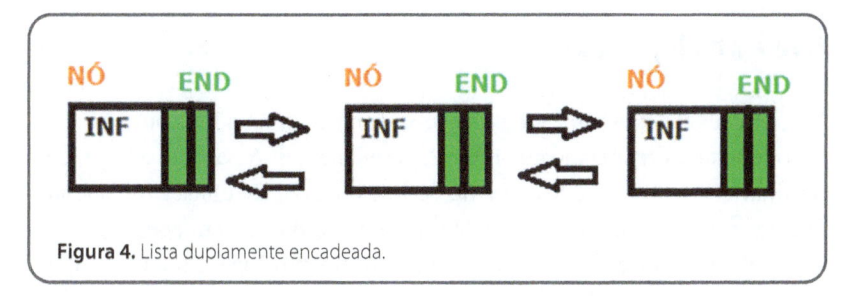

Note que cada nó terá dois ponteiros, um para o nó anterior e um para o posterior. As listas duplamente encadeadas podem ser chamadas de duplamente ligadas, sendo lineares ou circulares, cujos nós possuem três campos: INF (informação), *left* e *right*, que contêm ponteiros para os nós de ambos os lados. Perceba que o ponteiro do último elemento é utilizado para percorrer a lista em ordem inversa (COPPIN, 2010).

Agora que você compreende os conceitos das estruturas de dados das listas, pode ver a implementação de uma lista em linguagem Python:

```
01 >>> lista = []
02 >>> listastring = ['casa','carro','pessoa','bola']
03 >>> listainteiro = ['1234','4321','2134','3214']
04 >>> listastring
05 >>> listainteiro
06 >>> nova_lista = ['pedra',lista]
07 >>> nova_lista ['pedra', ['casa','carro','pessoa','bola']]
```

Neste caso, criou-se uma lista que representa objetos em sequência (p. ex., casa, carro, pessoa, bola), os quais estão separados por vírgula dentro de colchetes. Se houvesse uma lista vazia, teria colchetes vazios, como mostrado na linha 01, na qual se declara uma lista sem elementos.

Já nas linhas 02 e 03, declara-se uma lista com *strings* (linha 02) e outra com inteiros (linha 03), depois realiza-se a impressão dessas listas (*string* e inteiro) nas linhas 04 e 05. Por fim, nas linhas 06 e 07, tem-se uma nova lista sendo declarada (nova _ lista), que é inicializada com a *string* 'pedra', herdando a primeira lista ['pedra', lista]. Existe, na linha 07, a nova lista ['pedra'] + a primeira lista ['casa', 'carro', 'pessoa', 'bola'], assim, há uma nova lista com o elemento 'pedra' e os elementos da primeira lista ['casa', 'carro', 'pessoa', 'bola'].

Filas em Python

Para entender as filas em Python, deve-se conceituar uma fila como um conjunto reunido e organizado ou ordenado de elementos. A partir disso, pode-se eliminar elementos na extremidade de início dessa fila e inserir elementos na extremidade final, igual à fila de espera no aeroporto, em que as pessoas (elementos) são inseridas no final e outras (elementos) vão saindo do início. Nessa lógica, tem-se a fila, que também se chama lista *first in first out* (FIFO) e é o tipo de ordenação que representa uma fila, na qual o primeiro a entrar é o primeiro a sair (DROZDEK, 2017).

Logo, pode-se verificar que a fila é uma estrutura de dados dinâmica e ordenada, na qual os elementos seguem a seguinte regra: para sair dela, eles precisam estar em uma extremidade, chamada início da fila e, para entrar nela, devem estar na outra extremidade (final da fila). Há ainda filas duplamente encadeadas, que permitem a eliminação e a inserção dos elementos nas duas extremidades (início e fim), sendo muito comum em sistemas distribuídos. Veja um exemplo de fila na Figura 5.

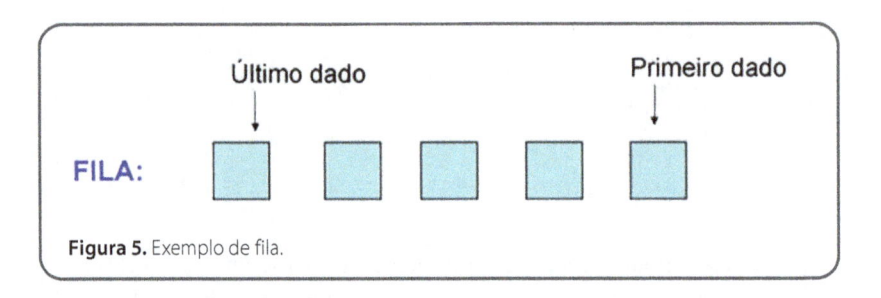

Figura 5. Exemplo de fila.

A partir desse conhecimento, você pode verificar, a seguir, a implementação de uma fila em Python:

```
01 >>> fila = [1,2,3,4,5]
02 >>> fila.append(6)
03 >>> print fila [1,2,3,4,5,6]
04 >>> print fila.pop (0)
05 >>> print fila [2,3,4,5,6]
06 >>> print fila.pop (0)
```

```
07 >>> print fila [3,4,5,6]
08 >>> print fila.pop (0)
09 >>> print fila [4,5,6]
10 >>> fila.append (7)
11 >>> print fila [4,5,6,7]
```

Neste exemplo de fila, tem-se, na linha 01, a inicialização da fila com os elementos [1,2,3,4,5]. A partir disso, utiliza-se as funções de inserção e remoção (*append* e *pop*) para inserir e remover os elementos das extremidades da fila. Já na linha 02, há o fila.append (6), usado para inserir o elemento (6) no final da fila, depois, na linha 03, se faz um *print* da fila, um comando para mostrá-la e, em seguida, tem-se a inserção: [1,2,3,4,5,6].

Na linha 04, realiza-se um *print* fila.pop (0) para remover o primeiro elemento da fila, neste caso, o [1], depois, na linha 05, tem-se outro *print* da fila, após a remoção: [2,3,4,5,6]. Já nas linhas 06, 07, 08 e 09, segue-se a mesma lógica e se faz as remoções dos elementos [2,3]. Por fim, nas linhas 10 e 11, insere-se o elemento (7), e a fila se finaliza com os elementos [4,5,6,7].

Pilhas em Python

As pilhas são estruturas de dados em conjunto ordenado, em que os elementos são inseridos e eliminados em uma extremidade, chamada de topo. Assim, novos elementos podem ser inseridos no topo, tornando-se o primeiro elemento. Outra possibilidade é que os elementos no topo da pilha possam ser removidos, logo, os que estão mais abaixo se tornarão seu novo primeiro elemento (PERKOVIC, 2016).

Nas pilhas, ao contrário das filas, tem-se o conceito de listas *last in first out* (LIFO), em que o último a entrar é o primeiro a sair. Assim, a ordem em que os elementos são retirados da pilha é o oposto da ordem em que são colocados nela, dessa forma, somente os recursos do topo estão acessíveis.

Existem três tipos de operações possíveis em uma pilha: o push, que insere um novo elemento no topo; o pop, que retira um elemento do topo; e o top ou check, que acessa a consulta do elemento do topo. Na Figura 6, você pode verificar o esboço de uma pilha.

Figura 6. Exemplo de pilha.

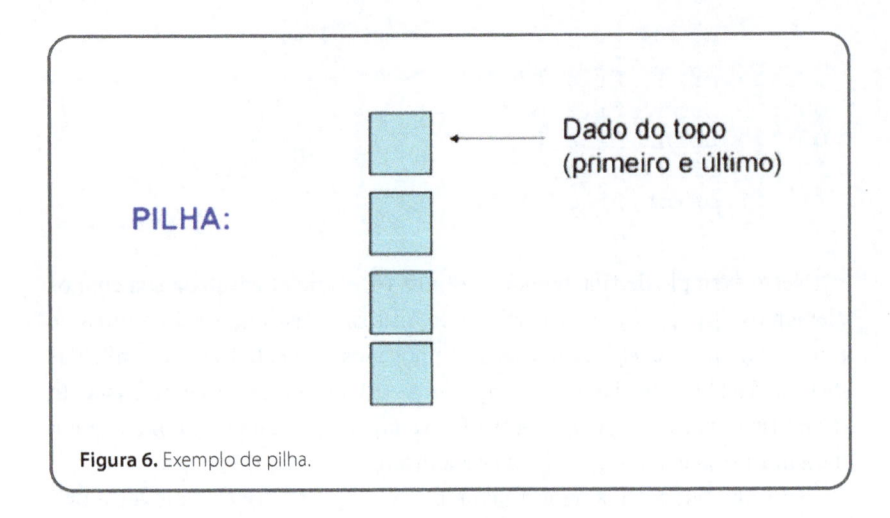

A seguir, você pode verificar a implementação de uma pilha em Python, adotando a ideia de sequência com quatro elementos [4,3,2,1]:

```
01 >>> def main ( ):
02 >>> seq [4,3,2,1]
03 >>> pilha = []
04 >>> for elemento in seq:
05 >>> pilha.append (elemento)
06 >>> while len (pilha) > 0:
07 >>> print (pilha)
08 >>> topo = pilha.pop ()
09 >>> print ("objeto do topo: ", topo)
10 >>> main ()
```

Nas linhas 01 e 02, tem-se a inicialização da pilha a partir de uma sequência [4,3,2,1], que será objeto de utilização pela sua estrutura de dados na linha 03, em que, por conseguinte, há dois métodos, o *append* e o *pop*, usados após a linha 04, na qual a sequência [4,3,2,1] é inicializada, e o método *append* na linha 05 insere os elementos. Já na linha 06, existe uma regra para que se imprima a pilha quando ela for maior que 0 (linha 07) e se coloque a retirada no topo (topo = pilha.pop ( )), na linha 08. Por fim, mostra-se o objeto do topo na linha 09 e se finaliza a pilha na linha 10.

Referências

COPPIN, B. *Inteligência artificial*. Rio de Janeiro: LTC, 2010. 664 p.

DROZDEK, A. *Estrutura de dados e algoritmos em C++*. 4. ed. São Paulo: Cengage Learning, 2017. 708 p.

PERKOVIC, L. *Introdução à computação usando Python*: um foco no desenvolvimento de aplicações. Rio de Janeiro: LTC, 2016. 516 p.

Estrutura de dados para IA II

Objetivos de aprendizagem

Ao final deste texto, você deve apresentar os seguintes aprendizados:

- Explicar os fundamentos para a implementação de árvores binárias.
- Implementar o algoritmo *breadth first search*.
- Desenvolver o algoritmo *depth first search program*.

Introdução

As árvores binárias são a demonstração, em formato de galhos de árvore, de um conjunto de nós que se ligam a uma raiz, com o intuito de hierarquizar dados e informações.

Neste capítulo, você estudará o funcionamento das árvores binárias, bem como a implementação dos algoritmos *breadth first search* (BFS) e *depth first search* (DFS) *program* por meio da linguagem de programação Python.

Fundamentos sobre árvores binárias

A estrutura de dados em árvore é a representação de um conjunto de nós e arestas que se interligam a um elemento inicial, chamado raiz. Essa interligação entre os nós forma os ramos da árvore ou das folhas, o nó superior à folha será o nó pai; e aquele inicial ou superior a todas as folhas, o nó raiz (DROZDEK, 2017).

Para entender os conceitos de altura da árvore, profundidade, pais e folhas ou nós filhos, veja na Figura 1 o desenho da estrutura de dados de uma árvore.

Figura 1. Estrutura de dados de uma árvore.

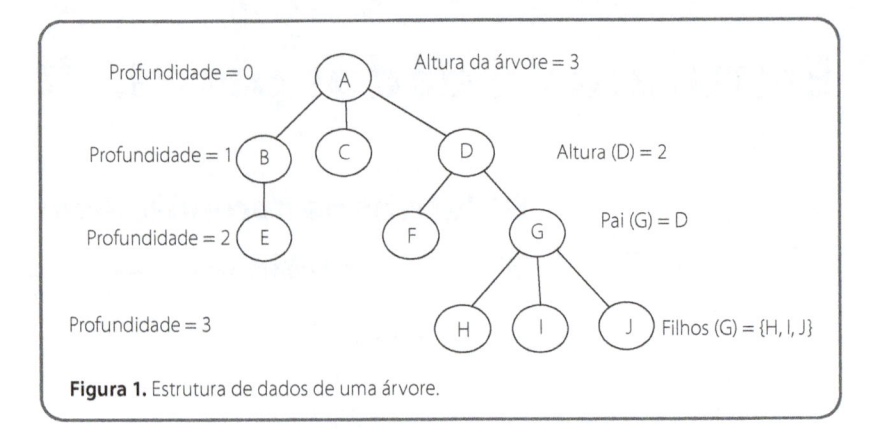

Profundidade = 0 — A — Altura da árvore = 3
Profundidade = 1 — B, C, D — Altura (D) = 2
Profundidade = 2 — E, F, G — Pai (G) = D
Profundidade = 3 — H, I, J — Filhos (G) = {H, I, J}

Caso exista somente uma raiz, haverá nós folhas e seus respectivos pais. Por exemplo, na Figura 2, você pode ver os nós da árvore nas bolinhas, sendo que o nó inicial é o nó raiz; e a composição deles, a quantidade de filhos (COPPIN, 2010). A raiz tem nível ou profundidade 0, consequentemente, qualquer nó na árvore é um nível a mais do que seu nó pai; já a quantidade de níveis de uma árvore demonstra sua altura. Portanto, conclui-se que a árvore desse exemplo possui altura = 3, com um nó raiz (amarelo), dois nós pais (verde) e todos os outros nós sendo folhas (vermelho), sem filhos (PERKOVIC, 2016).

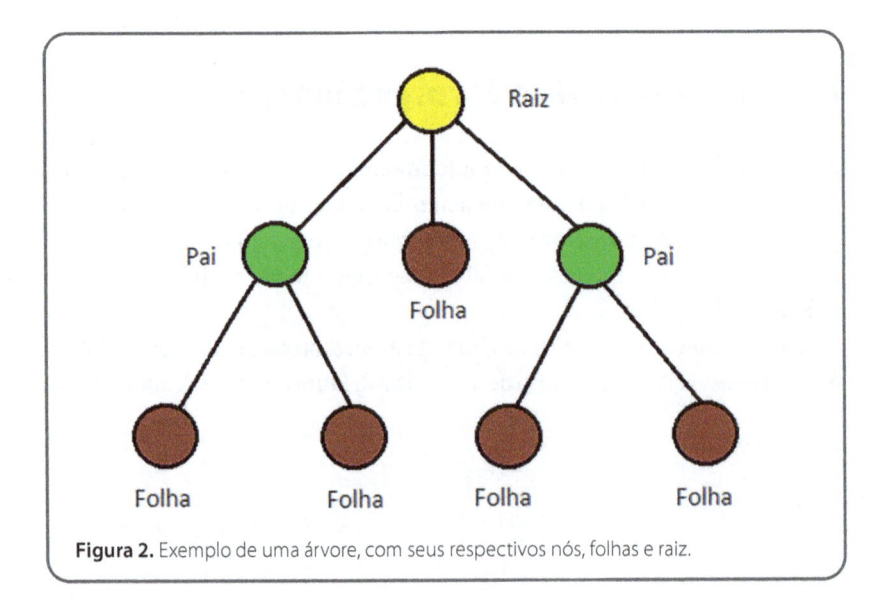

Figura 2. Exemplo de uma árvore, com seus respectivos nós, folhas e raiz.

A partir de conceitos fundamentais sobre a estrutura de dados de árvore, você pode analisar o subconjunto das árvores binárias. Elas são uma estrutura de dados hierárquica, na qual todos os nós têm grau 0, 1 ou 2, assim, sua quantidade de filhos será necessariamente 0, 1 ou 2 por nó (DROZDEK, 2017), conforme você pode observar na Figura 3.

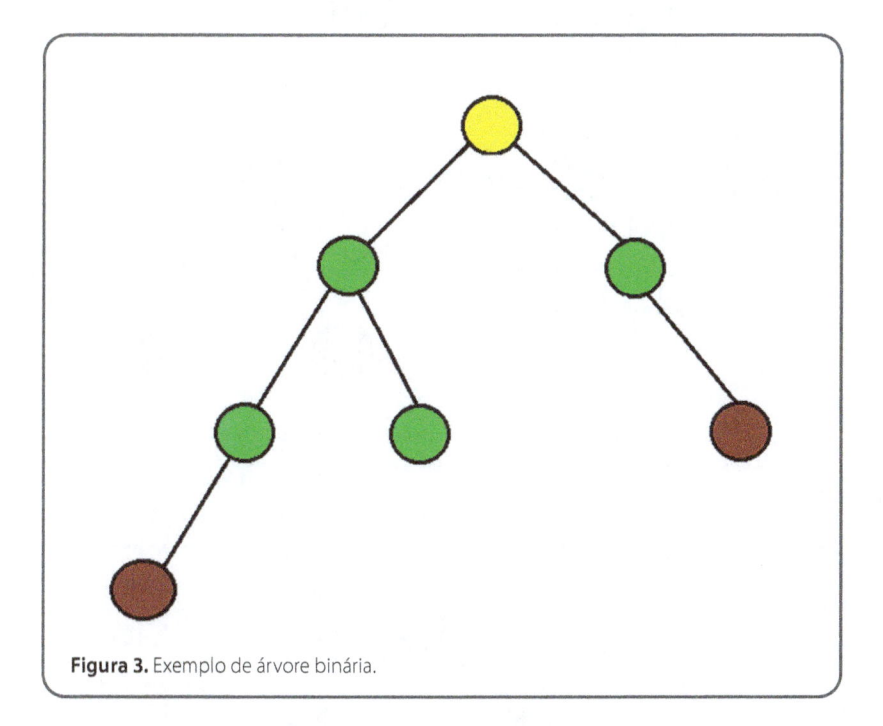

Figura 3. Exemplo de árvore binária.

Existem ainda as árvores estritamente binárias, em que todos os nós têm grau 0 ou 2; e as árvores binárias completas, nas quais todas as folhas estão no mesmo nível. Nas Figuras 4 e 5, você pode visualizar exemplos de uma árvore estritamente binária e uma árvore binária completa, respectivamente (COPPIN, 2010).

Figura 4. Árvore estritamente binária.

Figura 5. Árvore binária completa.

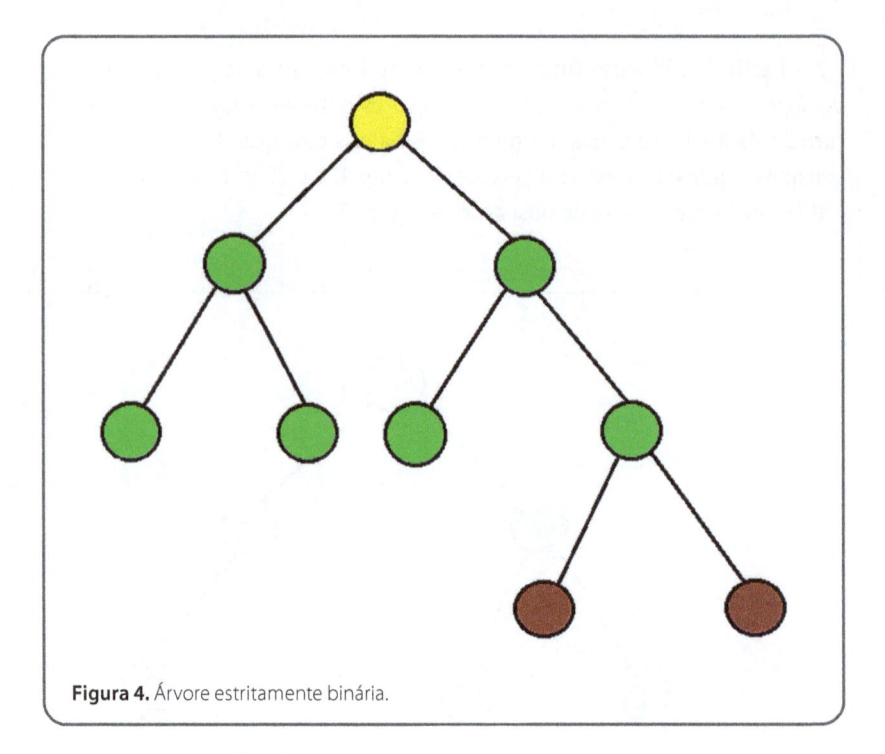

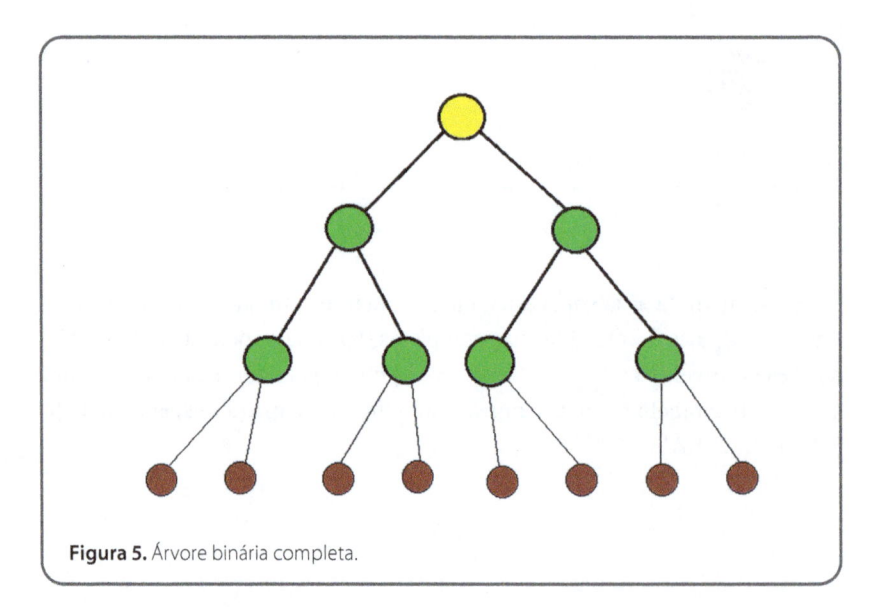

Portanto, tem-se três tipos de árvores: binárias, estritamente binárias e binárias completas. A seguir, você verá como implementar uma árvore binária utilizando a linguagem Python.

Inicialmente, implementa-se um conjunto de nós, sendo que cada nó será um objeto com uma chave, um valor e uma referência aos seus filhos, que podem estar do lado esquerdo ou direito da árvore (PERKOVIC, 2016). Depois, cada chave servirá para identificar um nó, e o valor representará o que o nó armazena, assim, haverá nós que armazenam valores numéricos.

Em Python, um nó é definido por meio da classe *binary search tree node* (BSTNode), por isso, inicializa-se a árvore binária por essa classe, como você pode ver a seguir:

```
01 >>> class BSTNode (object):
02 >>> def _ int _ (self, key, value=None, left=None, right=None):
03 >>> self.key = key
04 >>> self.value = value
05 >>> self.left = left
06 >>> self.right = right
```

Feito isso, se inicializa os campos `left` e `right` como referências para outros nós; o campo `key` será a chave de identificação dos nós; e o `value`, o valor armazenado neles (DROZDEK, 2017). Pode-se, agora, começar a armazenar os valores desejados nos nós da árvore binária.

```
01 >>> root = BSTNode (4)
02 >>> root.left = BSTNode (1)
03 >>> root.right = BSTNode (9)
04 >>> root.left.left = BSTNode (2)
```

Assim, implementa-se a criação do nó raiz com a chave (4), sem um valor armazenado e adiciona-se dois filhos na esquerda (1) e na direita (9), bem como um filho ao nó da esquerda (1) de valor (2). Depois, cria-se uma árvore binária utilizando a linguagem Python, conforme a estrutura apresentada na Figura 6.

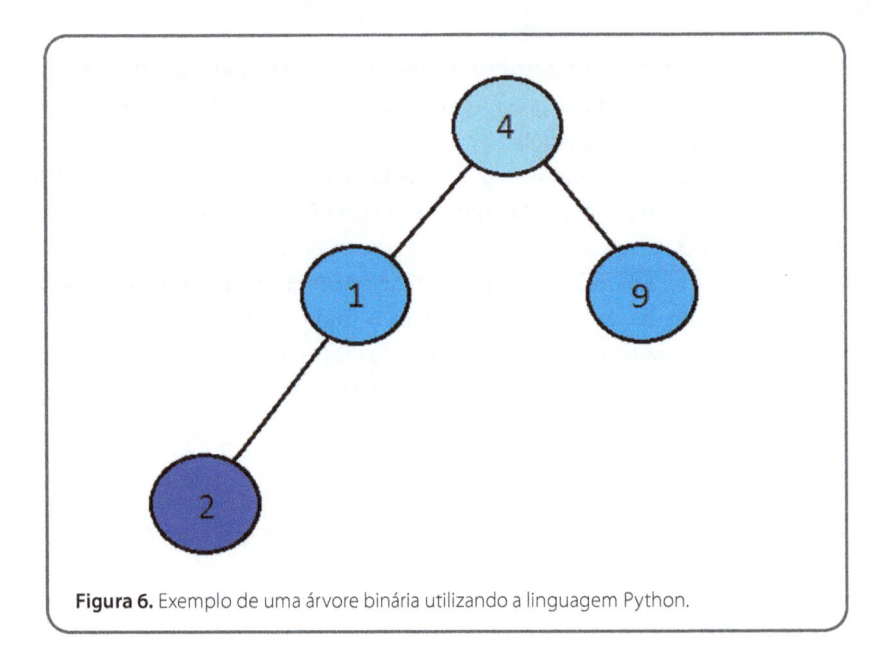

Figura 6. Exemplo de uma árvore binária utilizando a linguagem Python.

Algoritmo de busca em largura

O algoritmo de busca em largura ou BFS se originou da teoria dos grafos, com a função de realizar buscas em estruturas de dados como árvores e grafos, inicializando a partir do nó raiz e continuando a verificação dos nós vizinhos até que o elemento buscado seja encontrado (COPPIN, 2010).

No algoritmo BFS, há, por definição, uma busca desinformada e exaustiva, que examina todos os nós de uma árvore ou arestas/vértices de um grafo até encontrar o elemento buscado (DROZDEK, 2017). Portanto, sua finalidade é realizar a exploração de árvores e grafos a fim de buscar determinado elemento, ao qual se deseja encontrar. Na Figura 7, você pode ver um exemplo da exploração de um grafo por meio do algoritmo de busca em largura ou BFS.

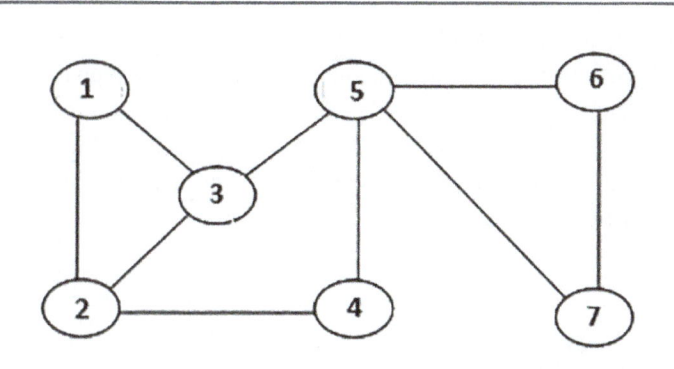

Figura 7. Exemplo da exploração de um grafo por meio do algoritmo de busca em largura ou BFS.

No grafo da Figura 7, ao utilizar o algoritmo BFS, a busca se inicia pelo nó 1 (o primeiro a ser verificado) e, em seguida, entram na fila os nós 2 e 3, pois são vizinhos do 1. Depois, o nó 2 é verificado, e seu vizinho entra na fila, que fica com os nós 3 e 4, assim, o 3 é verificado e o nó 5 (vizinho do 3) entra na fila. Verifica-se então o nó 4 e, como seu vizinho já está na fila (nó 5), analisa-se este, entrando, logo após, seus vizinhos 6 e 7. Feito isso, percorre-se todo o grafo com esse algoritmo (DROZDEK, 2017).

Assim, o algoritmo BFS garante, por exemplo, que cada nó de um grafo ou uma árvore não será visitado mais de uma vez, agrupando os nós visitados em uma estrutura de dados em fila a fim de assegurar que não ocorrerá dupla verificação (PERKOVIC, 2016). A título de memorização, na Figura 8, você pode visualizar a ilustração de uma estrutura de dados em fila, que utiliza a ordenação *first in, first out* (FIFO), no algoritmo BFS, para verificação dos nós.

Figura 8. Exemplo de uma estrutura de dados em fila.

Logo, quando se aplica o BFS em uma estrutura de dados em grafo ou árvore, há uma fila de verificação de todos os nós que serão analisados na busca, à medida que um é verificado, ele sai dessa fila e os próximos elementos entram e são verificados. Conforme você pode conferir na Figura 9, os elementos em preto foram verificados e saíram da fila, já os cinzas são os próximos a serem verificados e estão entrando nela.

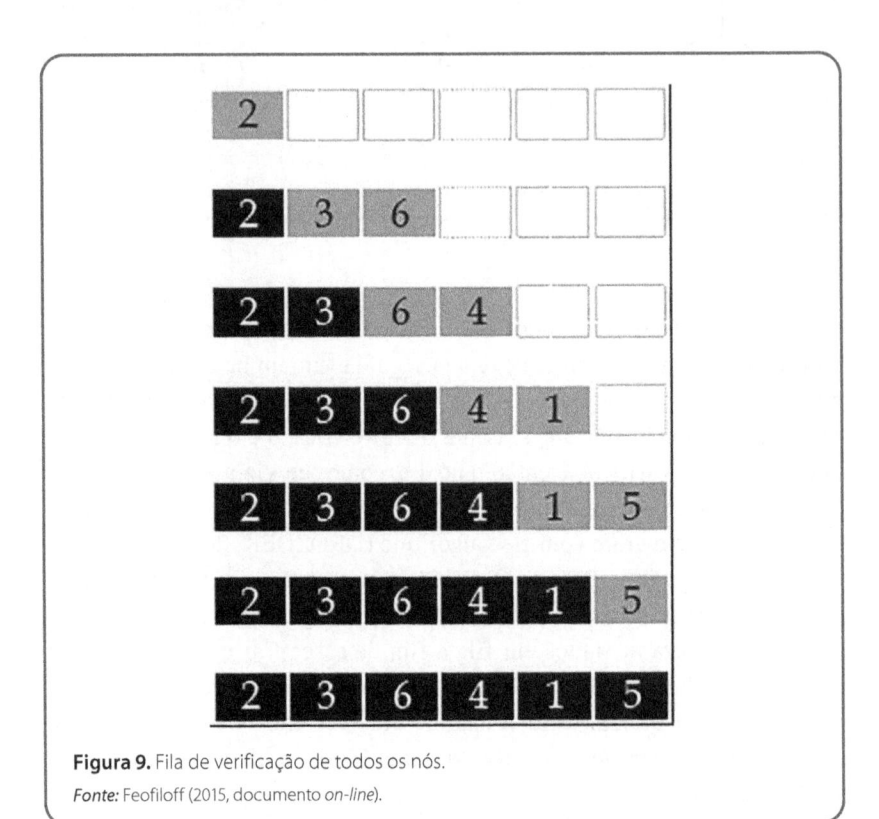

Figura 9. Fila de verificação de todos os nós.
Fonte: Feofiloff (2015, documento *on-line*).

Resumindo, os grafos e as árvores são uma estrutura de dados com nós, mas o primeiro tem suas arestas interligadas pelos nós, que se conectam entre si, e o segundo possui os mesmos nós se interconectando com os nós pais, formando nós folhas e pais. Logo, toda árvore é um grafo, mas nem todo grafo será uma árvore (COPPIN, 2010).

Veja na Figura 10 a implementação, por meio da linguagem Python, do algoritmo BFS em um grafo, que inicialmente terá os nós *A*, *B*, *C*, *D*, *E* e *F*.

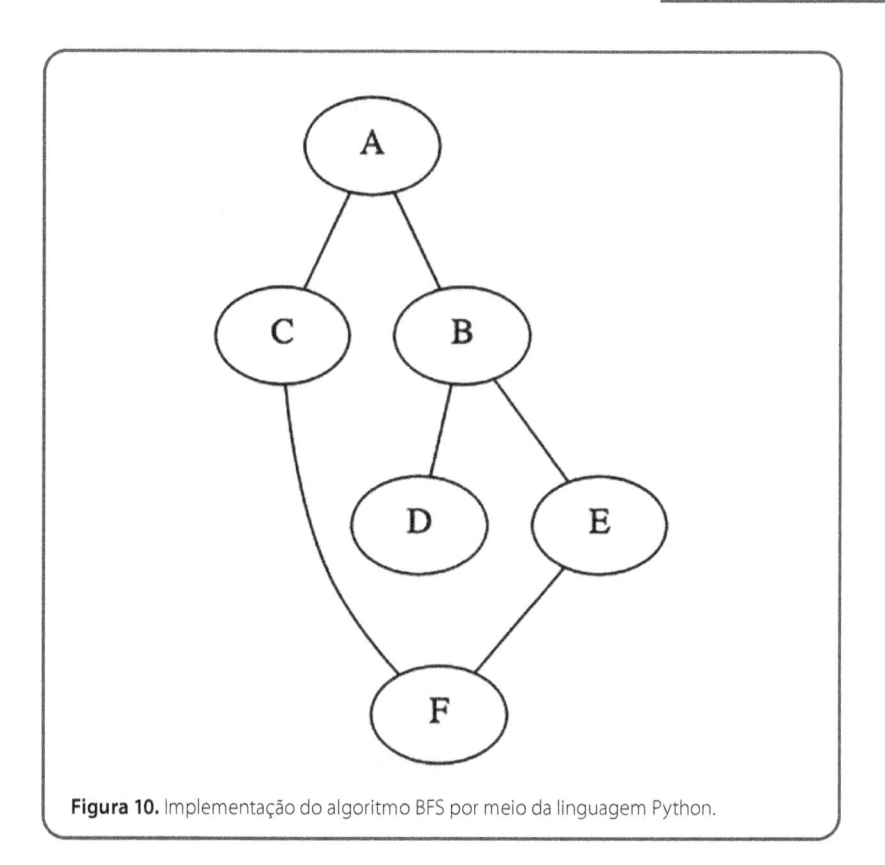

Figura 10. Implementação do algoritmo BFS por meio da linguagem Python.

Portanto, ao implementar por meio da linguagem Python, você terá:

```
01 >>> graph = { 'A': set (['B', 'C']),
02 >>>            'B': set (['A', 'D', 'E']),
03 >>>            'C': set (['A', 'F']),
04 >>>            'D': set (['B'],
05 >>>            'E': set (['B', 'F']),
06 >>>            'F': set (['C', 'E'])}
```

Feito isso, implementa-se o grafo com conexões adjacentes entre os elementos A, B, C, D, E e F. Depois, executa-se o algoritmo de busca em largura ou BFS, conforme você pode ver a seguir:

```
01 >>> def bfs (graph, start):
02 >>>     visited, queue = set (), [start]
03 >>>     while queue:
04 >>>         vertex = queue.pop (0)
05 >>>         if vertex not in visisted:
06 >>>             visited.add (vertex)
07 >>>             queue.extend(graph[vertex] - visited)
08 >>>     return visited
09 >>> bfs(graph, 'A') # {'B', 'C', 'A', 'F', 'D', 'E'}
```

Nas linhas 1 e 2, inicializa-se o algoritmo BFS passando dois parâmetros (grafo e início) e, em seguida, atribui-se no método `set` uma fila (`queue`). A partir disso, coloca-se uma condição para iniciar a fila (`while`), na qual, enquanto o vértice (`vertex`) for igual a ela, se deve retirar o elemento (`pop`) já verificado (0).

Nas linhas 5 e 6, depois de implementar a regra de alocação de verificação em fila, executa-se a condição de análise do elemento buscado (`if vertex not in visisted: visited.add (vertex)`), assim, se o vértice ainda não tiver sido visitado, verifica-se o próximo vértice ou nó (`visited.add (vertex)`), fazendo isso até que todos os nós do grafo sejam verificados. Inclui-se o nó verificado na fila como visitado (`queue.extend(graph[vertex] - visited)`) e, por fim, retorna-se os elementos visitados, percorrendo o caminho: `bfs (graph, 'A') # {'B', 'C', 'A', 'F', 'D', 'E'}`. Dessa forma, percorre-se todos os nós e encontra-se os elementos pertencentes ao grafo (DROZDEK, 2017).

Algoritmo de busca em profundidade

O algoritmo de busca em profundidade ou DFS, assim como o BFS, é oriundo da teoria dos grafos e usado para realizar buscas em uma árvore ou um grafo. Ele se inicializa selecionando algum nó para ser o nó raiz no grafo, por exemplo, e, a partir desse nó, explora cada um dos ramos. Sua primeira utilização não foi com a estrutura de dados, mas com a busca por caminhos de saídas em problemas com labirintos no século XIX, tendo o auxílio do matemático Tremaux (PERKOVIC, 2016).

Assim, o algoritmo DFS realiza uma busca em profundidade a partir do primeiro nó filho no caso de uma árvore, se aprofundando pelos ramos desta até achar o elemento buscado ou se encontrar com um nó folha, que não possui filhos; caso isso ocorra, a busca sofre um retrocesso (*backtrack*) e recomeça no próximo nó. Para realizar essa busca, todos os nós são inseridos em uma pilha para que se viabilize a exploração nó por nó (DROZDEK, 2017).

Sua principal diferença em relação ao BFS é que se gere a lista de vértices em uma pilha, assim, o nó do vértice que sai desta foi colocado lá mais recentemente, conforme você pode ver na Figura 11.

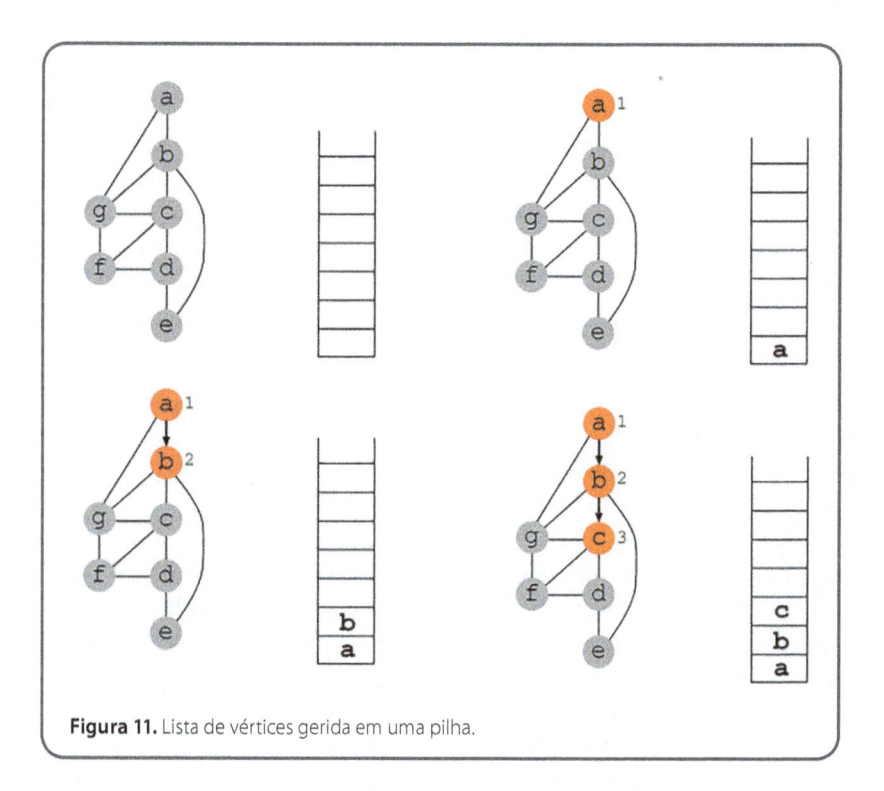

Figura 11. Lista de vértices gerida em uma pilha.

Note que, ao chegar no empilhamento do nó (e), encontra-se o nó folha e volta-se para a busca no nó (d) e, em seguida, para os nós (f) e (g). Agora, veja a implementação do algoritmo DFS em um grafo, por meio da linguagem Python, mas primeiro cria-se o grafo.

```
01 >>> grafo = {
02 >>> 'a': ['b', 'd', 'e'],
03 >>> 'b': ['a', 'c', 'e'],
```

```
04 >>>    'c': ['b', 'e'],
05 >>>    'd': ['a', 'e'],
06 >>>    'e': ['a', 'b', 'c', 'd', 'f'],
07 >>>    'f': ['e']
08 >>> }
```

Com o grafo criado, você deve fazer a implementação do algoritmo de busca profunda ou DFS:

```
01 >>> valor_profundidade_entrada = 0
02 >>> valor_profundidade_saida = 0
03 >>> profundidades_entrada_saida = {}
04 >>> pai = {}
05 >>> aresta = {}
06 >>> niveis = {}
07 >>> low = {}
08 >>> def busca_em_profundidade (grafo, vertice_do_grafo):
09 >>>    for vertice in grafo:
10 >>>        low[vertice] = vertice
11 >>>    pai[vertice_do_grafo] = None
12 >>>    if qtd_filhos_da_raiz <= 1:
13 >>>        articulacoes.remove(vertice_do_grafo)
```

Nas linhas 01 e 02, há a inicialização de dois contadores de profundidade que entram em uma pilha (um para atribuir a entrada da pilha, e outro a saída), fazendo a contagem de profundidade conforme o algoritmo percorre o grafo. Por fim, na linha 03, passa-se os valores vazios para entrada e saída do algoritmo de busca em profundidade (COPPIN, 2010).

Nas linhas 04, 05, 06 e 07, há a declaração das variáveis `pai`, `aresta`, `níveis` e `low`, que serão utilizadas na pilha, sendo `low` o vértice mais próximo do nó raiz. Depois, inicia-se a função de busca em profundidade, passando como parâmetro o grafo e seus vértices (linha 08) e, em seguida (linha 09), se inicializa cada um dos nós, passando para estes que todos eles são *lows*, mesmo não sendo, apenas para facilitar a inicialização da busca. Assim, toda vez que o algoritmo tiver que escolher, ele privilegiará o nó `low` (linha 10).

Depois, na linha 11, atribui-se que o nó `pai` não tem raiz para evitar o retorno do algoritmo após este já ter passado por um nó verificado, somente quando encontrar um nó folha ele terá de retornar. Por fim, nas linhas 12 e 13, se a raiz tiver apenas um ou nenhum filho, esse algoritmo é removido do grafo e empilhado, considerando-o como elemento já verificado (DROZDEK, 2017).

Referências

COPPIN, B. *Inteligência artificial*. Rio de Janeiro: LTC, 2010. 664 p.

DROZDEK, A. *Estrutura de dados e algoritmos em C++*. 4. ed. São Paulo: Cengage Learning, 2017. 708 p.

FEOFILOFF, P. Busca em largura. In: FEOFILOFF, P. *Análise de algoritmos*. São Paulo: Departamento de Ciência da Computação, Instituto de Matemática e Estatística, Universidade de São Paulo, 2015. Disponível em: https://www.ime.usp.br/~pf/analise_de_algoritmos/aulas/bfs.html. Acesso em: 2 jun. 2019.

PERKOVIC, L. *Introdução à computação usando Python*: um foco no desenvolvimento de aplicações. Rio de Janeiro: LTC, 2016. 516 p.

Estrutura de dados para IA III

Objetivos de aprendizagem

Ao final deste texto, você deve apresentar os seguintes aprendizados:

- Definir as tabelas *hash*.
- Analisar a resolução de colisões em tabelas *hash*.
- Implementar as tabelas *hash* em Python.

Introdução

Neste capítulo, você estudará o funcionamento das tabelas *hash*, a resolução de colisões nelas e sua implementação por meio da linguagem Python.

Tabelas *hash*

As tabelas *hash* também são conhecidas como tabelas de dispersão ou de espelhamento e responsáveis pelo armazenamento de coleções de valores, em que cada valor está associado a uma chave (PERKOVIC, 2016). As chaves, por sua vez, devem ser distintas e utilizadas para realizar o mapeamento dos valores nessa tabela, sendo que a função que faz esse mapeamento, na maioria dos casos, se chama *hashing* (COPPIN, 2010).

Um exemplo clássico é a implementação de uma tabela de dispersão com um vetor, que, neste caso, terá oito posições, logo, a função *hashing* será $h(x) = x$ MOD 8. Utiliza-se o MOD porque ele representa o resto de uma divisão, como 10 MOD 8 = 2, em que 10/8 equivale ao quociente 1 e resto 2 ou $8 \times 1 + 2 = 10$.

Pode-se sugerir que a função $h(k)$ é a posição original da chave k, a qual deve ser inserida nessa posição da tabela (DROZDEK, 2017). Assim, realiza-se a inserção de uma coleção de valores, com suas respectivas chaves em uma tabela de dispersão, conforme você pode ver no Quadro 1.

Quadro 1. Tabela de dispersão

ID	Chave	Valor
0		
1	25	LIA
2	18	ANA
3		
4		
5	5	RUI
6		
7	31	GUT

Observe que, na tabela de dispersão no Quadro 1, há uma coleção de valores e suas respectivas chaves e posições (ID). Diante disso, o valor GUT foi inserido na posição (ID) 7 do quadro, considerando que a chave associada a ele é 31, logo $h(31) = 7$. O que ocorreria se fosse inserido na tabela o valor ROT com chave 33 na posição 1? Teria $h(33) = 1$, sendo que a posição 1 da tabela já está sendo ocupada, neste caso, as chaves 25 e 33 colidiram (DROZDEK, 2017). Assim, conclui-se que duas chaves x e y colidem, se $h(x) = h(y)$.

Portanto, ocorrem colisões de chaves em uma tabela *hash* ou de dispersão, porque, na maioria das vezes, o domínio das chaves é maior que a quantidade de posições da tabela, sendo seu número de posições finito. Porém, não se pode negar a inserção de uma chave se a tabela tiver posições livres, por isso, foram criadas estratégias para lidar com essas colisões. Lembre-se que a utilização da função *hashing* é recomendada para inserção em uma tabela com muitos dados que tenham faixas de valores variáveis (COPPIN, 2010).

Fundamentalmente, as tabelas *hash* ou de dispersão implementam a interligação entre chaves e valores, realizando a resolução das colisões, o que tem uma aplicação prática em bancos de dados normalizados ou nos distribuídos. Nesses bancos, o controle de colisões é crítico, e a implementação dessas tabelas essencial para o encadeamento das chaves e dos índices de valores, conforme você pode observar no Quadro 1.

> **Saiba mais**
>
> As tabelas de dispersão foram criadas com o objetivo de realizar buscas rápidas para a obtenção de valores desejados a partir de chaves. Alguns estudiosos atribuem sua criação ao trabalho de Hans Peter Luhn na International Business Machines (IBM), em 1953, mas outros afirmam que as primeiras utilizações dessas tabelas ocorreram em 1960, com compiladores e interpretadores da linguagem BASIC, usada na dispersão de variáveis e seu armazenamento (DROZDEK, 2017).

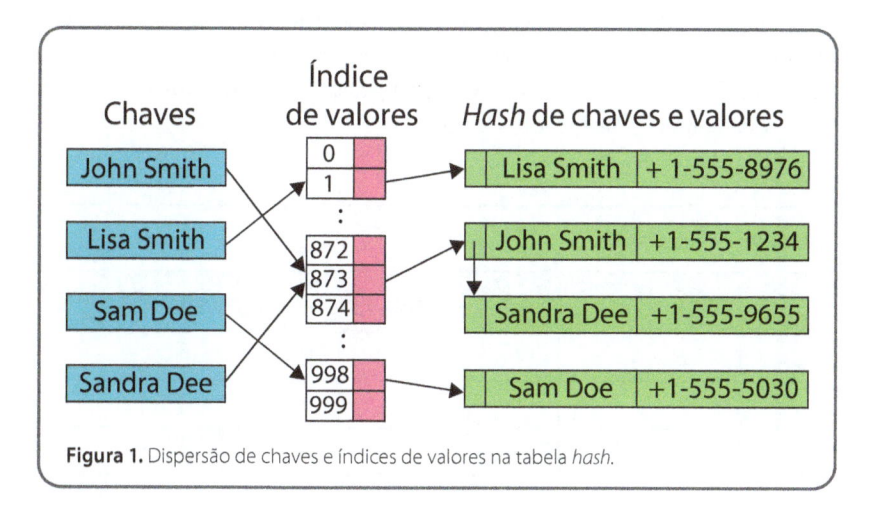

Figura 1. Dispersão de chaves e índices de valores na tabela *hash*.

Colisões em tabelas *hash*

Para entender as colisões em tabelas *hash*, a melhor forma é mostrando como uma colisão ocorre. Portanto, pressuponha que você tenha uma tabela de dispersão para armazenamento de valores, conforme as chaves, logo, haverá uma associação entre chave e valor, que responde aos seguintes parâmetros:

- W, o número de posições na tabela *hash* ou de dispersão.
- K, o número de chaves de outra tabela (chamada tabela *key*).
- X, o fator de associação entre as duas tabelas ($X = K/M$).

A partir disso, você precisa aplicar uma função de associação entre as chaves da tabela *key* e as posições da tabela de dispersão, ocorrendo a função *hashing*, responsável por transformar cada chave em um índice da tabela *hash* (DROZDEK, 2017). Logo, essa função implementa a seguinte requisição: "qual posição da tabela *hash* deverá ser associada às chaves da tabela *key*". Assim, a função *hashing* inicializa uma alocação dinamicamente das chaves na tabela de dispersão, associando esta à tabela *key*.

A função *hashing* ainda associa um valor *hash*, entre 0 e $W - 1$, a cada chave. Por exemplo, caso existam cadastros de pessoa física (CPF) como chave (lembrando que eles podem ser chaves, pois não se duplicam) e a necessidade de associá-los aos registros gerais (RG), estes seriam a tabela *hash*; e CPF, a tabela *key*.

Consequentemente, a função *hashing* produziria ao longo da associação diversas colisões, que ocorrem quando duas chaves diferentes têm valor igual para essa função e são alocadas na mesma posição da tabela *hash*, conforme você pode conferir nos Quadros 2 e 3.

Quadro 2. Tabela *hash*

Chave	Índice	Valores
a	2	*xyz*
b	0	*pqr*
c	3	*ijk*
d	2	*uvw*
e	...	...
f	...	...
g	...	...
h	...	...

Quadro 3. Tabela *hash*

Índice da tabela *hash*	Chaves/valores
0	b | pqr
1	
2	a | xyz d | uvw
3	c | ijk
... (W – 1)	... (W – 1)

Observe que houve colisões no índice *hashing* com associação da chave 2 duas vezes, respectivamente com as chaves *a* e *d* e os valores *xyz* e *uvw*. Como foi citado anteriormente, esse tipo de situação é comum em banco de dados, quando há a indexação de uma grande quantidade de dados em tabelas, logo, as tabelas *hash* ou de dispersão costumam utilizar vetores na função *hashing* para realizar a associação entre as tabelas (COPPIN, 2010).

Logo, conclui-se que há colisões quando os vetores apontarem para o mesmo índice ou a função *hashing* coincidir duas chaves diferentes para o mesmo índice, como ocorreu no exemplo anterior, com as chaves *a* e *d*. Portanto, colisões são normais, mas a função *hashing* pode ser acompanhada de diversas estratégias ou outras funções para evitar ao máximo o número de sua ocorrência. Por melhor que seja o projeto da tabela *hash*, ela sempre terá colisões, assim, deve-se implementar também o mecanismo de tratamento delas, que dependem diretamente da finalidade para a qual essa tabela é utilizada.

Há dois mecanismos padrões que auxiliam no tratamento das colisões em tabelas *hash*: o endereçamento aberto e o encadeamento. No endereçamento aberto, tem-se o armazenamento de colisões na própria tabela, ocorrendo a busca por colisões e a resolução com a alocação destas em registros vazios, cuja inserção segue a lógica *first in, first out* (FIFO) na qual se resolve as colisões conforme elas são encontras (COPPIN, 2010). O problema desse tipo é que cria uma sobrecarga na estrutura em que fica a tabela, pois, à medida que há alocação, ocorrem as colisões e, em paralelo, a realocação dos elementos colididos, podendo-se adicionar lógicas paralelas para auxiliar na mitigação dessa sobrecarga (PERKOVIC, 2016).

Já no encadeamento, tem-se o atrelamento paralelo dos dados, assim, conforme há a associação da tabela *hash* e a ocorrência das colisões, realiza-se o armazenamento dos dados em estruturas encadeadas fora dessa tabela. Dessa forma, os elementos são armazenados em duas posições, uma de armazenamento na tabela e outra encadeada paralelamente. Caso aconteça uma colisão, busca-se na tabela encadeada outra posição até verificar uma que a resolva, armazenando-a nesta (DROZDEK, 2017).

Conclui-se que as tabelas *hash* são estruturas de dados que não permitem o armazenamento repetido de elementos, por isso, haverá colisões e seu tratamento.

Tabelas *hash* em Python

A seguir, você pode visualizar a implementação de uma tabela de dispersão utilizando a linguagem Python. Nesse caso, utiliza-se a classe `hash`, oriunda das bibliotecas do Python, para implementar a função *hashing* e os métodos necessários para a criação da tabela, inserindo comentários nas linhas do código.

```
# Tabela Hash


class Hash:

    def __init__(self,tam):
        self.tab = {}
        self.tam_max = tam

    def funcaohash(self, chave):
        v = int(chave)
```

```python
            return v%self.tam_max

    def cheia(self):
        return len(self.tab) == self.tam_max

    def imprime(self):
        for i in self.tab:
            print("Hash[%d] = " %i, end="")
            print (self.tab[i])


    def apaga(self, chave):
        pos = self.busca(chave)
        if pos != -1:
            del self.tab[pos]
            print("-> Dado da posicao %d apagado" %pos)
        else:
            print("Item nao encontrado")

    def busca(self, chave):
        pos = self.funcaohash(chave)
        if self.tab.get(pos) == None:
            return -1
        if self.tab[pos] == chave:
            return pos
        return -1

    def insere(self, item):
        if self.cheia():
            print("-> ATENÇÃO Tabela Hash CHEIA")
            return
        pos = self.funcaohash(item)
        if self.tab.get(pos) == None:
            self.tab[pos] = item
            print("-> Inserido HASH[%d]" %pos)
        else:
           print("-> Ocorreu uma colisao na posicao %d" %pos)

# Fim da tabela Hash
```

```python
# Início do tratamento de colisões na tabela hash, utilizando busca por endereçamento aberto

tamanhoHash = 7
tab = Hash(tamanhoHash)
print("\n")
print(" Tabela HASH Sem Colisões (%d itens) " %tamanhoHash)

for i in range (0,tamanhoHash,1):
    print("\nInserindo elemento %d" %(i + 1));

    item = input(" - Forneca valor numerico inteiro: ")
    tab.insere(item)
item = input("\n - Insira o valor numérico inteiro para buscar: ")

pos = tab.busca(item)
if pos == -1:
    print("Item não encontrado")
else:
    print("Item encontrado na posição: ", pos)
item = input("\n - Insira o valor numérico inteiro para apagar: ")
tab.apaga(item)

print("\nImprimindo conteudo")
tab.imprime()
print("\n")
```

Referências

COPPIN, B. *Inteligência artificial*. Rio de Janeiro: LTC, 2010. 664 p.

DROZDEK, A. *Estrutura de dados e algoritmos em C++*. 4. ed. São Paulo: Cengage Learning, 2017. 708 p.

PERKOVIC, L. *Introdução à computação usando Python*: um foco no desenvolvimento de aplicações. Rio de Janeiro: LTC, 2016. 516 p.

Redes neurais artificiais I

Objetivos de aprendizagem

Ao final deste texto, você deve apresentar os seguintes aprendizados:

- Identificar os elementos e as notações das redes neurais artificiais.
- Caracterizar as diferentes estruturas de rede.
- Exemplificar os algoritmos das redes neurais e suas características.

Introdução

Neste capítulo, você estudará os elementos e as notações principais das redes neurais artificiais, bem como suas estruturas e um algoritmo utilizado nessas redes e suas características.

Redes neurais artificiais

Para tratar do funcionamento das redes neurais artificiais, é importante contextualizar alguns fundamentos de inteligência artificial e modelagem cognitiva. Por exemplo, a espécie *Homo sapiens* recebeu esse nome devido à inteligência dos seres humanos. Durante milhares de anos, procura-se entender como eles pensam, percebem, compreendem, preveem e manipulam um mundo muito maior e mais complexo do que eles. Desse pensamento, por volta de 1956, após o final da Segunda Guerra Mundial, surgiu o campo da inteligência artificial.

Em suma, a inteligência artificial é o estudo das faculdades mentais pelo uso de modelos computacionais (CHARNIAK; MCDEMOTT, 1985). Em 1950, Alan Turing desenvolveu o teste de Turing, projetado para fornecer uma definição operacional sobre inteligência que, de forma simples, funciona com um computador que passará por testes e será aprovado caso o interrogador humano, depois de propor algumas perguntas por escrito, não conseguir descobrir se as respostas escritas vêm de uma pessoa ou de um computador.

Nesse contexto, surgiram quatro premissas que deram origem aos estudos das redes neurais artificias:

- Processamento de linguagem natural para permitir que haja comunicação.
- Representação de conhecimento para armazenamento.
- Raciocínio automatizado para usar informações armazenadas.
- Aprendizado de máquina para realizar adaptação diante de novas circunstâncias e criação de padrões.

A partir dessas quatro premissas, começou-se a pensar na criação de um subgrupo dentro da inteligência artificial para disciplinar sobre ciência cognitiva ou modelagem cognitiva, que é a representação de modelos computacionais de inteligência artificial e de técnicas experimentais de psicologia, visando construir teorias verificáveis a respeito dos processos de funcionamento da mente humana.

Com os estudos de modelagem cognitiva a partir da mente humana, começou-se a fomentar o estudo das redes neurais artificiais, que é um campo de inteligência artificial responsável por simular e referenciar as atividades cerebrais dos neurônios por meio de modelos matemáticos, dando origem a essas redes neurais. Na Figura 1, você pode ver o esquema de uma representação de um neurônio natural e um artificial.

Figura 1. Representação de um neurônio natural e um artificial.
Fonte: Adaptada de Rocha (2017).

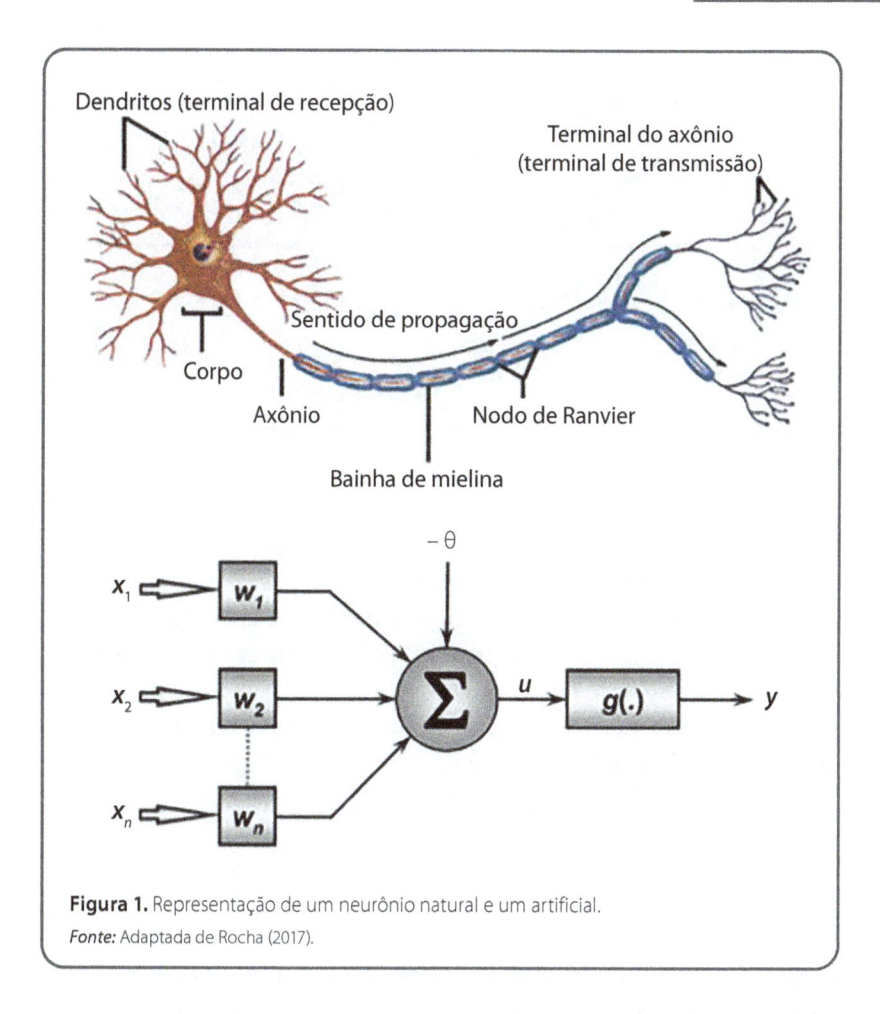

As redes neurais artificiais realizam a construção de modelos matemáticos que simulam as atividades do cérebro, descrevendo as atividades mentais por meio da eletroquímica das células cerebrais (os neurônios). Inspiradas na eletroquímica das células cerebrais, algumas aplicações de inteligência artificial buscam criar a computação neural a partir de sistemas de processamento distribuído paralelo, com modelos matemáticos que demonstram o funcionamento dos neurônios. Segundo McCulloch (1943), as redes neurais artificiais começariam a demonstrar a interconexão de um neurônio a partir de ligações de entrada e saída, em que a ativação de entrada pode ser qualquer estímulo que desencadeie funções de entrada e de ativação, conforme você pode observar na Figura 2.

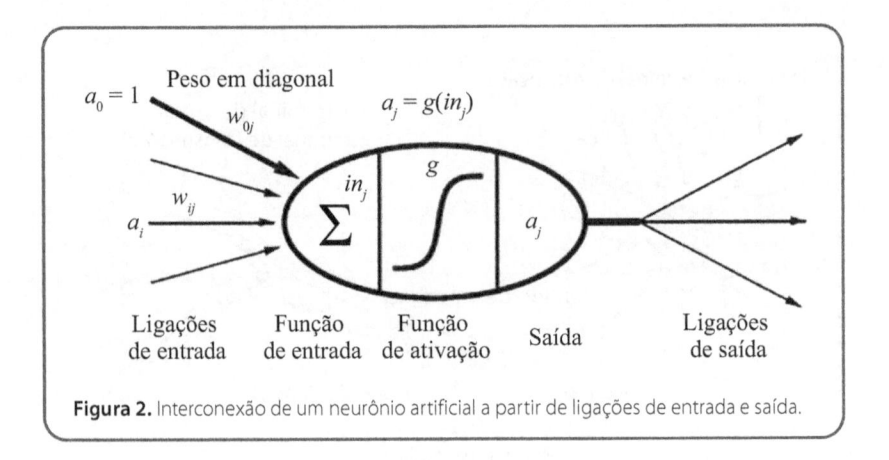

Figura 2. Interconexão de um neurônio artificial a partir de ligações de entrada e saída.

Portanto, as redes neurais são compostas de nós ou unidades, que se conectam por ligações direcionadas. Uma ligação da unidade i para a unidade j serve para propagar uma ativação a_i de i para j, sendo que cada ligação tem um peso numérico w_{ij} associado a ele, que, por sua vez, determina o sinal de conexão entre as unidades ou os nós de uma rede neural. Assim, essas redes implementam o seguinte somatório:

$$in_j = \sum_{i=0}^{n} w_{i,j} a_i$$

O somatório anterior representa a função fundamental das redes neurais, chamada de função de ativação, que é uma representação do somatório das ligações de entrada em uma rede neural artificial. A seguir, você pode ver o somatório para se obter a saída:

$$a_j = g(in_j) = g\left(\sum_{i=0}^{n} w_{i,j} a_i\right)$$

Observe que, a partir da representação dos somatórios de entrada e saída, pode-se verificar que a função de ativação g é usada para derivar a saída. Portanto, essas funções de entrada e saída garantem a propriedade de conexão das redes neurais artificiais para cada unidade ou nó delas.

Outra propriedade é a estrutura da conexão em rede das redes neurais, que ocorre fundamentalmente por duas estruturas principais: as redes neurais artificiais de camada única e as de multicamada. Nas redes de camada única, há conexões em uma direção, formando uma matriz dirigida, na qual cada nó recebe a entrada de nós "para cima" e libera a saída destes "para baixo", não havendo laços entre eles. Já a rede com camada múltipla tem uma ou mais camadas que atuarão com diversas unidades (os nós), representadas por funções booleanas básicas nas entradas e saídas.

Estruturas de redes neurais artificiais

Portanto, como foi visto anteriormente, há duas estruturas principais de redes neurais artificiais:

- Redes neurais de camada única.
- Redes neurais de multicamada.

As redes neurais de camada única são uma estrutura fundamental com todas as suas entradas conectadas diretamente com somente uma saída, por exemplo, na Figura 3, você pode ver uma rede de camada única simples de duas entradas com duas interligações.

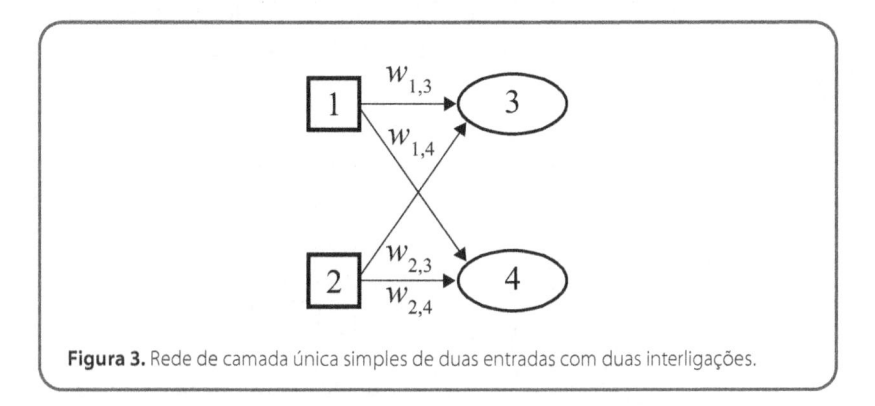

Figura 3. Rede de camada única simples de duas entradas com duas interligações.

A estrutura de rede de camada única foi proposta em 1958, por Rosenblatt, e é a forma mais simples de estruturação de rede neural artificial, considerando que se constitui de uma camada neural e de um neurônio. Essas redes podem ter n entradas, porém, apenas uma saída com valores de 0 e 1 ou de -1 e 1. Portanto, ela funciona como um classificador binário simples, que mapeia as entradas x

em função de um valor de saída $f(x)$, criando uma matriz, por exemplo, $f(x) = 1$ se $w \cdot x + b >= 0$, se não 0, conforme você pode conferir no Quadro 1.

Quadro 1. Exemplo de uma rede neural artificial de camada única que funciona como um classificador binário simples

x_1	x_2	$f(x)_1$	$f(x)_2$
0	0	0	0
0	1	0	1
1	0	0	1
1	1	1	0

A partir da função, determina-se que w é um vetor que multiplica os valores, sejam estes de x_1 ou de x_2, sendo b um valor constante, dependendo do tipo de entrada. Por isso, pode-se criar valores de interligação de 0 e 1 ou –1 e 1 para diversos tipos de interconexão entre os neurônios, tendo uma camada com n entradas, mas somente uma saída. Na Figura 4, você pode observar como ocorre essa conexão.

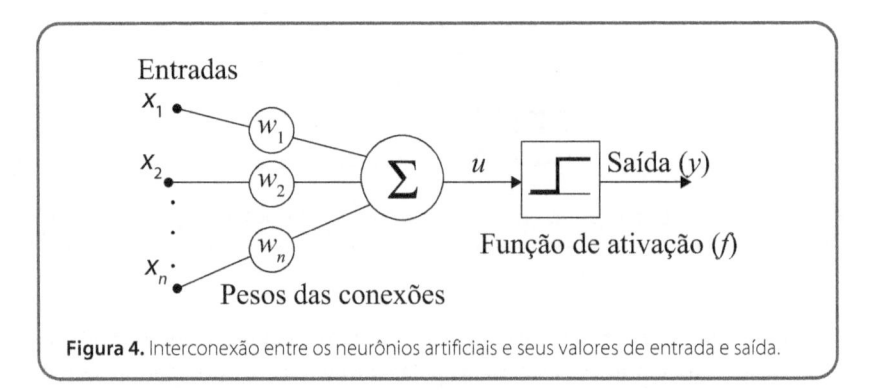

Figura 4. Interconexão entre os neurônios artificiais e seus valores de entrada e saída.

Já as estruturas de redes neurais de multicamada ou *perceptrons* de multicamadas (MLP) são semelhantes aos *perceptrons* que servem como modelos de neurônios artificiais, presentes em somente uma camada ou em multicamadas, mas, nesse último caso, há mais de uma camada de neurônio. Portanto, trata-se de uma rede composta de camadas de neurônios ligadas entre si por sinapses com pesos, similares à representação de um neurônio (*perceptron*) em uma camada, porém, com mais de uma camada deles, conforme você pode ver na Figura 5.

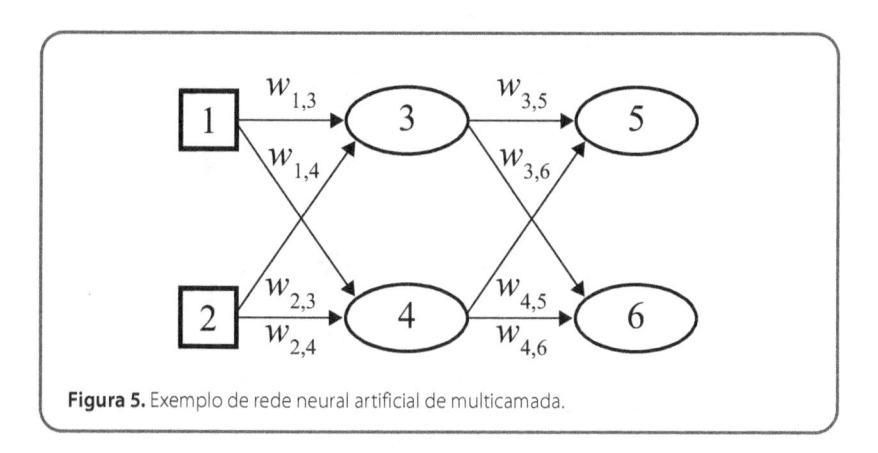

Figura 5. Exemplo de rede neural artificial de multicamada.

Uma das principais vantagens na construção da multicamada é que, nela, há a entrada de estímulos e uma camada intermediária de construção da resposta para encaminhar a saída, formando os grafos que simulam neurônios em multicamadas, como apresentado na Figura 6.

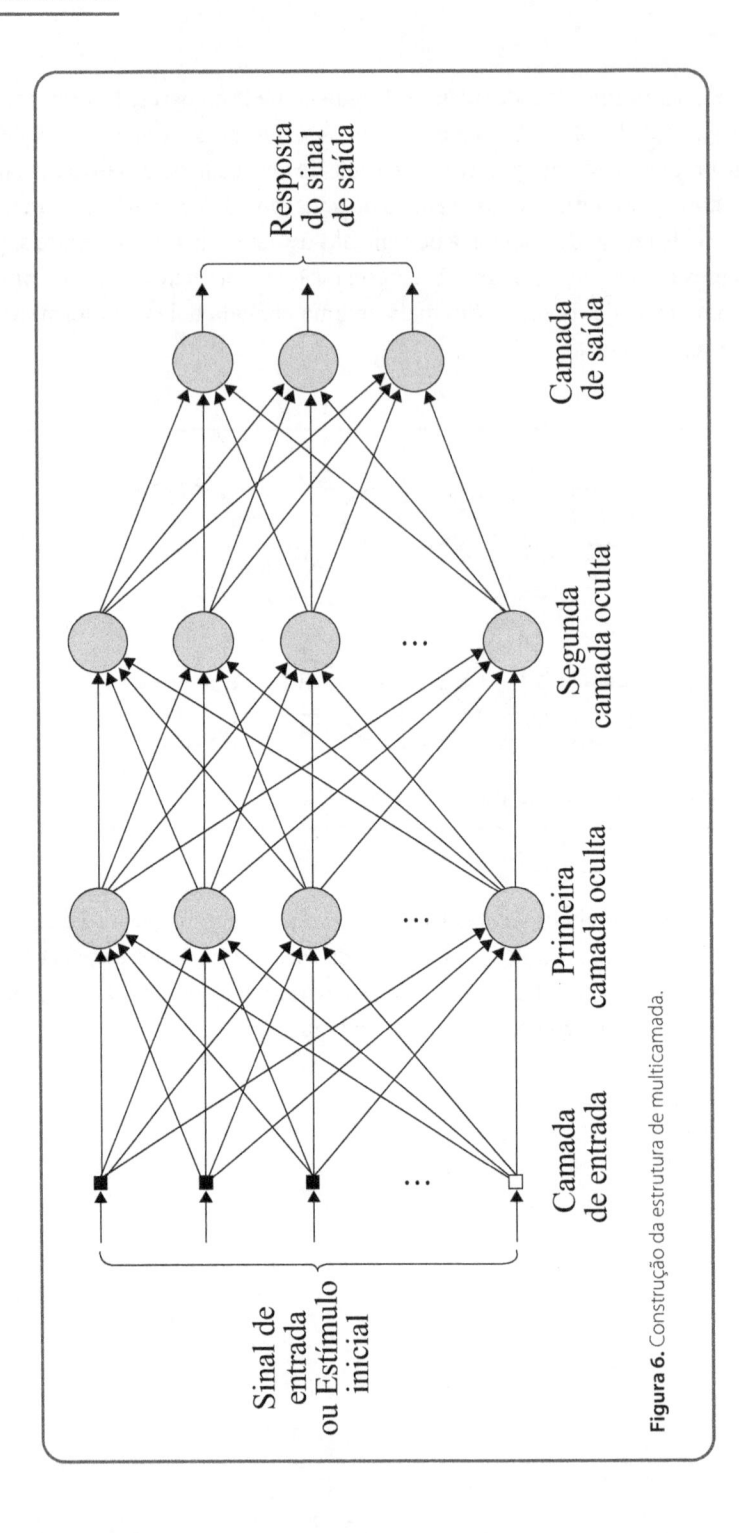

Figura 6. Construção da estrutura de multicamada.

Na Figura 7, você pode ver outras estruturas das redes artificiais de maior complexidade, que derivam das redes de camada única e de multicamadas.

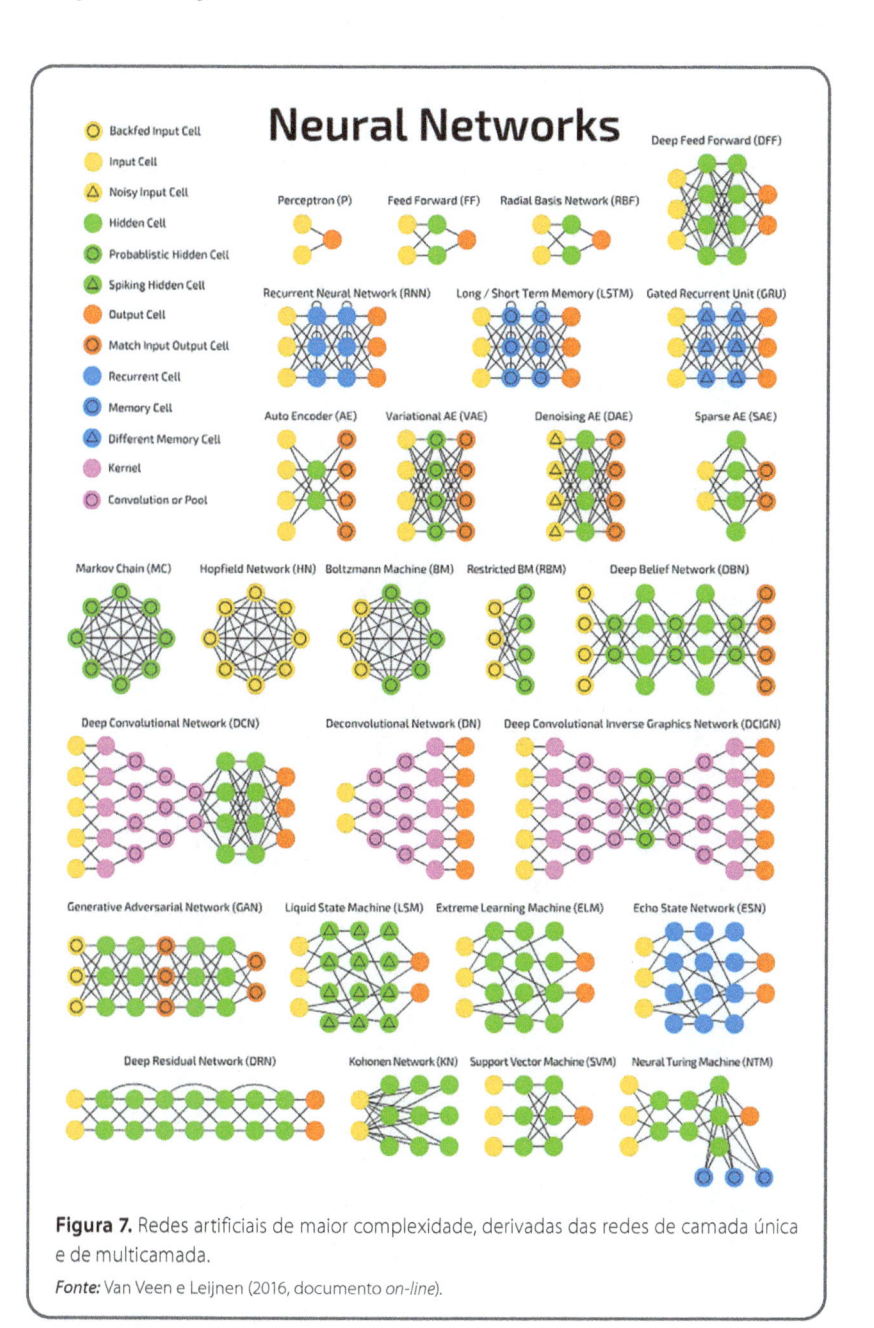

Figura 7. Redes artificiais de maior complexidade, derivadas das redes de camada única e de multicamada.

Fonte: Van Veen e Leijnen (2016, documento *on-line*).

Algoritmos de redes neurais artificiais

A seguir, você pode ver como ocorre a implementação de um algoritmo de rede neural artificial de camada única com a linguagem Python apresentada por Caraciolo (2018 *apud* ROCHA, 2017, documento *on-line*). Nesse caso, utiliza-se a classe `Perceptron` oriunda das bibliotecas do Python para implementar a rede de camada única, inserindo os métodos, atributos, classes e comentários nas linhas do código a fim de representar as entradas, saídas e sua respectiva conversão em sinapses de –1 e 1.

```
#!/usr/bin/python
# -*- coding: utf-8 -*-
# Implementação Perceptron

import sys
import random

class Perceptron:
## Primeira função de uma classe (método construtor de objetos)
## self é um parâmetro obrigatório que receberá a instância criada
    def __init__(self, amostras, saidas, taxa_aprendizado=0.1,
épocas = 1000, limiar = 1)
        self.amostras = amostras
        self.saidas = saidas
        self.taxa_aprendizado = taxa_aprendizado
        self.epocas = epocas
        self.limiar = limiar
        self.n_amostras = len(amostras) # número de linhas
        (amostras)
        self.n_atributos = len(amostras[0]) # número de atributos
        self.pesos = []

## Atribuição de treinamento para amostras e construção da matriz
    def treinar(self):

# Inserir o valor do limiar na posição "0" para cada amostra
da lista "amostra" Ex.: [[0.72, 0.82], ...] vira [[1, 0.72, 0.82]
        for amostra in self.amostras:
            amostra.insert(0, self.limiar)
```

```
# Gerar valores randômicos entre 0 e 1 (pesos) conforme o
número de atributos
for i in range(self.n_atributos):
    self.pesos.append(random.random())

# Inserir o valor do limiar na posição "0" do vetor de pesos
    self.pesos.insert(0, self.limiar)
# Inicializar contador de épocas
    n_epocas = 0

while True:
# Inicializar variável erro
# (quando terminar loop e erro continuar False, é porque não
tem mais diferença entre valor calculado e desejado
erro = False
# Para cada amostra...
for i in range(self.n_amostras):
# Inicializar potencial de ativação
    u = 0
# Para cada atributo...
    for j in range(self.n_atributos + 1):
# Multiplicar amostra e seu peso e também somar com o potencial
    u += self.pesos[j] * self.amostras[i][j]
# Obter a saída da rede considerando g a função sinal
    y = self.sinal(u)
# Verificar se a saída da rede é diferente da saída desejada
if y != self.saidas[i]:
# Calcular o erro
    erro_aux = self.saidas[i] - y

# Fazer o ajuste dos pesos para cada elemento da amostra
    for j in range(self.n_atributos + 1):
    self.pesos[j] = self.pesos[j] + self.taxa_aprendizado * e
# Atualizar variável erro, já que erro é diferente de zero (e
    erro = True
# Atualizar contador de épocas
n_epocas += 1
```

```
        # Critérios de parada do loop: erro inexistente ou o número
de épocas
        if not erro or n_epocas > self.epocas:
            break

    ## Testes para "novas" amostras
    def teste(self, amostra):

        # Inserir o valor do limiar na posição "0" para cada amostra
da lista "amostra"
        amostra.insert(0, self.limiar)

        # Inicializar potencial de ativação
        u = 0
        # Para cada atributo...
        for i in range(self.n_atributos + 1):
            # Multiplicar amostra e seu peso e também somar com o poten-
cial que já tinha
            u += self.pesos[i] * amostra[i]
        # Obter a saída da rede considerando g a função sinal
        y = self.sinal(u)
        print('Classe: %d' % y)

    ## Função sinal
    def sinal(self, u):
        if u >= 0:
            return 1
        return -1


# Amostras (entrada e saída) para treinamento
amostras = [[0.72, 0.82], [0.91, -0.69],
            [0.46, 0.80], [0.03, 0.93],
            [0.12, 0.25], [0.96, 0.47],
            [0.8, -0.75], [0.46, 0.98],
            [0.66, 0.24], [0.72, -0.15],
            [0.35, 0.01], [-0.16, 0.84],
            [-0.04, 0.68], [-0.11, 0.1],
            [0.31, -0.96], [0.0, -0.26],
```

```
                [-0.43, -0.65], [0.57, -0.97],
                [-0.47, -0.03], [-0.72, -0.64],
                [-0.57,  0.15], [-0.25, -0.43],
                [ 0.47, -0.88], [-0.12, -0.9 ],
                [-0.58,  0.62], [-0.48,  0.05],
                [-0.79, -0.92], [-0.42, -0.09],
                [-0.76,  0.65], [-0.77, -0.76]]

saidas = [-1,-1,-1,-1,-1,-1,-1,-1,-1,-1,-1,-1,  1,1,1,1,1,1,1,1,1,1,1,
1,1,1,1,1,1]

# Chamar classe e fazer treinamento das amostras
rede = Perceptron(amostras, saidas)
rede.treinar()

# Entrando com amostra para teste
rede.teste([0.46, 0.80])
# Fim do perceptron
```

Referências

CHARNIAK, E.; McDERMOTT, D. *Introduction to artificial intelligence*. Reading: Addison Wesley, 1985. 701 p.

ROCHA, V. R. Perceptron – Redes Neurais. *Monolito Nimbus*, [S. l.], 1 jun. 2017. Disponível em: https://www.monolitonimbus.com.br/perceptron-redes-neurais/. Acesso em: 28 maio 2019.

VAN VEEN, F.; LEIJNEN, S. A mostly complete chart of Neural Networks. *In*: VAN VEEN, F. The Neural Network Zoo. *The Asimov Institute for Artificial Creativity and Constraint*, Utrecht, 14 Sep. 2016. Disponível em: http://www.asimovinstitute.org/neural-network-zoo/. Acesso em: 28 maio 2019.

Leituras recomendadas

COPPIN, B. *Inteligência artificial*. Rio de Janeiro: LTC, 2010. 664 p.

DROZDEK, A. *Estrutura de dados e algoritmos em C++*. 4. ed. São Paulo: Cengage Learning, 2017. 708 p.

PERKOVIC, L. *Introdução à computação usando Python*: um foco no desenvolvimento de aplicações. Rio de Janeiro: LTC, 2016. 516 p.

Perceptrons

Objetivos de aprendizagem

Ao final deste texto, você deve apresentar os seguintes aprendizados:

- Reconhecer o modelo dos perceptrons.
- Identificar as possíveis representações de perceptrons.
- Descrever o aprendizado de funções linearmente separáveis.

Introdução

Diversos modelos de neurônios artificiais foram propostos na tentativa de simular o aprendizado humano, como o perceptron, que apesar de possuir mudanças sutis se comparado ao modelo McCulloch e Pitts (MP), tornou-se suficiente para revolucionar a inteligência artificial e o aprendizado de máquina. Classicamente, ele ainda foi utilizado como um classificador linear. Contudo, a classificação dependerá de uma boa representação dos dados e do treinamento a partir de funções de custo, que permitem à rede aprender e se adaptar para obter melhores resultados.

Neste capítulo, você estudará o modelo dos perceptrons, suas possíveis representações e o aprendizado de funções linearmente separáveis.

Modelo de neurônio — perceptron

O perceptron tem como origem o modelo proposto por McCulloch e Pitts (MP), primeiro neurônio artificial, que pode ser dividido em quatro partes: entradas, conexões, corpo da célula e saída (NORVIG; RUSSELL, 2013).

O neurônio MP pode conter inúmeras entradas, e cada uma delas está associada a uma conexão com um peso (*weight*), que excita e inibe o valor da entrada a que se vincula. Se a entrada for sempre binária (0 ou 1), o peso será positivo, nulo ou negativo (1, 0 ou –1). Apesar de os parâmetros possuírem estados parecidos, o valor do estado inibidor é diferente para a entrada e o peso. Caso a entrada seja 0, de forma a não indicar a presença de alguma informação, o peso inibidor terá um valor de –1, significando que, quando existir uma entrada ativa por meio dele, o resultado será a diminuição da excitação, e não apenas uma não influência. Por fim, um peso de 0 tem o mesmo efeito de se eliminar a conexão (NORVIG; RUSSELL, 2013).

Já a saída, assim como a entrada, somente pode ser 0 ou 1, mas, para isso, no corpo da célula, deve-se realizar a soma de todas as entradas ponderadas por seus respectivos pesos. Caso essa somatória seja maior que um valor de limiar (*threshold*), a saída será igual a 1, do contrário, ela permanecerá em 0.

Você pode ver a representação do neurônio MP na Figura 1.

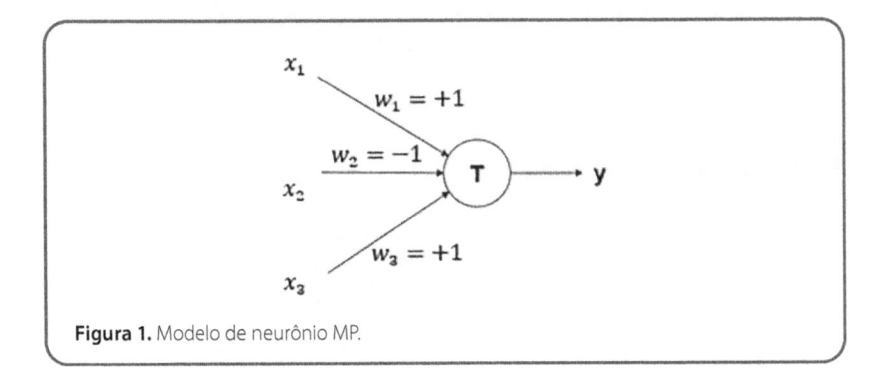

Figura 1. Modelo de neurônio MP.

A grande limitação desse tipo de neurônio é a restrição aos valores de peso para servirem apenas como excitadores (1) ou inibidores (–1), restringindo a resolução de problemas, pois a relação entre várias entradas pode ser muito mais complexa do que isso.

As entradas ponderadas são fruto da equação 1 (NORVIG; RUSSELL, 2013):

$$in_j = \sum_{i}^{n} w_{i,j} \cdot x \qquad \text{(equação 1)}$$

Já a saída desse neurônio dependerá ainda de um valor de limiar (*threshold*), conforme você pode ver na equação 2:

$$y = \begin{cases} 0 \: se \: in_j \leq T \\ 1 \: se \: in_j > T \end{cases} \qquad \text{(equação 2)}$$

> **Exemplo**
>
> Considere o neurônio a seguir, com seus valores de entrada (x), seu peso (w) e limiar de ativação (threshold = 1,5). Qual seria a saída (y)?
>
> $x_1 = 1$
> $w_1 = 1$
> $w_2 = 1$
> $x_2 = 1$
> 1,5 → y
> $w_3 = 2$
> $x_3 = 0$
>
> A saída depende da soma ponderada das entradas pelo peso de suas conexões e, caso a soma seja maior que o limiar (threshold), ela será 1, do contrário, é 0. Assim, a soma ponderada será:
>
> $$in_j = \sum_i^n w_i \cdot x_i = \sum_1^3 w_i \cdot x_i$$
>
> $$in_j = (w_1 \cdot x_1 + w_2 \cdot x_2 + w_3 \cdot x_3)$$
>
> $$in_j = 1 \cdot 1 + 1 \cdot 1 + 2 \cdot 0) = 1 + 1 + 0 = 2$$
>
> A saída será 1, porque (∴) a soma ponderada (in_j) é maior que o limiar (threshold – T), conforme você pode ver a seguir:
>
> $$y = 1 \therefore 2 > 1,5$$

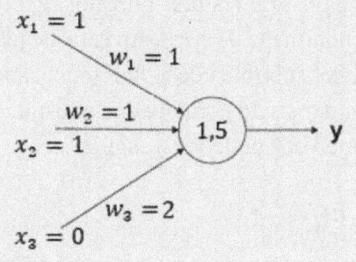

A partir do modelo MP e de estudos desenvolvidos pelo psicólogo Donald Hebb, que ficaram conhecidos, posteriormente, como aprendizado de Hebb, o psicólogo Frank Rosenblatt propôs um modelo de neurônio chamado de perceptron. Hebb afirmava que o aprendizado humano ocorria mediante o reforço das conexões entre neurônios sempre que eles eram ativados em conjunto, assim, sempre que um neurônio A era ativado ao mesmo tempo que o B, a ligação entre eles se reforçava. É o equivalente a dizer que o peso dado a essa conexão foi ampliado, porém, quando qualquer um desses neurônios se ativava sem que o outro o fosse, a conexão era suprimida, reduzindo seu peso.

Percebendo o impacto do aprendizado de Hebb, Rosenblatt criou o modelo do perceptron mantendo boa parte da estrutura do MP, mas com uma novidade: a possibilidade de se utilizar pesos e limiares de valores fracionários (*threshold*). Essa mudança aumentou, significativamente, a complexidade da possível relação entre duas ou mais entradas.

Em ambos os casos, seja para o modelo MP ou o perceptron, o somatório das entradas ponderadas deve ser superior a um limiar e, portanto, objeto de outra função antes que possam resultar no valor real de saída. Essa função que avalia a soma é denominada de ativação. Para a equação original (2), essa soma ponderada pode ser subtraída do limiar (equação 3) e, assim, a função de ativação precisa validar a saída sempre que o resultado total for maior que 0 (equação 4), conforme você pode ver a seguir:

$$in_j - T \geq 0 \qquad \text{(equação 3)}$$

$$y = g\left(in_j - T\right) \qquad \text{(equação 4)}$$

Sendo o viés (*bias* – b) o oposto do limiar (*threshold* – T), conforme mostra a equação 5, pode-se utilizá-lo como uma entrada de valor sempre unitário, cujo peso corresponde ao oposto do limiar. Assim, a saída é expressa como o resultado da função de ativação para as somas ponderadas das entradas em conjunto com o viés (equação 6 ou, de forma expandida, equação 7).

$$b = -T \qquad \text{(equação 5)}$$

$$y = g\left(in_j + b\right) \qquad \text{(equação 6)}$$

$$y = g\left(b + \sum_{i}^{n} w_{i,j} \cdot x_i\right) \qquad \text{(equação 7)}$$

A função de ativação do modelo perceptron foi mantida da mesma forma que o modelo MP, selecionando uma saída 1 ou 0 a partir de um limiar a ser superado pela soma ponderada das entradas. Contudo, observe que o limiar (*T*) é substituído por um viés (*bias* – b), que terá a mesma intensidade dele, em sentido oposto (equação 5).

O uso do viés se trata de uma entrada de contribuição negativa à soma ponderada do neurônio ou, ainda, uma entrada que sempre terá um peso inibidor ($w = -1$). Assim, a função de ativação rígida (saída 0 ou 1) torna a saída ativa para qualquer soma maior que 0 e inativa para as menores ou iguais a 0. No entanto, essa informação é abstraída, pois a função para outros modelos de rede podem utilizar regras diferentes, o que torna a equação 6 abrangente o suficiente para representar redes que usem uma função logística de ativação, que atribui apenas 0 ou 1 para uma saída, mas também para outras funções mais complexas. A equação 7, por sua vez, é apenas uma forma expandida e mais intuitiva de representar a mesma fórmula da 6.

> **Saiba mais**
>
> Apesar de ser possível utilizar entradas de valores diferentes de 0 ou 1, a saída do perceptron sempre terá um valor limitado aos dois estados. Assim, por mais que haja diferença, a associação dos neurônios cujas entradas dependam da saída de outros sempre possuirá entradas limitadas nos mesmos termos que a saída. Porém, para esse modelo, a limitação é contornada pelo uso de pesos com valores fracionários.

Representações de perceptrons

Um perceptron se trata de um classificador linear, e um único neurônio é capaz de classificar um sinal linear em dois grupos, que serão identificados ativando ou não a saída.

Com duas entradas, cada uma representando informações diferentes, e não linearmente dependentes, um perceptron classifica adequadamente qualquer entrada válida para a qual a rede está condicionada. Assim, sendo elas cada um dos eixos de um plano bidimensional e posicionando as diversas combinações das duas entradas possíveis, há uma linha com o grau de inclinação e a posição corretos para separar as combinações, que devem ser consideradas de saída ativa daquelas que seriam inativas. O resultado dessa separação pode ser visto na Figura 2.

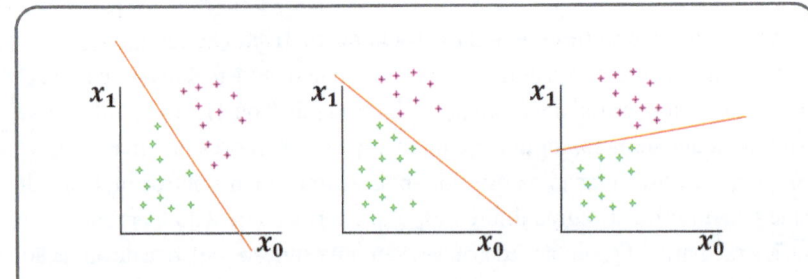

Figura 2. Separação linear de saídas. A inclinação e a posição da linha devem mudar para se adequarem à correta classificação das entradas.

Com três entradas, em vez de duas, seriam necessários três eixos para representar graficamente cada uma das combinações de entradas possíveis, já a separação seria dada por um plano, não mais uma linha. Uma vez que a saída do perceptron é binária, pode-se utilizá-lo para representar funções lógicas. Uma operação lógica OU (*OR*) opera para considerar uma saída verdadeira sempre que qualquer uma das entradas também o for. Assim, para uma *OR* de duas entradas, existem quatro combinações de entradas possíveis, conforme você pode ver no Quadro 1, na qual verdadeiro é 1; e falso, 0.

Quadro 1. Operação lógica *OR*

X_1	X_0	a_j	$b + \sum_{i=1}^{n=2} w_1 \cdot x_1$
0	0	0	$b + w_1 \cdot 0 + w_2 \cdot 0 < 0$
0	1	1	$b + w_1 \cdot 0 + w_2 \cdot 1 \geq 0$
1	0	1	$b + w_1 \cdot 0 + w_2 \cdot 0 \geq 0$
1	1	1	$b + w_1 \cdot 1 + w_2 \cdot 1 \geq 0$

Para a primeira desigualdade da Tabela 1, o viés (*b*) deve ser menor que 0. Para as desigualdades dois e três, ele deve ser $b \geq -w_1$ e $b \geq -w_2$. Já a última desigualdade não tem qualquer impacto, porque a dois e a três tratam dos casos mais específicos da desigualdade quatro, $b \geq -w_1 -w_2$. Uma solução possível seria $b = -1$; $w_1 = 1 \cdot 1$; $w_2 = 1 \cdot 1$, pois qualquer uma das entradas é suficiente para superar o viés unitário.

É possível esboçar um gráfico, como na Figura 2, para relacionar os valores da entrada a uma posição acima ou abaixo da linha de separação, conforme você pode ver na Figura 3.

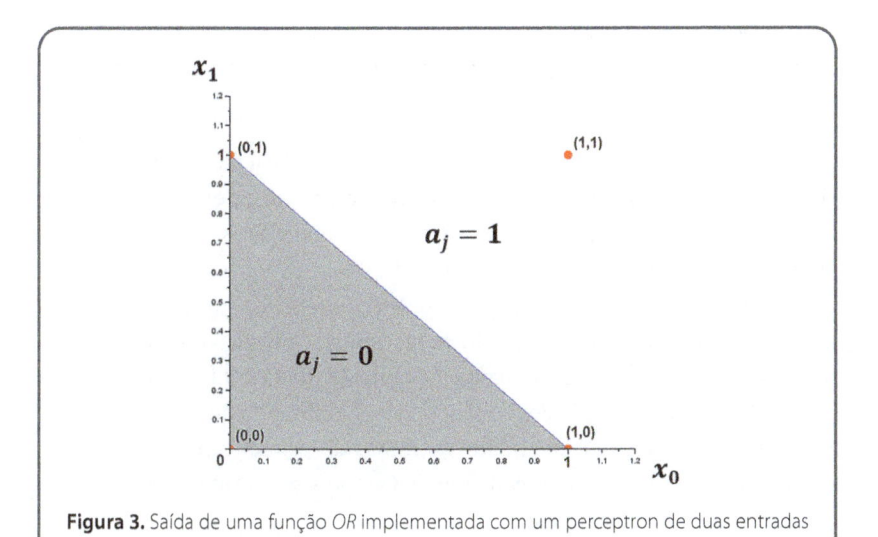

Figura 3. Saída de uma função *OR* implementada com um perceptron de duas entradas (x_0, x_1).

Todos os elementos de uma rede neural podem ser expressos na forma de vetores, matrizes ou tensores. Pense nesses três tipos como cadeias ou tabelas de valores, cuja diferença se trata das dimensões envolvidas. Quando um vetor for unidimensional, com apenas linhas ou colunas, a matriz será bidimensional com linhas e colunas. Já o tensor pode conter até mais do que três dimensões, como mostrado na Figura 4 (SHI; ANANDKUMAR, 2019).

Figura 4. Vetor, matriz e tensores.

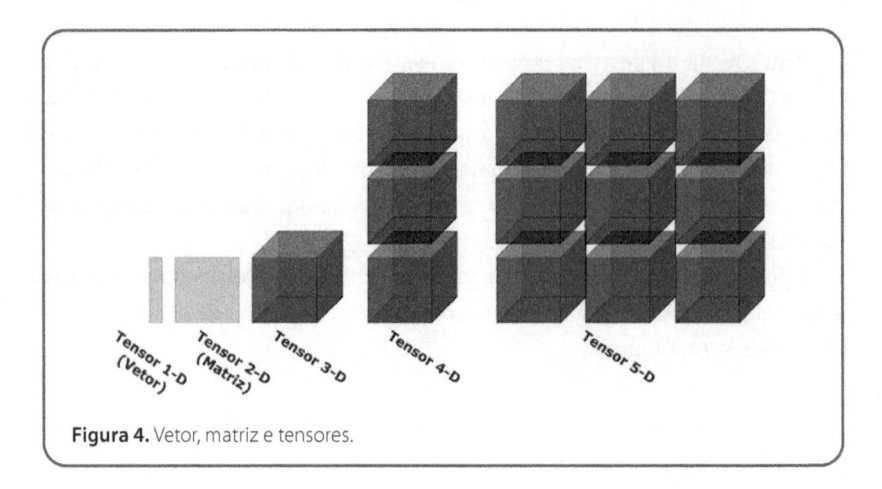

A vantagem da representação vetorial ou tensorial é a facilidade de se manipular os dados por meio dos computadores. Nesse caso, as expressões podem ser remodeladas para o formato vetorial, eliminando laços de repetição que seriam usados para manipular os somatórios. Assim, a equação 7 é substituída pelo produto vetorial do vetor de pesos pelo de entradas, somado ao vetor dos vieses de neurônio de saída (equação 8). O resultado consta na equação 9, cujo significado ainda envolve o da soma ponderada (entrada multiplicada pelo seu respectivo peso) e a adição de um único viés. Lembrando que, ao multiplicar dois vetores/matrizes, a quantidade de linhas do primeiro terá de ser igual a de colunas do outro, assim, cada um dos vetores será representado em um sentido (vetor linha ou coluna).

$$y = g(b + \boldsymbol{w} \cdot \boldsymbol{x}) \qquad \text{(equação 8)}$$

$$y = g\left(b + \begin{bmatrix} w_{0,0} & w_{1,1} & w_{2,2} & \cdots & w_{i,j} \end{bmatrix} \cdot \begin{bmatrix} x_0 \\ x_1 \\ x_2 \\ \vdots \\ x_i \end{bmatrix}\right) \qquad \text{(equação 9)}$$

A representação numérica das redes neurais não ocorre por acaso, porque, ao utilizar computadores como meio de sua execução e construção, o ideal é que o meio físico esteja adequado à linguagem utilizada, sendo natural a um computador executar cálculos. Assim, por mais que os dados de entrada e saída tenham outro significado, e não meros números, estes devem ser convertidos na representação numérica para que possam ser manipulados. É totalmente possível usar um neurônio que receba, em suas entradas, imagens de objetos e, na saída, entregue o nome destes, mas precisa-se codificar essas imagens em um formato numérico.

Uma rede neural poderia ser treinada para compreender um Quick Response (QR) Code, mas para utilizar os recursos computacionais que dispõem apenas das ferramentas de cálculo numérico, deve-se converter a imagem de um QR Code para uma matriz em que cada célula tenha valores iguais a 0 quando correspondem aos pontos brancos (Figura 5a), ou iguais a 1 se forem pontos pretos (Figura 5b). Assim, o computador será capaz de entender a informação na forma de uma matriz de entrada que, ao ser multiplicada pela matriz de pesos associada a um viés, deverá compor a saída.

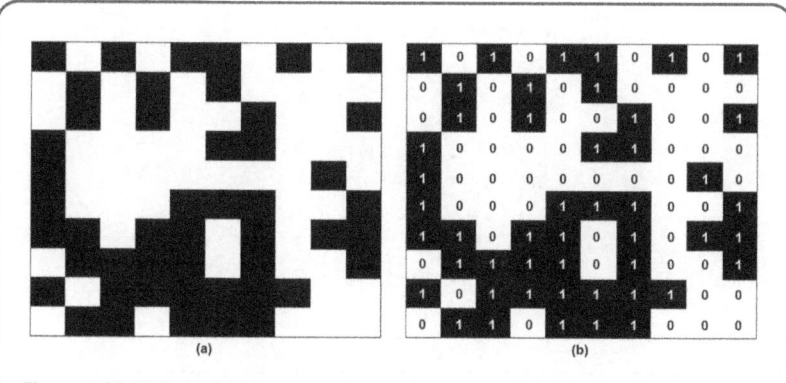

Figura 5. (a) QR Code. (b) Representação numérica para cada célula de uma matriz.

> **Exemplo**
>
> Você sabe qual seria a saída para os vetores peso (w) e de entrada (x) a seguir e o viés de $-1,2$ para uma função de ativação logística (g)?
>
> $$w = [0,5 \quad 0,2 \quad 0,4 \quad 0,8]$$
>
> $$x = \begin{bmatrix} 1 \\ 0 \\ 0 \\ 1 \end{bmatrix}$$
>
> A saída (y) é dada pelo produto vetorial entre o vetor peso e o de entrada, somado ao viés. Já o resultado fica igual ao do somatório ponderado, como você pode ver a seguir.
>
> $$w \cdot x = \begin{bmatrix} 0,5 & 0,2 & 0,4 & 0,8 \end{bmatrix} \cdot \begin{bmatrix} 1 \\ 0 \\ 0 \\ 1 \end{bmatrix}$$
>
> $$w \cdot x = 0,5 \cdot 1 + 0,2 \cdot 0 + 0,4 \cdot 0 + 0,8 \cdot 1$$
>
> $$w \cdot x = 0,5 + 0,8 = 1,3$$
>
> $$y = g(b + w \cdot x)$$
>
> $$y = g(-1,2 + 1,3) = g(0,1)$$
>
> Sendo, $in_j = b + w \cdot x > 0$, o valor de $g(in_j)$ será:
>
> $$y = 1$$

Aprendizado de funções linearmente separáveis

Outra vantagem das redes neurais desde a criação do modelo perceptron é a possibilidade de aprendizado, que consiste em alterar os pesos e vieses para melhorar o desempenho na classificação efetuada pela rede (NORVIG; RUSSELL, 2013).

O aprendizado ainda permite resolver problemas complexos, mesmo que não se tenha o domínio teórico completo sobre estes ou sem que seja necessário antecipar todas as combinações possíveis — muitas vezes as simples podem ser extensas e trabalhosas. Além de possibilitar que uma rede seja projetada considerando um universo limitado de informações durante o projeto, mas que pode se adaptar futuramente na presença de entradas desconhecidas, aprendendo de forma contínua e melhorando seu desempenho automaticamente (NORVIG; RUSSELL, 2013).

Para que uma rede neural aprenda, seus pesos podem ser inicialmente nulos ou possuir valores aleatórios, porém, a partir da tentativa de classificar um conjunto de dados, ela deve ser capaz de reconhecer o próprio erro e fazer ajustes em seus pesos e vieses para tentar obter resultados melhores na sequência.

A aprendizagem se divide em três tipos: supervisionada, quando a rede é treinada a partir de um conjunto de dados em pares de entrada-saída e já conhece qual deveria ser a resposta para determinada entrada; por reforço, quando a rede é recompensada ou punida a partir de suas atitudes e, a partir disso, reduz ou aumenta os pesos das conexões mais utilizadas na última ação; e não supervisionada, quando a rede aprende padrões sem qualquer retorno explícito (*feedback*), geralmente agrupando entradas similares (NORVIG; RUSSELL, 2013).

O algoritmo mais básico consiste em usar um conjunto de dados em pares de entrada-saída (x_i, y_i), assim, para cada entrada já se conhece a correta classificação esperada na saída. Após observar o resultado obtido na saída, avalia-se se a classificação converge para a desejada ou não. Em caso afirmativo, os pesos estão adequados e devem ser mantidos; do contrário, eles são aumentados se o resultado estiver abaixo da linha de separação e devesse ficar acima, ou subtraídos caso esteja acima, mas deveria estar abaixo. Para um único neurônio, o procedimento de aprendizado pode ser resumido da seguinte forma:

- **Enquanto** tiver mais amostras, **então** fazer a próxima amostra, senão, fim do treinamento.
- Alimentar as entradas dos neurônios com as entradas da amostra atual.
- **Para** todos os neurônios de saída (y_j), **repetir** os passos de 4 a 7.
- **Se** o neurônio de saída = saída desejada $(y_j = y_d)$, **então** próximo neurônio, passo 3, se não fazer passo 5.
- **Se** o neurônio de saída, $y_j = 0$, **então** para cada neurônio de entrada (y_i), ajustar $w_{i,j} = w_{i,j} + y_i$.

- **Se** o neurônio de saída, ($y_j = 1$), **então** para cada neurônio de entrada (y_i), ajustar $w_{i,j} = w_{i,j} + y_i$.
- Próxima amostra do passo 1.

Após o treinamento, espera-se que o perceptron possa prever corretamente a saída de outras entradas que não façam parte do conjunto de treinamento, do contrário, ela deve ser treinada novamente ou é incapaz de se adaptar à complexidade do problema para a configuração utilizada (NORVIG; RUSSELL, 2013).

Em resumo, a aprendizagem deve descobrir, de forma supervisionada ou não, como aproximar a função h (conhecida como hipótese) da real função de transferência entre entrada e saída $y = f(x)$. Ela também é realizável sempre que o espaço de hipóteses (conjunto de funções hipóteses) contiver a função verdadeira. Uma vez que essa hipótese tenha sido aprendida, testa-se para avaliar o desempenho obtido pela rede para as entradas diferentes daquelas utilizadas no treinamento (NORVIG; RUSSELL, 2013).

Contudo, o algoritmo proposto anteriormente não será eficiente, porque ele não quantifica o quão errado está o modelo. Deve-se, então, implementar a função de custo, que determina o tamanho do erro após uma sequência de testes. Assim como as funções de ativação, há inúmeras formas de se calcular o custo, entre as quais se pode destacar o erro quadrático médio (MSE, em inglês *mean squared error*) da equação 10.

$$C(w,b) = \frac{1}{2n} \sum_{i}^{n} \left\| y - x(i) \right\|^2 \qquad \text{(equação 10)}$$

onde:

- C: uma função de custo dependente do peso (w) e viés (b), associado ao conjunto de entrada-saída;
- n: a quantidade total de entradas.

A partir da equação 10, mesmo que fosse parcialmente simétrico em relação ao resultado real, em que a média ou a soma das diferenças seria 0, o custo ainda ficaria positivo, indicando o quanto a rede se distancia do objetivo e corresponde à metade da variância da amostra.

Com a função de custo, pode-se calcular a taxa de variação (derivada) dela em função dos pesos e vieses (equação 11) para encontrar as alterações em suas variáveis que farão o custo ser reduzido (equação 12). Por isso, também se prefere a metade da variância em vez da variância em si e, pela regra da cadeia, o divisor 2 será eliminado na derivação da função de expoente 2.

$$\Delta C \gg \frac{\partial C}{\partial w}\Delta w + \frac{\partial C}{\partial b}\Delta b \qquad \text{(equação 11)}$$

$$\Delta C \to 0 \qquad \text{(equação 12)}$$

Do mesmo modo que os pesos e vieses podem ser expressos na forma vetorial, isso também ocorre com a função de custo (equação 13). Repare que não se trata de uma multiplicação escalar, representada pelo símbolo "·" (linhas pelas colunas), tampouco um produto vetorial (×), e sim de uma multiplicação binária, elemento a elemento, conhecida como multiplicação de Hadamard. O mesmo resultado poderia ser obtido pelo produto escalar com a expansão do vetor de custo adicionando termos nulos ao lugar em que a derivada deveria ser nula (equação 14). Em ambos os casos, o resultado seria igual a equação 11.

$$\Delta C = \begin{bmatrix} \frac{\partial C}{\partial w} \\ \frac{\partial C}{\partial b} \end{bmatrix} \odot \begin{bmatrix} \Delta w \\ \Delta b \end{bmatrix} \qquad \text{(equação 13)}$$

$$\Delta C = \begin{bmatrix} \frac{\partial C}{\partial w} & 0 \\ 0 & \frac{\partial C}{\partial b} \end{bmatrix} \cdot \begin{bmatrix} \Delta w \\ \Delta b \end{bmatrix} \qquad \text{(equação 14)}$$

Há uma diferença fundamental entre os dois vetores (de variação do custo e de variações dos parâmetros), o primeiro é um vetor de derivadas, conhecido pelo nome de gradiente, em que ele será representado pelo símbolo "∇", conforme você pode ver na equação 15.

$$\Delta C = \nabla C \cdot \Delta p \qquad \text{(equação 15)}$$

onde Δp é o vetor da variação de parâmetros.

O método é conhecido como gradiente descendente, pois visa minimizar o custo a partir do seu gradiente. Quando o gradiente resultar no maior incremento de uma função, assume-se o sentido oposto a ele para que, a cada mudança de parâmetros, o custo seja reduzido. É assumida uma variação nos parâmetros que resultem em um gradiente negativo e possam controlar a intensidade por meio de uma taxa de aprendizagem (η), como apresentado na equação 16.

$$\Delta p = -\eta \nabla C \qquad \text{(equação 16)}$$

Ao utilizar a equação 16 em conjunto com a 15, pode-se eliminar as variações dos parâmetros do cálculo, conforme você pode ver nas equações 17 e 18.

$$\Delta C = \nabla C \cdot (-\eta \nabla C) \qquad \text{(equação 17)}$$

$$\Delta C = -\eta \cdot (\nabla C)^2 \qquad \text{(equação 18)}$$

O quadrado do gradiente é sempre positivo, mas desde que a taxa de aprendizagem seja mantida positiva, a variação no custo estará sempre reduzindo.

O mais interessante da simplificação é a possibilidade de calcular os novos parâmetros apenas subtraindo o gradiente ponderado pela taxa de aprendizagem dos parâmetros antigos (equações 19, 20 e 21). Uma vez que o gradiente se separa para cada variável da qual depende a função de custo, pode-se substituir a equação 21 para os parâmetros individuais de peso (equação 22) e viés (equação 23).

$$\Delta p = p_{novo} - p_{antigo} \qquad \text{(equação 19)}$$

$$-\eta \cdot \nabla C = p_{novo} - p_{antigo} \qquad \text{(equação 20)}$$

$$p_{novo} = p_{antigo} - \eta \cdot \nabla C \qquad \text{(equação 21)}$$

$$w_{novo} = w_{antigo} - \eta \frac{\partial C}{\partial w} \qquad \text{(equação 22)}$$

$$b_{novo} = b_{antigo} - \eta \frac{\partial C}{\partial b} \qquad \text{(equação 23)}$$

Na Figura 6, você pode ver um exemplo do custo, que é menor à medida que os parâmetros peso e viés se aproximam da parte mais baixa do gráfico, ao centro, chamado de mínimo global.

Gradiente descendente

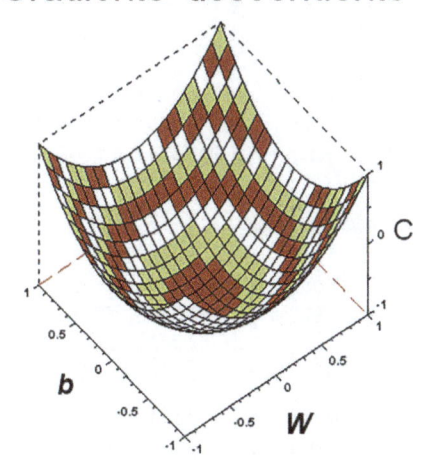

Figura 6. Variação do custo em relação às variáveis de peso (*w*) e viés (*b*).

Fique atento

O gradiente descendente dificilmente será uma função simétrica como no exemplo da Figura 6, que é um gráfico considerando apenas um peso e um viés, porém, a função de custo ficará mais complexa quanto maior for a quantidade de parâmetros em uma rede, o que muda drasticamente a superfície e torna o cálculo do gradiente mais difícil.

À medida que aumenta a quantidade de parâmetros, vários mínimos locais são formados, mas somente um deles será o mínimo global (objetivo do aprendizado), com o menor custo possível. Nem sempre é possível atingir o mínimo global, porém, ao aproximar esses parâmetros de seus mínimos locais, a eficiência aumentará de qualquer forma, ainda que não seja o melhor resultado.

Referências

NORVIG, P.; RUSSELL, S. *Inteligência artificial*. 3. ed. Rio de Janeiro: Campus, 2013. 1016 p.

SHI, Y.; ANANDKUMAR, A. *Multi-dimensional tensor sketch*: dimensionality reduction that retains efficient tensor operations. [S. l.: S. n.], 2019. 16 p. Disponível em: https://arxiv.org/pdf/1901.11261.pdf. Acesso em: 19 maio 2019.

Leituras recomendadas

DENG, L.; YU, D. Deep Learning: Methods and Applications. *Foundations and Trends in Signal Processing*, Boston; Delft, v. 7, n. 3–4, p. 197–387, 2013. Disponível em: https://www.microsoft.com/en-us/research/wp-content/uploads/2016/02/DeepLearning-NowPublishing-Vol7-SIG-039.pdf. Acesso em: 19 maio 2019.

KHOGALI, R. *A non-linear learning & classification algorithm that achieves full training accuracy with stellar classification accuracy*. [S. l.: S. n.], 2014. Disponível em: https://arxiv.org/ftp/arxiv/papers/1409/1409.6440.pdf. Acesso em: 19 maio 2019.

NIELSEN, M. A. *Neural networks and deep learning*. San Francisco: Determination Press, 2015. Disponível em: http://neuralnetworksanddeeplearning.com. Acesso em: 19 maio 2019.

PERKOVIC, L. *Introdução à computação usando Python*: um foco no desenvolvimento de aplicações. Rio de Janeiro: LTC, 2016. 516 p.

SOLOMON, C.; BRECKON, T. *Fundamentos de processamento digital de imagens*: uma abordagem prática com exemplos em Matlab. Rio de Janeiro: LTC, 2013. 306 p.

SPIEGEL, M. R.; STEPHENS, L. J. *Estatística*. 4. ed. Porto Alegre: Bookman, 2009. 600 p. (Coleção Schaum).

Redes multicamadas

Objetivos de aprendizagem

Ao final deste texto, você deve apresentar os seguintes aprendizados:

- Caracterizar as redes multicamadas e suas aplicações.
- Descrever o algoritmo *backpropagation*.
- Analisar a utilização de redes multicamadas.

Introdução

A arquitetura da rede *feedforward*, em que o sinal de entrada flui apenas na direção da saída, se divide em redes de camada única e multicamada, esta possui camadas e neurônios considerados ocultos. O número de camadas ocultas varia, e a cada nova camada uma nova linha de separação é adicionada, possibilitando soluções mais complexas. Juntamente às técnicas de gradiente descendente, as redes multicamadas podem aprender de forma automática, utilizando a retropropagação (*backpropagation*), na qual é fundamental que a função de ativação esteja adequada ao método, bem como suporte várias camadas de profundidade sem causar a saturação da função de custo, usada para calcular e corrigir os erros durante o aprendizado.

Neste capítulo, você estudará as redes multicamadas, suas aplicações, sua utilização e o algoritmo *backpropagation*.

Características de redes multicamadas

Uma rede neural qualquer precisa de, no mínimo, duas camadas, uma para os neurônios de entrada e outra para os de saída. Biologicamente, a camada de entrada é equivalente aos primeiros neurônios a receberem o sinal a partir das células sensoriais, geralmente com peso igual para todos os seus neurônios.

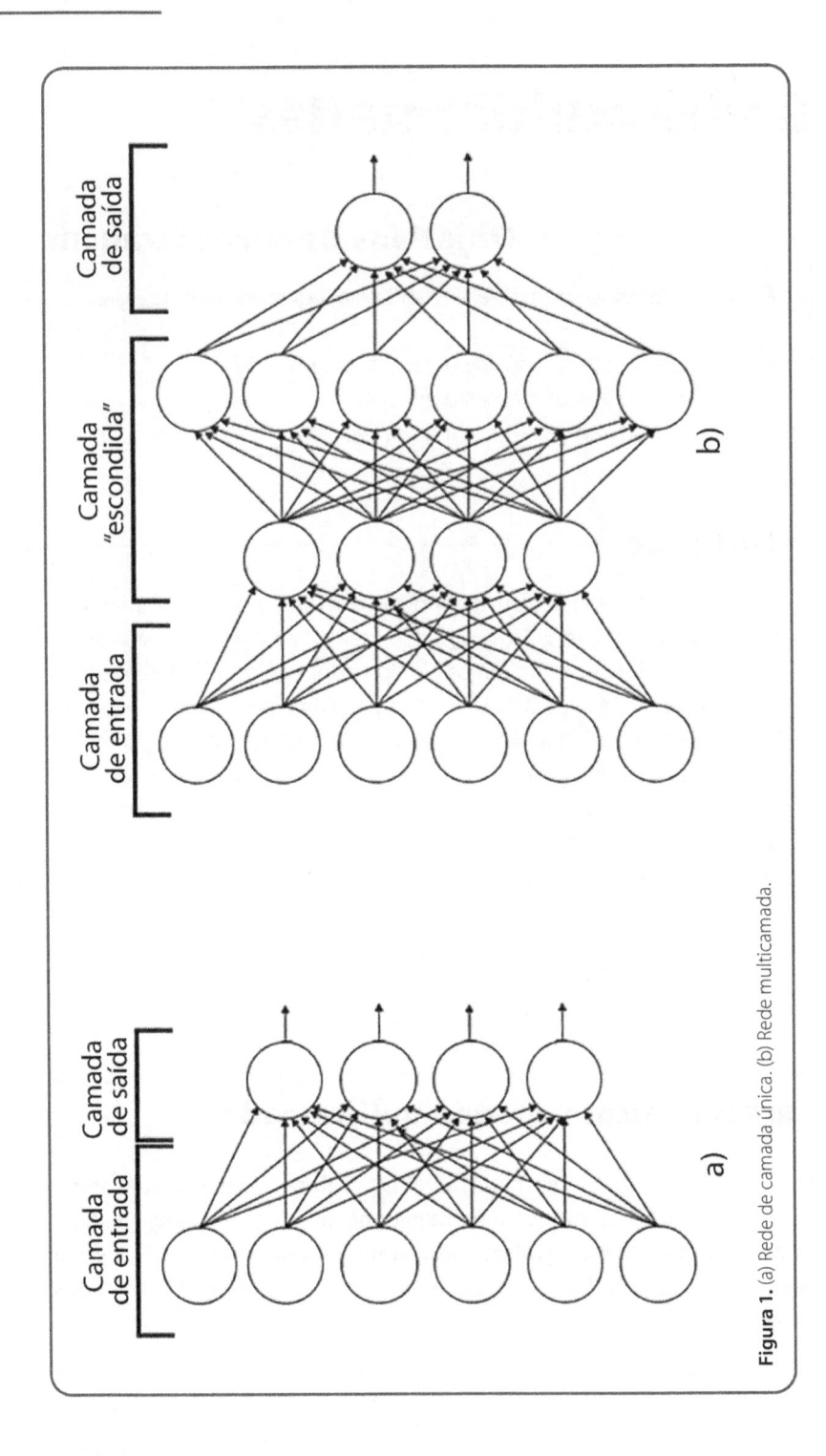

Figura 1. (a) Rede de camada única. (b) Rede multicamada.

Apesar de sempre existir mais do que uma camada de neurônios, a rede de camada única (Figura 1a) possui apenas neurônios de entrada e saída. Já a rede multicamada (Figura 1b) tem ao menos uma camada oculta, que não representa a entrada nem a saída, portanto, é entendida como aquela que apresenta ao menos uma camada intermediária entre os neurônios de entrada e saída (NORVIG; RUSSELL, 2013).

A consequência direta de adicionar mais uma camada de neurônios à rede neural é a óbvia inclusão de mais conexões que não tenham relação direta entre a entrada e a saída. Assim, a cada nova camada, espera-se que a relação entre a entrada e a saída de uma rede seja mais complexa, pois esta não depende mais dos pesos diretamente vinculados à entrada, mas da combinação das várias camadas intermediárias, permitindo solucionar problemas de maior grau de complexidade. Em conjunto com os pesos, mais vieses existirão, o que permite que sistemas não linearmente separáveis também sejam solucionados (NORVIG; RUSSELL, 2013).

Os benefícios de redes multicamadas já eram conhecidos por McCulloch e Pitts (MP) durante a descrição do modelo de neurônio MP, porém, elas eram pouco utilizadas pela falta de metodologias que permitissem seu treinamento (NORVIG; RUSSELL, 2013).

Para que essas redes sejam treinadas, utiliza-se técnicas como o gradiente descendente, que, por se tratar de uma função gradiente, a função de ativação deve ser possível de diferenciar. Porém, isso não ocorre com a função de ativação do tipo degrau binário, em que a derivada é impossível na transição de estado da saída e zero para o restante.

A função de ativação degrau pode ser substituída por funções de transição suave, como a sigmoide, que também é conhecida por degrau suave ou função logística e representada na equação 1.

$$g = s(z) = \frac{1}{1+e^{-z}} \quad \text{(equação 1)}$$

Para essa função de ativação suavizada, o problema inicial da diferenciação está solucionado, mas ainda pode-se alterá-la de forma que, mantendo a diferença e a possibilidade de executar o gradiente descendente, a sigmoide seja aproximada da função degrau binário com o uso do fator de temperatura T (equação 2).

$$g = \frac{1}{1+e^{-\frac{z}{T}}} \quad \text{(equação 2)}$$

Sobre a equação 2, pode-se afirmar que quanto menor for o valor de T, maior será o divisor da função g e, por conseguinte, sua saída se aproximará dentro de 0; do contrário, o limite será um divisor $\frac{1}{1+e^{\infty}} = \frac{1}{\infty} = 0$. Assim, é possível que a função degrau seja aproximada por uma sigmoide, conforme você pode ver na Figura 2 (NORVIG; RUSSELL, 2013).

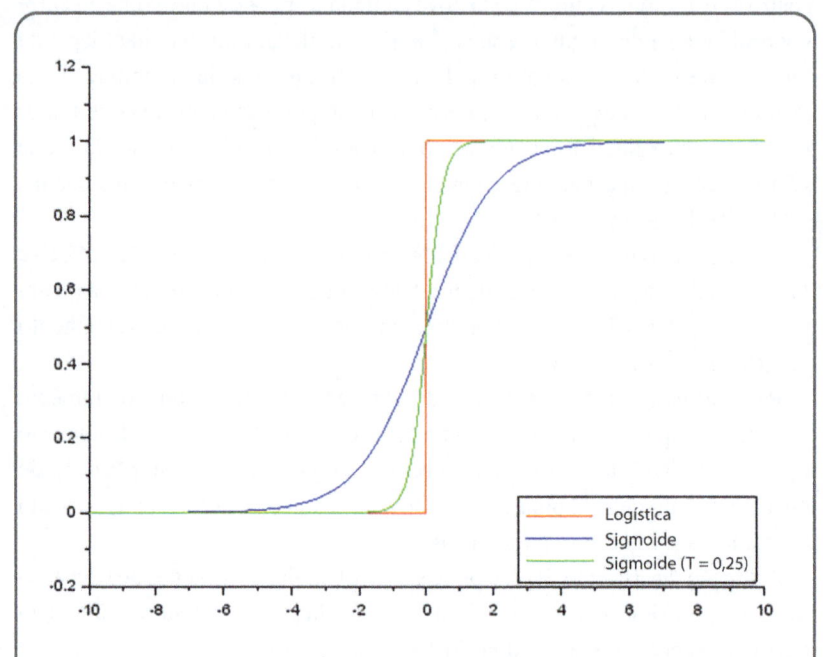

Figura 2. Comparação entre uma função logística de transição rígida em vermelho (0 ou 1) e duas funções sigmoides. Em azul, há a sigmoide sem coeficiente de temperatura; em verde, a sigmoide com coeficiente de 0,25. Quanto menor for o coeficiente, mais a sigmoide se aproximará da função logística.

Com o treinamento facilitado, é possível ainda utilizar o aprendizado por *backpropagation*.

> **Saiba mais**
>
> Geralmente, as redes multicamadas referem-se às redes *feedforward*, em que não há um retorno (*feedback*) do sinal e as camadas são claramente mais bem definidas. Na rede neural recorrente, por exemplo, pode ser fácil determinar os neurônios ocultos, mas não tão simples estabelecer a relação entre eles.

Backpropagation

O aprendizado por retropropagação ou *backpropagation* é uma metodologia de aprendizado automático de redes neurais, que utiliza uma função de custo da saída para atualizar o valor dos pesos e vieses de camadas anteriores, diminuindo o erro obtido até aqui.

Com o uso do gradiente descendente e devido às funções mais suaves de transição, como a sigmoide, o ajuste dos pesos pode ser calculado individualmente, especificando a intensidade com que cada peso deve ser alterado a cada iteração para que resulte na redução do erro total (NORVIG; RUSSELL, 2013).

Entretanto, em redes de camadas múltiplas, mesmo para métodos de aprendizado supervisionado em que a saída desejada é conhecida e pode ser facilmente comparada à saída atual para calcular o erro, não há qualquer indicativo de quais serão os resultados das saídas intermediárias, ou a resposta dos neurônios de camadas ocultas (NORVIG; RUSSELL, 2013).

Para contornar a dificuldade de determinar os erros de camadas ocultas, o erro passa por retropropagação, utilizando uma fração do erro calculado na saída. Contudo, ao contrário do avanço de sinal proporcionado pelo *feedforward*, o *backpropagation* tem o sentido inverso, indo da saída para a entrada, sendo que o sinal é o erro calculado pela função de custo.

No aprendizado que considera apenas um peso, por exemplo, de um neurônio oculto para um de saída, o erro (e_j) é calculado subtraindo a saída desejada (y_d) pela saída obtida (y_j), conforme mostra a equação 3.

$$e_j = y_d - y_j \qquad \text{(equação 3)}$$

Como a saída resulta de apenas um neurônio anterior e, portanto, um peso, pode-se dizer que o neurônio oculto é totalmente responsável pelo erro da saída. Assim, é possível determinar o erro do neurônio oculto, ponderando o erro da saída pelo peso de conexão entre os dois (equação 4).

$$e_i = w_{i,j} \times e_j \qquad \text{(equação 4)}$$

Quando um neurônio possuir mais do que uma entrada, o erro dos neurônios ocultos será proporcional à contribuição de cada um destes para o erro obtido na saída, sendo diretamente proporcional aos pesos da conexão. Assim, conexões com peso maior deverão sofrer ajustes maiores que aquelas com pesos menores, e o erro desses neurônios corresponde à proporção de seu peso perante os demais. A equação 5 resume isso multiplicando o erro da saída pelo peso da conexão entre ela e determinado neurônio, mas dividindo pelo peso de todas as outras conexões recebidas.

$$e_i = \frac{w_{i,j}}{\sum_{i=0}^{n} w_{i,j}} \cdot e_j \qquad \text{(equação 5)}$$

Se um neurônio da camada oculta estiver ligado a mais de um neurônio da camada de saída ou qualquer camada seguinte, seu erro será resultado da soma (equação 6) dos erros proporcionais, obtidos pela equação 5 para cada neurônio de saída a que este esteja conectado.

$$e_i = \sum_{j}^{n} \frac{w_{i,j} \cdot e_j}{\sum_{i=0}^{n} w_{i,j}} \qquad \text{(equação 6)}$$

Para que a rede se ajuste a cada iteração com o intuito de obter um erro cada vez menor e se possa afirmar que ela está de fato aprendendo, é necessário ponderar o ajuste dos pesos. Isso pode ser feito diretamente no cálculo de erro para cada neurônio, adicionando uma taxa de aprendizado à equação 6, que regulará a intensidade com que esse erro deve ser propagado da saída em direção às camadas mais próximas à entrada. Além disso, se existir uma constante que pondera o somatório dos erros, não haverá mais a necessidade de dividir cada peso pelo somatório dos outros, do contrário, haveria duas ponderações com o mesmo objetivo. Assim, é obtida a equação 7, em que os erros são propagados conforme o peso de cada conexão e ponderados por uma taxa de aprendizado (η).

$$e_i = \eta \cdot \left(\sum^{n} w_{i,j} \cdot e_j \right) \qquad \text{(equação 7)}$$

A equação ainda pode ser representada de forma vetorial (equação 8).

$$\begin{bmatrix} e_1 \\ e_2 \\ \vdots \\ e_i \end{bmatrix} = \eta \boxed{?} \begin{bmatrix} w_{1,1} & w_{1,2} & \cdots & w_{1,j} \\ w_{2,1} & w_{2,2} & \cdots & w_{2,j} \\ \vdots & \vdots & \cdots & \vdots \\ w_{i,1} & w_{i,2} & \cdots & w_{i,j} \end{bmatrix}^T \boxed{?} \begin{bmatrix} e_1 \\ e_2 \\ \vdots \\ e_j \end{bmatrix} \qquad \text{(equação 8)}$$

De forma resumida, o erro da camada imediatamente anterior pode ser obtido multiplicando a matriz dos pesos pelo vetor dos erros da camada atual.

A correção do erro pode ser melhorada ainda mais se grandes erros tiverem um impacto ainda maior que os pequenos. Nesse sentido, utiliza-se as funções de custo, sendo a mais comum o erro quadrático médio, que tem duas contribuições significativas ao aprendizado: primeiro, faz o erro ser sempre acrescido, mesmo que as intensidades tenham polaridade oposta; e segundo, dá maior sensibilidade ao erro e não responde a uma relação linear, porque a diferença entre a saída desejada e a obtida é elevada ao quadrado.

Assim como a intenção do aprendizado é reduzir o erro, pode-se dizer que a função de custo se trata de uma metodologia específica utilizada para somar os erros. O algoritmo de *backpropagation* deve fazer uma retropropagação do erro de forma a reduzir o custo obtido após a atualização dos pesos.

Apenas um neurônio tem sua saída aproximada pela função de uma linha reta, que pode ser expressa pelo conjunto de coeficientes angular (*a*) e linear (*b*) da equação 9.

$$r = w \cdot x + b \qquad \text{(equação 9)}$$

Os valores dos coeficientes angular e linear correspondem ao peso e viés de um separador classificador linear, assim, ao traçar uma linha reta, pode-se separar ou dividir um conjunto de amostras em duas classes. Utiliza-se a técnica de gradiente descente para encontrar mudanças nos coeficientes de forma a aproximar cada vez mais a reta do ângulo e ponto de corte para a classificação ou regressão adequada. Portanto, o que se busca a cada iteração é a variação nesses coeficientes que minimize a função de custo (equação 10), que pode ser obtida por suas respectivas derivadas parciais (equações 11 e 12).

$$C(e_j) = (y_d - y_j)^2 = (w_x + b - y_j)^2 \qquad \text{(equação 10)}$$

$$\frac{\partial (wx + b - y_j)^2}{\partial w} = 2(wx + b - y_j) \cdot x \cdot w' \qquad \text{(equação 11)}$$

$$\frac{\partial(wx+b-y_j)^2}{\partial b} = 2(wx+b-y_j) \qquad \text{(equação 12)}$$

As equações também podem ser expressas diretamente em função do erro (equações 13 e 14).

$$\frac{\partial e_j}{\partial w} = 2(wx+b-y_j)\cdot x\cdot w' = 2\cdot e_j\cdot x\cdot w' \qquad \text{(equação 13)}$$

$$\frac{\partial e_j}{\partial b} = 2(wx+b-y_j) = 2\cdot e_j \qquad \text{(equação 14)}$$

Lembre-se que será utilizada uma taxa de aprendizado, portanto, nenhuma constante terá efeito prático na fórmula e a constante 2 poderia ser eliminada das equações 13 e 14, sem prejuízo para o algoritmo que use essa taxa de aprendizado (equações 15 e 16).

$$w = e_j \cdot \eta \cdot x \qquad \text{(equação 15)}$$

$$b = e_j \cdot \eta \qquad \text{(equação 16)}$$

A entrada x corresponde à primeira camada, que deve ser treinada de acordo com a variação da saída em função da variação dos pesos e vieses. Portanto, os erros precisam ser ponderados conforme a variação na saída (equações 17 e 18) para que seja obtida a variação desses pesos e vieses.

$$\Delta w = e_j \odot d(y_j) \cdot \eta \cdot x \qquad \text{(equação 17)}$$

$$\Delta b = e_j \odot d(y_j) \cdot \eta \qquad \text{(equação 18)}$$

A operação entre erro e derivada da saída corresponde à multiplicação Hadamard, em que elementos de mesmo índice são multiplicados entre si. Os demais se referem às multiplicações escalares entre matrizes e vetores. Esse procedimento se repetirá para cada camada até que sejam atingidos os pesos da camada de entrada, completando o treinamento.

Perceba ainda que o aprendizado depende diretamente da taxa de aprendizado e variação da saída, o que inclui a função de ativação e, consequentemente, sua derivada. Logo, mesmo possibilitando um treinamento para redes multicamadas, obter as variações de peso de camadas mais distantes da saída se torna mais difícil a cada camada adicionada à rede. É fácil notar que o gradiente descendente pode ficar instável à medida que os níveis mais profundos de aprendizado sejam utilizados, porque, ao multiplicar diversos fatores em sequência, duas coisas podem ocorrer: caso os fatores sejam maiores que 0, o produto aumentará muito a cada nova multiplicação; ou se eles forem menores que 0, o número reduzirá até ser insignificante.

Qualquer que seja o caso, ao utilizar o *backpropagation*, fica cada vez mais difícil de treinar a rede para cada camada adicional. Perceba, por exemplo, na Figura 3, que a primeira derivada da função sigmoide já está restrita a um curto intervalo de valores (de –5 até 5), possibilitando que o gradiente entre facilmente na região instável, porque este utiliza a derivada da função de custo (que envolve a função de ativação e tende a 0) para determinar a proporção nas mudanças de peso no treinamento (GOODFELLOW; BENGIO; COURVILLE, 2016).

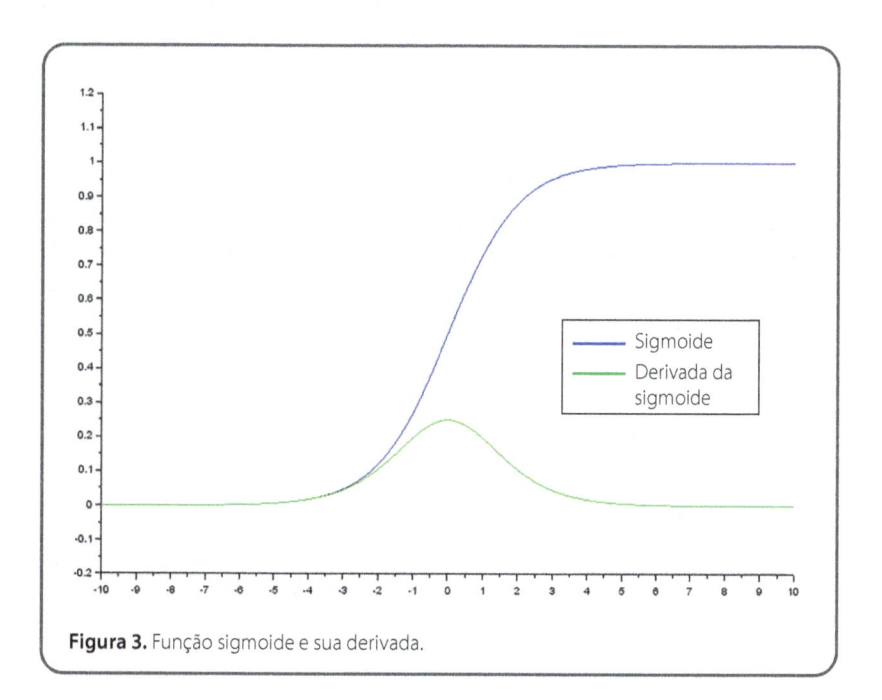

Figura 3. Função sigmoide e sua derivada.

Sendo os valores da derivada da função de ativação sempre menores que 1, o resultado será um gradiente cada vez menor conforme aumente a quantidade de camadas treinadas, até o ponto em que essas variações sejam insignificantes e impossibilitem o treinamento.

Esta foi outra dificuldade que limitou o desenvolvimento e pesquisa das redes neurais artificiais. De fato, apenas recentemente as técnicas de aprendizado profundo se popularizaram devido, sobretudo, à superação dessa barreira. Porém, de que forma é possível contornar a instabilidade exponencial natural ao algoritmo de *backpropagation*? A resposta está em novas funções de ativação cujas derivadas tenham menor saturação.

Outra função de ativação suave é a tangente hiperbólica. Apesar de ter o mesmo formato em "S" similar à função sigmoide, a tangente hiperbólica não transita de 0 para 1, mas de –1 para 1 (equação 19).

$$g = tanH(z) = \frac{2}{1+e^{-2z}} - 1 \qquad \text{(equação 19)}$$

Repare que a equação 19 tem um formato parecido com a sigmoide e poderia, de fato, ser escrita usando a própria função sigmoide na sua representação (equação 20).

$$tanH(z) = 2 \cdot \sigma(2z) - 1 \qquad \text{(equação 20)}$$

A grande diferença ocorre devido à derivada da função de ativação (equação 21). Como você pode ver na Figura 4, há duas vantagens principais na utilização da tangente hiperbólica: o pico da derivada, que está posicionado no centro da transição de estado (ponto 0); e a amplitude máxima, que atinge o valor máximo da função original, evitando que o gradiente descendente se torne instável.

$$g' = 1 - tanH^2(z) \qquad \text{(equação 21)}$$

Figura 4. Tangente hiperbólica e sua derivada.

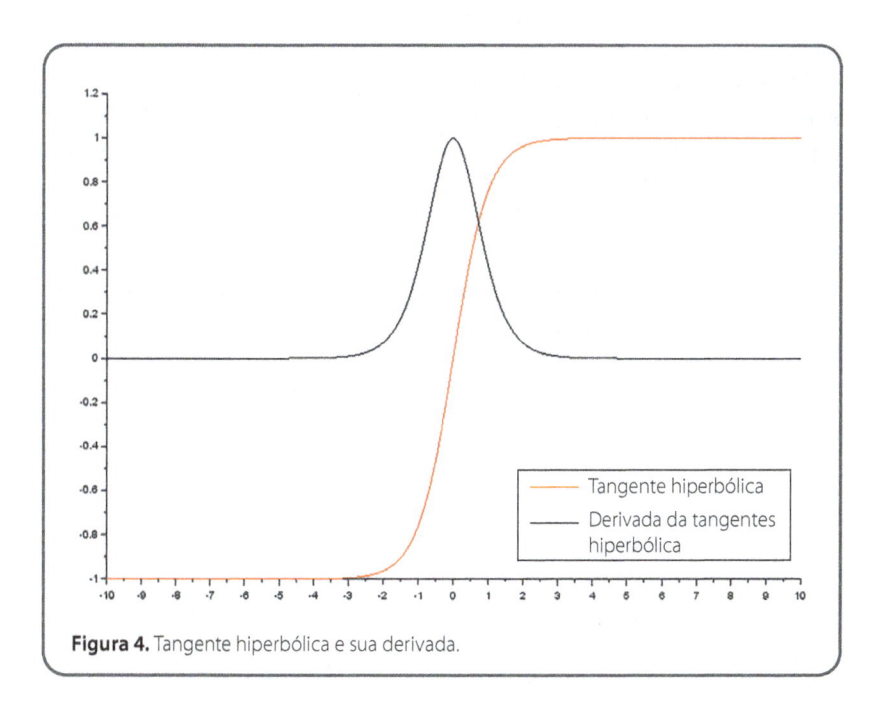

A tangente hiperbólica substituiu em grande parte a sigmoide, especialmente pela vantagem obtida no processo de aprendizado devido à sua derivada garantir uma propagação melhor dos erros que a antecessora. Entretanto, ela ainda é nula na maior parte do tempo, e como você viu na Figura 4, abaixo de –2 e acima de 2 a derivada dessa função se aproximará rapidamente de 0.

Ao perceber que uma das chaves para a melhoria do aprendizado profundo estava na função de ativação, muitas outras foram desenvolvidas e testadas. Por exemplo, a função de ativação linear retificada (ReLU, em inglês *rectified linear unit*) visa melhorar o desempenho em relação à sigmoide e à tangente hiperbólica, oferecendo uma derivada que não estabilize em 0. Trata-se ainda de uma função simples, que corresponde à identidade quando estiver acima de 0, e nula se ficar abaixo deste (equação 22).

$$ReLU(x) = \max\{0, x\} = \begin{cases} x, & se\ x \geq 0 \\ 0, & se\ x < 0 \end{cases} \qquad \text{(equação 22)}$$

Já a derivada da ReLU resulta em uma função degrau (equação 23), eliminando o problema das funções sigmoide e tangente hiperbólica, que limitavam o aprendizado pela contração dos parâmetros a cada nova camada (CLEVERT; UNTERTHINER; HOCHREITER, 2016). A ReLU e sua derivada podem ser vistas na Figura 5.

$$ReLU'(x) = \max\{0,1\} = \begin{cases} 1, & se\ x \geq 0 \\ 0, & se\ x < 0 \end{cases} \quad \text{(equação 23)}$$

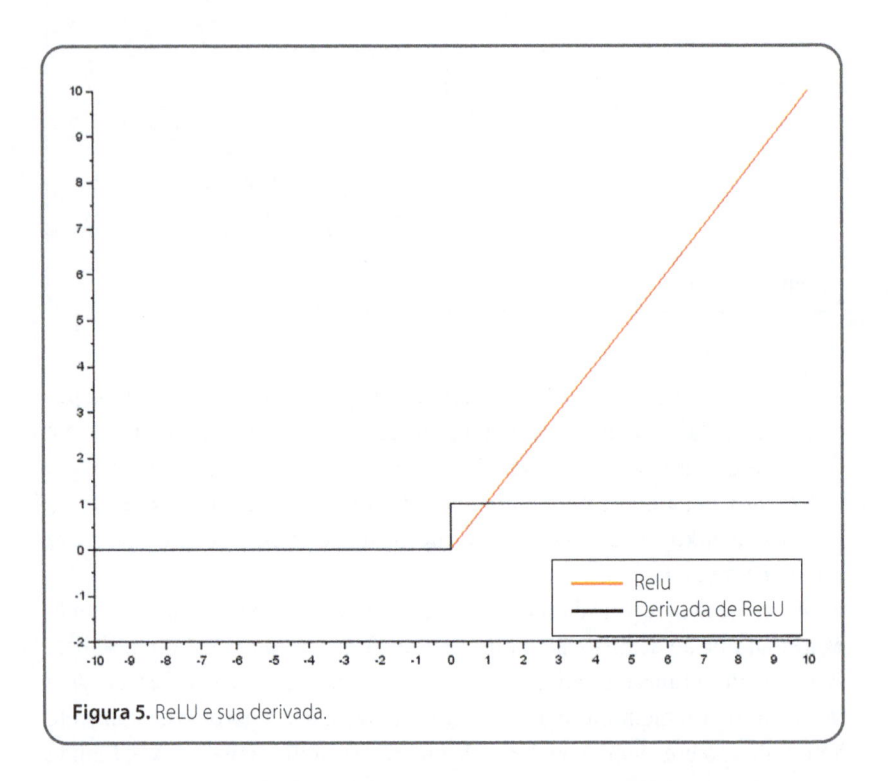

Figura 5. ReLU e sua derivada.

As variações da ReLU, como a *leaky* ReLU e *exponential linear unit* (ELU), foram desenvolvidas para oferecer uma função de ativação não linear, mas que não eliminasse os neurônios que resultassem em uma soma ponderada nula.

> **Fique atento**
>
> A função ReLU é amplamente utilizada desde que as entradas não resultem na soma ponderada negativa, em que os neurônios são eliminados da rede ao anular o peso de suas conexões.

Aplicação de redes multicamadas

Redes multicamadas ampliam o leque de soluções que uma rede neural é capaz de aprender, especialmente se forem utilizadas em conjunto com as funções de ativação não lineares.

Uma forma de classificar um conjunto de entradas para as classes não linearmente dependentes é modelar uma função de transferência que traduza fielmente a reação da saída, a partir de cada entrada possível. No entanto, isso pode resultar em funções extremamente complexas e que demandem uma grande quantidade de processamento para serem aprendidas e utilizadas. Assim, a maioria das redes neurais opta pelo uso das funções não lineares simples, em geral com duas funções mais simples descrevendo o comportamento, uma para as entradas negativas e outra para as positivas. Já a simplicidade da função de ativação é compensada ao aumentar a quantidade de camadas ocultas (GOODFELLOW *et al.*, 2016).

A abordagem multicamada somada às funções não lineares simples tem obtido ótimos resultados. Assim, uma rede neural qualquer é capaz de resolver problemas não lineares, pois a função de ativação é não linear, ao mesmo tempo em que várias camadas oferecem dinâmicas mais complexas de relação entre as diferentes entradas. Essas redes multicamadas são aproximadoras universais, capazes de solucionar diversos tipos de problema desde que sejam dadas as quantidades necessárias de entradas e camadas (HORNIK; STINCHCOMBE; WHITE, 1989).

O simples problema de uma operação lógica OU-EXCLUSIVO (XOR, *exclusive or*) pode ser resolvido com uma rede contendo apenas uma camada oculta, porque cada camada contribui com uma nova relação linear entre seus neurônios, mas elas são relacionadas entre si não linearmente. De modo simplificado, uma rede com uma camada oculta é capaz de separar adequadamente todas as combinações possíveis de um XOR com duas entradas, pois possui duas linhas de separação em vez de somente uma. A combinação de várias linhas, sem uma relação de linearidade entre elas, faz qualquer problema ser resolvido adicionando-se mais camadas, mesmo que isso acarrete outros problemas, seja por limitações computacionais e excesso de processamento, ou pela metodologia de aprendizado que não consegue aprender sozinha a partir de determinado nível.

Na Figura 6, você pode visualizar uma função XOR resolvida por uma rede multicamada.

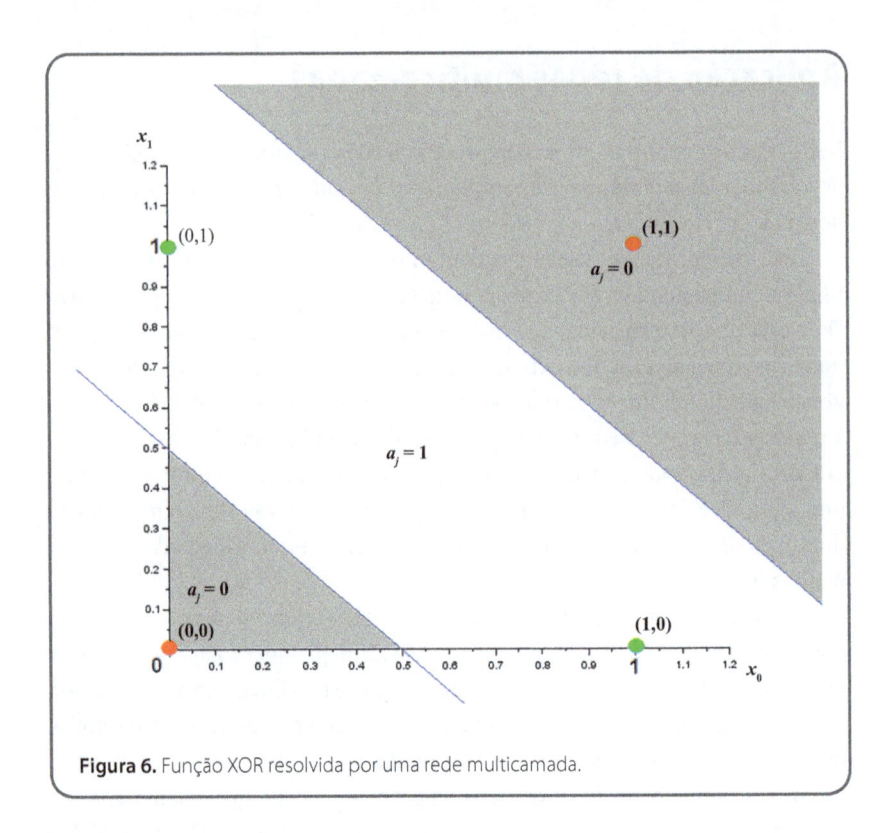

Figura 6. Função XOR resolvida por uma rede multicamada.

Referências

CLEVERT, D. A.; UNTERTHINER, T.; HOCHREITER, S. *Fast and Accurate Deep Network Learning by Exponential Linear Units (ELUs)*. [S. l.: S. n.], 2016. 14 p. Disponível em: https://arxiv.org/pdf/1511.07289v5.pdf. Acesso em: 28 maio 2019.

GOODFELLOW, I.; BENGIO, Y.; COURVILLE, A. *Deep learning*. Cambridge: MIT Press, 2016. 775 p. (Adaptive Computation and Machine Learning series). Disponível em: https://www.deeplearningbook.org/. Acesso em: 28 maio 2019.

HORNIK, K.; STINCHCOMBE, M.; WHITE, H. Mutlilayer Feedforward Networks are Universal Approximators. *Neural Networks*, [S. l.], v. 2, n. 5, p. 359–366, 1989.

NORVIG, P.; RUSSELL, S. *Inteligência artificial*. 3. ed. Rio de Janeiro: Campus, 2013. 1016 p.

Leituras recomendadas

DENG, L.; YU, D. Deep Learning: Methods and Applications. *Foundations and Trends in Signal Processing*, Boston; Delft, v. 7, n. 3–4, p. 197–387, 2013. Disponível em: https://www.microsoft.com/en-us/research/wp-content/uploads/2016/02/DeepLearning--NowPublishing-Vol7-SIG-039.pdf. Acesso em: 28 maio 2019.

KHOGALI, R. *A non-linear learning & classification algorithm that achieves full training accuracy with stellar classification accuracy*. [S. l.: S. n.], 2014. 45 p. Disponível em: https://arxiv.org/ftp/arxiv/papers/1409/1409.6440.pdf. Acesso em: 28 maio 2019.

NIELSEN, M. A. *Neural networks and deep learning*. San Francisco: Determination Press, 2015. Disponível em: http://neuralnetworksanddeeplearning.com/. Acesso em: 28 maio 2019.

PERKOVIC, L. *Introdução à computação usando Python*: um foco no desenvolvimento de aplicações. Rio de Janeiro: LTC, 2016. 516 p.

SHI, Y.; ANANDKUMAR, A. *Multi-dimensional tensor sketch*: dimensionality reduction that retains efficient tensor operations. [S. l.: S. n.], 2019. 16 p. Disponível em: https://arxiv.org/pdf/1901.11261.pdf. Acesso em: 28 maio 2019.

SOLOMON, C.; BRECKON, T. *Fundamentos de processamento digital de imagens*: uma abordagem prática com exemplos em Matlab. Rio de Janeiro: LTC, 2013. 306 p.

SPIEGEL, M. R.; STEPHENS, L. J. *Estatística*. 4. ed. Porto Alegre: Bookman, 2009. 600 p. (Coleção Schaum).

Aplicações de redes neurais

Objetivos de aprendizagem

Ao final deste texto, você deve apresentar os seguintes aprendizados:

- Relacionar a utilização de redes neurais em aplicações de IoT.
- Exemplificar a utilização de redes neurais em aplicações de medicina.
- Explicar a utilização de redes neurais na área de agronomia.

Introdução

As redes neurais podem ser aplicadas em diversas áreas, considerando que a evolução dos meios tecnológicos e da inteligência artificial tem sido uma via de mão dupla: elas se beneficiam da quantidade de dados e informações cada vez mais precisas, obtida por novos conjuntos de sensores, que criam soluções tanto de sensoriamento como de atuação para funções mais complexas aproveitando-se da capacidade de solucionar problemas não lineares e do seu aprendizado e adaptação.

Neste capítulo, você estudará a utilização de redes neurais em aplicações de internet das coisas (IoT, em inglês Internet of Things), de medicina e na área de agronomia.

Redes neurais e internet das coisas

A IoT é um conceito de integração dos dispositivos embarcados, em que cada equipamento pode se conectar com outros para coletar ou transmitir informações. Devido aos avanços em áreas como a nanotecnologia e a inteligência artificial, os dispositivos pequenos e de custos cada vez menores são capazes de fazer tarefas complexas e se tornam mais independentes de um gestor centralizado e volumoso. A quantidade de sensores presentes no ambiente também tem aumentado consideravelmente, o que amplia a disponibilidade de dados em todas as áreas, conforme você pode ver na Figura 1.

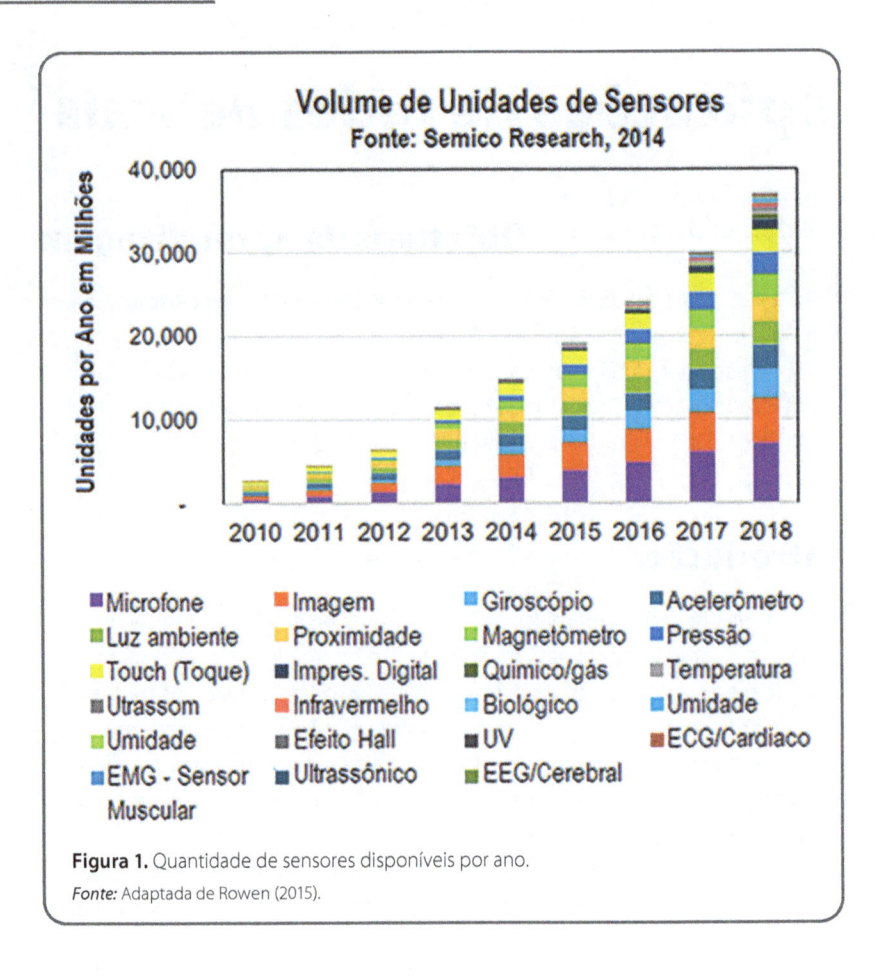

Figura 1. Quantidade de sensores disponíveis por ano.
Fonte: Adaptada de Rowen (2015).

O conceito de redes neurais é bastante útil a IoT, porque permite que uma rede de pequenos dispositivos seja capaz de interagir de forma descentralizada, processando as informações de cada elemento na nuvem, assim, os dados são processados pelo conjunto de operações efetuadas por cada dispositivo, se aproximando muito do conceito de neurônios em uma rede. Porém, junto dos neurônios da IoT não há apenas o fluxo dos dados, como também sua obtenção. Portanto, é função dos dispositivos obterem e processarem dados, bem como, em alguns casos, servirem de meio físico de atuação.

A indústria automobilística, por exemplo, desenvolve veículos cada vez mais dependentes de tecnologias eletrônicas e programáveis, abandonando os controladores mecânicos de embreagem, acelerador, câmbio e injeção de combustível carburada por outros mecanismos elétricos, que são controlados por um ou vários processadores capazes de monitorar e ajustar a intensidade e a reação nos atuadores envolvidos a partir da programação embarcada. Já alterar a mistura de ar e combustível na câmara de combustão não é mais um detalhe de ajuste mecânico, de regulagens complicadas e, em alguns casos, quase artesanais. A maior parte dos sistemas de injeção eletrônica trabalha com mapas de variáveis projetados para que os atuadores possam reagir com o melhor desempenho possível em diversas situações. Assim, mudar sua configuração se trata de um procedimento de programação, e não mais mecânico.

Com a integração dos dispositivos internos de um veículo, que agora possui dados acessíveis entre seus controladores e entre estes e o meio externo, abre-se a possibilidade para que atuem em grupo e aproveitem sua capacidade de processamento em conjunto para se adaptar e obter melhores resultados para as diversas funções desempenhadas pelo veículo. Porém, a partir da quantidade de processamento e dados armazenados pelo veículo, o qual fica cada vez mais ciente do que ocorre ao seu redor, cada veículo se torna um ser ativo e passível de ser integrado a uma rede de dispositivos maior.

Já em 2010, a União Europeia propôs a elaboração do projeto *cooperative vehicle-infrastructure system* (CVIS) (KOMPFNER, 2010), que possui universidades e empresas como parceiras no desenvolvimento da infraestrutura e dos protocolos necessários para integrar os veículos entre si e com outros dispositivos, como celulares, equipamentos de sistema de posicionamento global (GPS), semáforos e tudo que possa beneficiar ou auxiliar na melhoria do trânsito, ajustando semáforos para aliviar engarrafamentos, permitir a passagem de veículos de transporte público ou emergência facilmente e controlar o carro de forma autônoma quando estiver em risco de acidente. Uma vez que todos os veículos estejam integrados, a decisão pode ser tomada em conjunto pelos próprios dispositivos, visando a melhor organização possível para que qualquer colisão seja evitada.

Na área de energia elétrica, por sua vez, as redes neurais estão ganhando importância com a mudança de geração centralizada para geração distribuída, a partir do uso de pequenos painéis fotovoltaicos no telhado das residências ou pequenos geradores eólicos próximos à área de consumo.

Um dos grandes desafios da energia elétrica é sua transmissão e a devida ponderação na sua geração para que as usinas, de forma geral, não produzam em excesso nem em falta, pois essas situações poderiam causar danos a todo o sistema. Ao descentralizar a geração, o tamanho das redes de transmissão pode ser reduzido, porque a geração estará mais próxima ao consumo, assim, caso uma residência esteja consumindo a própria energia, menos energia deverá ser fornecida pela central. Contudo, principalmente quando houver produção acima do consumo, a unidade do consumidor pode optar por fornecer energia diretamente para as unidades próximas. Esse mecanismo funciona como um armazenamento virtual, na prática, nenhuma residência está armazenando energia, mas o desequilíbrio de uma é compensado pela outra, necessitando cada vez menos da geração central.

Além do melhor aproveitamento da rede elétrica, evitando os desperdícios com superdimensionamento e a ocorrência de possíveis *blackouts*, outra consequência direta da integração das unidades entre si inclui a maior disponibilidade de informações sobre o sistema, o processamento distribuído e a tomada de decisão descentralizada. Em todas essas situações, o sistema pode se beneficiar das redes neurais, seja para desligar elementos prejudiciais a elas em alguns momentos ou para criar conexões que diminuam o prejuízo quando houver danos em determinado ponto de distribuição.

Na integração de dispositivos independentes, os celulares, computadores, semáforos, entre outros, podem ser utilizados para que as redes virtuais sejam criadas aproveitando as funções indiretas de cada um deles. Assim, pode-se desenvolver sistemas de monitoramento de terremotos utilizando acelerômetros presentes na maioria dos *smartphones*, que estão constantemente conectados à internet. Uma rede que recebe como entrada a leitura de vários acelerômetros e sua posição no GPS poderia ser treinada para reconhecer a reação similar deles em padrões específicos de frequência com posição e momentos semelhantes de ocorrência (ROWEN, 2015).

Saiba mais

O IBM Watson (desenvolvido por iniciativa da International Business Machines) é uma plataforma de inteligência artificial que combina as novas metodologias de aprendizado de máquina com o uso de supercomputadores, sendo utilizada em projetos de diversas áreas. O Watson se tornou muito conhecido inicialmente pela capacidade de análise linguística, ao ser o primeiro computador a vencer seus concorrentes humanos em um competitivo programa de perguntas e respostas norte-americano.

Redes neurais e medicina

No campo da medicina, as redes neurais têm sido aproveitadas para o processamento de imagens, ramo em que a inteligência artificial possui grande quantidade de trabalhos e pesquisas. Há muitas vantagens nessa abordagem, como a capacidade que uma rede tem de aprender sozinha, reconhecendo padrões em imagens que podem não ser de conhecimento da ciência; e o rápido aprendizado que melhora consideravelmente seu desempenho, observando diversas amostras em um curto intervalo de tempo. Na última, diminui-se o tempo de disseminação dessas mudanças do laboratório até o dia a dia dos hospitais, especialmente os de pequeno porte ou de cidades menores.

Assim, bancos de dados de todo tipo são publicados para permitir o acesso aos dados, como imagens de exames de ressonância magnética, tomografia e sequências de ácido desoxirribonucleico (DNA). Em todos os casos, as redes neurais podem ser treinadas para varrer esses bancos de dados e buscar respostas ou para testar novas metodologias de aprendizado de máquina, sendo um benefício mútuo.

Quanto aos bancos de DNA, as redes neurais recebem como entrada quatro representações possíveis que constituem quatro nucleotídeos diferentes, formando o código genético: adenina, guanina, citosina e timina, representados respectivamente pelas letras A, G, C e T. A rede geralmente considera essa entrada como um texto, pois é importante analisar a sequência em si, e não as entradas individualmente. Assim, deve-se usar uma representação compreensível para a linguagem de máquina. Uma das possibilidades é utilizar a binária, em que dois bits são suficientes para expressar o único nucleotídeo de uma sequência, porque cada bit tem dois estados possíveis (0 e 1), e dois deles resultarão na combinação de estados, neste caso, quatro hipóteses que representam um nucleotídeo.

Deve-se considerar ainda um intervalo ou uma janela fixa de sequência para servir de amostra, que é uma unidade sequencial de nucleotídeos, como você pode ver no exemplo da Figura 2, no qual três nucleotídeos são representados por seis bits para expressar todas as combinações possíveis dos quatro tipos. Com muitas sequências disponíveis publicamente para acesso, a rede pode utilizar o banco tanto no treinamento como na avaliação posterior, buscando pelos novos padrões que identifiquem doenças, características ou padrões desconhecidos.

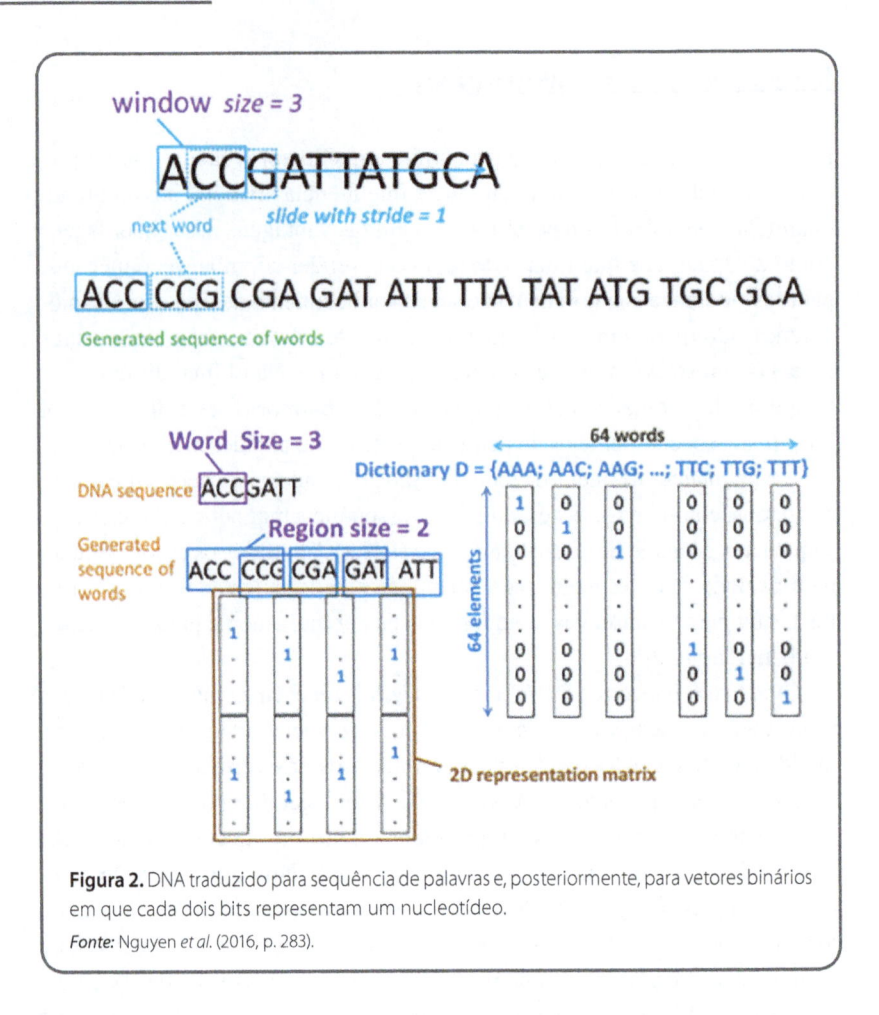

Figura 2. DNA traduzido para sequência de palavras e, posteriormente, para vetores binários em que cada dois bits representam um nucleotídeo.
Fonte: Nguyen *et al.* (2016, p. 283).

Já para sistemas de processamento de imagens, como as ressonâncias magnéticas e tomografias, as redes são utilizadas para diagnosticar a presença de irregularidades e construir as imagens em si, principalmente para os sistemas de ressonância magnética que costumam demorar na aquisição delas pelo grande nível de ruído, que deve ser filtrado durante o procedimento.

Para reduzir o tempo de obtenção das imagens de ressonância, redes neurais convolucionais são treinadas para entender a relação espaçotemporal entre várias sequências de imagens. Uma vez concluído o processo de aprendizado, é possível utilizá-las para efetuar esse exame com uma quantidade de amostras menor, mas sem perder sua resolução, que será compensada pela reconstrução efetuada pela rede neural, conforme você pode ver na Figura 3.

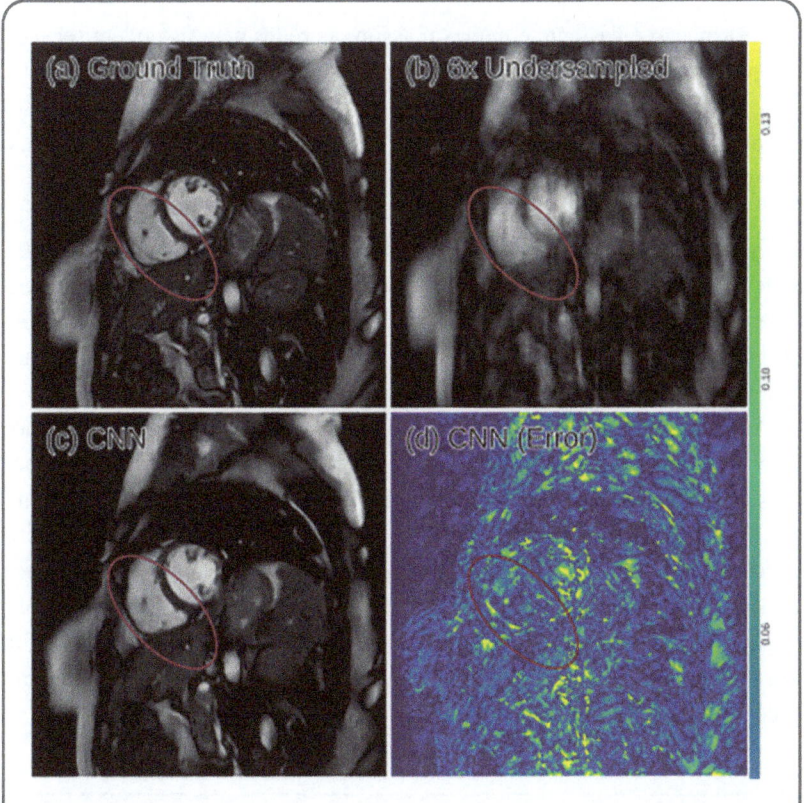

Figura 3. Redes neurais convolucionais. (a) Imagem de ressonância obtida com amostragem completa. (b) Imagem obtida com uma amostragem seis vezes menor. (c) Imagem subamostrada reconstruída. (d) Pontos mais claros que indicam o nível de erro entre a imagem original e a reconstruída.
Fonte: Adaptada de Schlemper *et al.* (2017).

Redes neurais e agronomia

Em agronomia, as redes neurais também estão se popularizando, devido aos avanços tecnológicos recentes, com imageamento via satélite em diferentes frequências para obter as informações relevantes a respeito da temperatura e da umidade do ar não apenas na área observada, como também em profundidade, estimando a altitude de determinados pontos de acúmulo de umidade.

Esses dados são utilizados juntamente ao conhecimento geológico e climático da região para tentar modelar e prever seu perfil de precipitação, quando e em qual quantidade haverá chuva. No entanto, a análise desse tipo de informação é bastante complexa, assim, as redes neurais podem ser usadas para reconhecer padrões de comportamento de forma supervisionada, em conjunto com os dados obtidos por outras metodologias e, depois, para orientar mais precisamente o agricultor nos momentos de plantio, colheita e irrigação quando for cabível.

O Brasil tem um sensor de umidade no satélite *Aqua* que utiliza frequências de micro-ondas para analisar o nível de umidade na atmosfera. Com essa metodologia, é possível fazer uma amostragem em camadas da atmosfera terrestre variando a frequência do sinal emitido, por meio da temperatura de brilho (intensidade de radiação térmica emitida por um corpo) calculada, para estimar as taxas de precipitação.

As redes neurais comparam o aprendizado atual com os dados obtidos por sensores em terra, geralmente balões meteorológicos, que obtenham informações da mesma posição e instante de tempo que as imagens de satélite. Assim, elas calculam o custo envolvido em cada iteração e atualizam os níveis de peso e vieses para obter previsões mais condizentes. As entradas correspondem à leitura dos sensores de micro-ondas do satélite; e a saída é dada em vapor d'água integrado (IWV, em inglês *integrated water vapor*), uma coluna d'água que se formaria na superfície se toda a umidade fosse precipitada, conforme você pode observar na Figura 4.

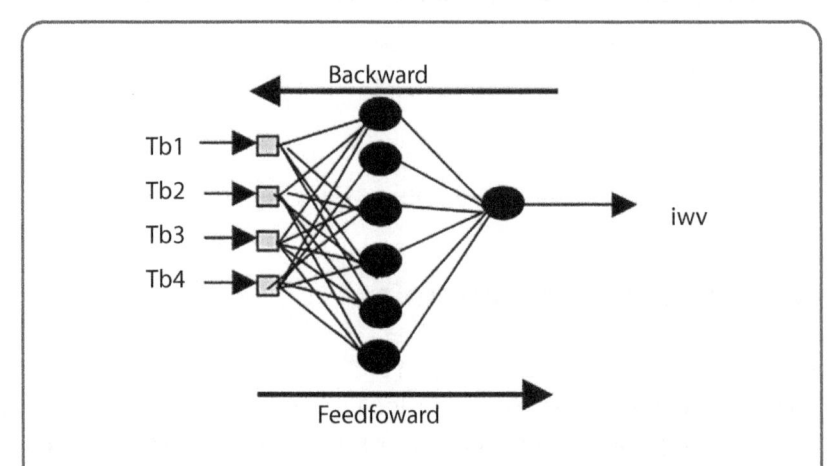

Figura 4. Rede neural cujas entradas correspondem aos dados de temperatura de brilho (Tb), medidas pelo satélite, e com a saída dada em IWV.
Fonte: Adaptada de Cintra e Silva (2007).

A análise de imagens é bastante recorrente na agricultura e pode ser utilizada para calcular a margem de cobertura do solo, um fator de grande relevância para proteção ao diminuir a erosão e aumentar a infiltração de água retendo as chuvas. Em uma dessas aplicações, as redes neurais foram treinadas por uma seleção de pixels de cores relevantes que pudessem indicar a presença de três características: solo exposto, presença de plantas verdes e quantidade de palhada. Seu resultado corresponde à soma da área coberta com plantas e palhada, auxiliando no monitoramento do solo, conforme você pode conferir na Figura 5.

Figura 5. Rede neural na agricultura. (a) Solo exposto. (b) Solo predominantemente coberto por plantas. (c) Solo predominantemente coberto por palhada.
Fonte: Adaptada de Gonçalves e Gontijo Neto (2018).

Outras aplicações mais abrangentes utilizam dados geológicos para avaliar a produtividade e a extração de minérios esperadas de uma região. Nesse sentido, as redes neurais tentam prever a disponibilidade de cobre e ouro no solo a partir de um banco de dados, que contém informações como tipo de rocha, alteração hidrotermal, grau de oxidação e teor de cobre e ouro nas amostras de perfuração. Esses dados são utilizados durante o treinamento para que a rede possa generalizar em previsões posteriores. Já as entradas com dados sobre os tipos litológicos do depósito são representadas binariamente, separadas em vetores e normalizadas para se adaptarem melhor à função de ativação. A rede é avaliada partindo de uma arquitetura simples, com apenas uma camada oculta e função sigmoide para permitir a adaptação aos sistemas não lineares. Ao final, as saídas são desnormalizadas para que a resposta tenha relação direta com os valores e as grandezas usadas (CINTRA, 2003).

Fique atento

A representação dos dados é um fator fundamental no sucesso do aprendizado de máquina. As redes neurais que possuam entradas com valores representados de forma muito ampla, ou sejam mal representadas, dificilmente serão capazes de aprender ou demandarão mais iterações que o necessário. Esses valores devem ser o mais condizentes possível com a função de ativação, para que nenhuma variável seja pequena ou grande demais, pois a diferença entre elas acarreta distorções no cálculo de pesos e na avaliação do erro. A correção da amplitude das variáveis de entrada é conhecida como normalização.

Referências

CINTRA, E. C. *Aplicação de Redes Neurais no Controle de Teores de Cobre e Ouro do Depósito de Chapada (GO)*. Orientador: José Ricardo Sturaro. 2003. 171 f. Tese (Doutorado em Geologia Regional) — Instituto de Geociências e Ciências Exatas, Universidade Estadual Paulista "Júlio de Mesquita Filho", Rio Claro, 2003. Disponível em: https://repositorio.unesp.br/handle/11449/103035. Acesso em: 29 maio 2019.

CINTRA, R. S.; SILVA, J. D. *Aplicação de redes neurais na estimativa de água precipitável a partir de dados do sensor HSB do Satélite Aqua*. São José dos Campos: Laboratório de Computação e Matemática Aplicada, Instituto Nacional de Pesquisas Espaciais, 2007. 7 p. Disponível em: https://fei.edu.br/sbai/SBAI2007/docs/50100073.pdf. Acesso em: 29 maio 2019.

GONÇALVES, A. F.; GONTIJO NETO, M. M. *Avaliação de cobertura de solo em sistemas intensivos de cultivo*. Campinas: Embrapa Informática Agropecuária, 2018. 6 p. Disponível em: https://ainfo.cnptia.embrapa.br/digital/bitstream/item/171834/1/Avaliacao-cobertura.pdf. Acesso em: 29 maio 2019.

KOMPFNER, P. *Cooperative vehicle-infrastructure systems*: final activity report. Brussels: Ertico ITS Europe, 2010. 25 p. Disponível em: https://trimis.ec.europa.eu/sites/default/files/project/documents/20120713_132648_5935_DEL_CVIS_1.3_FinalActivityReport_PartII_PublishableSummary_V1.0.pdf. Acesso em: 29 maio 2019.

NGUYEN, N. G. *et al*. DNA Sequence Classification by Convolutional Neural Network. *Journal of Biomedical Science and Engineering*, Wuhan, v. 9, n. 5, p. 280–286, 2016. Disponível em: https://www.scirp.org/journal/PaperInformation.aspx?PaperID=65923. Acesso em: 29 maio 2019.

ROWEN, C. *The computing earthquake*: neural networks, cognitive layering and energy--driven compute in electronic systems. San José: CTO — IP Group, Cadence Design Systems, 2015. 31 p. Disponível em: http://computer.ieeesiliconvalley.org/wp-content/uploads/sites/2/2015/08/Rowen-IEEE-Computer-Nov-2015-v1.pdf. Acesso em: 29 maio 2019.

SCHLEMPER, J. *et al*. *A deep cascade of convolutional neural networks for dynamic MR image reconstruction*. [S. l.: S. n.], 2017. 14 p. Disponível em: https://arxiv.org/pdf/1704.02422.pdf. Acesso em: 29 maio 2019.

Leituras recomendadas

NORVIG, P.; RUSSELL, S. *Inteligência artificial*. 3. ed. Rio de Janeiro: Campus, 2013. 1016 p.

PERKOVIC, L. *Introdução à computação usando Python*: um foco no desenvolvimento de aplicações. Rio de Janeiro: LTC, 2016. 516 p.

SOLOMON, C.; BRECKON, T. *Fundamentos de processamento digital de imagens*: uma abordagem prática com exemplos em Matlab. Rio de Janeiro: LTC, 2013. 306 p.

Redes neurais convolucionais I

Objetivos de aprendizagem

Ao final deste texto, você deve apresentar os seguintes aprendizados:

- Definir o processamento digital de imagens.
- Explicar a formação de imagens.
- Discutir a extração de características de imagens.

Introdução

Atualmente, seja em banca de revistas, cinema, televisão, *outdoors* ou no celular, dificilmente você verá uma imagem ou um filme (uma sucessão de imagens) que não esteja processado de alguma forma. Apesar de o processamento analógico ter sempre existido, como filtragem ao capturar a imagem ou por meio de retoques, hoje, a maioria é feita digitalmente, devido à facilidade com que se consegue fazer modificações nas imagens.

Com o grande avanço das velocidades de processamento dos computadores e meios de armazenamento, o processamento de imagens se tornou muito corriqueiro e chegou ao usuário comum. Por exemplo, além de efetuarem ligações, os celulares tiram fotos de alta qualidade, com diversos *softwares* que permitem efetuar processamentos básicos, como melhorar a iluminação e a nitidez, colocar efeitos de pintura ou caricaturas, entre outros.

Entretanto, a análise de imagens é bastante dispendiosa computacionalmente, pois, à medida em que estas elevam sua qualidade, a necessidade de memória e processamento aumentam vertiginosamente. Diversas técnicas já foram desenvolvidas para lidar com imagens, como as redes neurais artificiais (RNA), mas elas são dispendiosas computacionalmente e, no caso de reconhecimento, geralmente, os modelos se tornam muito adaptados ao conjunto de treinamento, chamado *overfitting*. Assim, criaram-se redes neurais modificadas para que, mesmo imagens pesadas (com muitos megabytes) pudessem ser gerenciadas. Elas se chamam redes neurais convolucionais e são aplicadas com bastante êxito em análise e processamento de imagens.

Neste capítulo, você estudará a introdução às redes neurais convolucionais, os princípios fundamentais do processamento digital de imagens, sua formação, suas principais características e como extraí-las.

Introdução ao processamento de imagens

A imagem bidimensional é uma matriz $N \times M$, cujos elementos podem ser definidos pela função cartesiana $z = f(x, y)$, onde x e y são as coordenadas que determinam a localização do elemento dentro dessa matriz e z representa a intensidade ou o nível de cinza. Na Figura 1, você pode ver um exemplo de um trecho da matriz que representa os níveis de cinza de uma imagem.

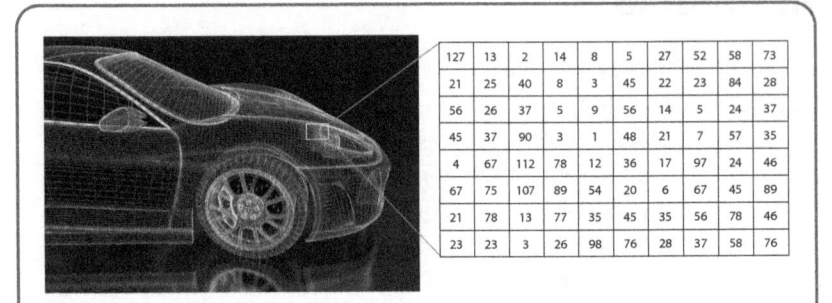

127	13	2	14	8	5	27	52	58	73
21	25	40	8	3	45	22	23	84	28
56	26	37	5	9	56	14	5	24	37
45	37	90	3	1	48	21	7	57	35
4	67	112	78	12	36	17	97	24	46
67	75	107	89	54	20	6	67	45	89
21	78	13	77	35	45	35	56	78	46
23	23	3	26	98	76	28	37	58	76

Figura 1. Trecho da matriz intensidade.
Fonte: Adaptada de Umberto Shtanzman/Shutterstock.com.

As variáveis x, y e a intensidade de cinza (z), que compõem uma imagem, podem assumir qualquer valor. Entretanto, quando elas assumem somente valores discretos e finitos, essa imagem será digital.

Saiba mais

Quando se fala em processamento digital de imagens, refere-se ao processamento digital destas pelo computador.

A pequena porção ampliada da Figura 1 mostra que uma imagem digital é composta de uma quantidade limitada de elementos, determinada pelo número máximo de linhas e colunas da matriz que representa essa imagem. Cada interseção de uma linha com uma coluna define um elemento da matriz, chamado de pixels ou elemento de imagem.

A área de processamento de imagens é muito vasta e abrange um largo campo do conhecimento. Existe, inclusive, controvérsia entre pesquisadores sobre quando termina o processamento e inicia outras áreas que se relacionam com o processamento de imagens, como sua análise (reconhecimento de impressões digitais e facial, código de barras, mineralogia, etc.) ou a robótica (visão computacional).

Alguns pesquisadores preferem considerar o processamento de imagens como técnicas, métodos, estudos e algoritmos relacionados a um processo em que as entradas e saídas são imagens. Porém, essa visão pode ser limitada, pois existem processamentos realizados em imagens que não resultam, necessariamente, em uma saída que é outra imagem.

Contudo, a robótica tenta simular a visão humana por meio da visão computacional, utilizando, inclusive, o aprendizado de máquinas para conseguir fazer deduções e mostrar reações que simulam o comportamento humano ou atuam de forma inteligente. Essa área está relacionada a um campo do conhecimento chamado de inteligência artificial.

De qualquer forma, não existe um limite determinado entre os dois extremos: processamento de imagens e visão computacional. Contudo, pode-se considerar três níveis de processamento computacional contínuos sem, necessariamente, um divisor entre eles. O primeiro nível envolve os processos com operações básicas, como redução de ruídos, aumento ou redução de contraste e melhorias da imagem de um modo geral. Nele, tanto a entrada como a saída são imagens.

O segundo nível envolve processos de separação da imagem em segmentos, objetos ou regiões, com sua redução a uma forma que seja adequada ao processamento computacional e reconhecimento (classificação) de segmentos, objetos ou regiões individuais. Nele, as entradas geralmente são imagens, porém, as saídas incluem atributos ou características extraídas das imagens, por exemplo, contornos, linhas, bordas ou outros aspectos individuais desses objetos.

O terceiro nível envolve ações que dão sentido ao conjunto reconhecido, como na análise e classificação de imagens satelitais ou, por último, na geração de comportamentos inteligentes associados à visão humana. O processamento digital de imagens abordado neste capítulo está em uma superposição entre o primeiro e o segundo nível, assim, a entrada e a saída podem ser imagens, mas, ao mesmo tempo, haverá processos de extração de características e atributos.

> **Exemplo**
>
> Suponha que você queira efetuar o reconhecimento de uma impressão digital, cujo processo de aquisição da imagem e o pré-processamento desta, obtida pelo *scanner*, estão no primeiro nível. Já a extração das características significativas da imagem, a preparação delas para uma forma adequada ao processamento computacional, as técnicas de comparação com as imagens em um banco de dados e seu reconhecimento estão no segundo nível. A partir do reconhecimento da impressão digital, as ações que demonstram comportamento inteligente (como a inteligência artificial) pertencem ao terceiro nível.

O processamento digital de imagens tem uma gama tão grande de aplicações que é difícil abranger todas. Os exemplos simples e mais conhecidos são os *softwares* editores de imagens, como Photoshop, PhotoScan, Acute3D, Paint, Canva, PicMonkey, CinePaint, Seashore, entre outros. Porém, existem também aplicações em medicina, ciências biológicas, aerofotogrametria, agricultura, meteorologia, indústria cinematográfica, televisão, indústria de jogos, publicidade e propaganda, imagens de satélites, restauração, arqueologia, astronomia, etc.

> **Saiba mais**
>
> Alguns autores fazem distinção entre o processamento de imagem e a computação gráfica; esta gera, no computador, imagens bidimensionais (2D) e tridimensionais (3D) realistas; já o primeiro tenta processar uma imagem existente ou obtida por um dispositivo. Em certo sentido, eles têm funções inversas. Na computação gráfica, parte-se de formas, contornos e características da imagem, realizando um processamento até conseguir imagens 2D ou 3D. No processamento de imagem, em geral, obtém-se suas formas, contornos e características. De qualquer modo, ambas trabalham com os mesmos conhecimentos, e a tendência atual é sua unificação na computação visual.

Existem duas formas de representação das imagens: a imagem de rastreio ou *raster* e a vetorial. A *raster* se trata de uma representação em uma matriz de duas dimensões, em que cada elemento dela é um elemento de imagem. Ela ainda piora sua qualidade à medida em que suas dimensões são aumentadas, sendo as mais comuns de encontrar na internet (*graphics interchange format* [gif], *joint photographic experts group* [jpeg], *bitmap* [bmp], *portable network graphics* [png], etc.).

Já a imagem vetorial é mais usada na computação gráfica e composta de entidades como polígonos, retas, pontos, etc. Por se basear em entidades e equações matemáticas, ela não piora sua qualidade à medida em que suas dimensões aumentam, sendo que o tamanho do arquivo gerado é muito menor que os arquivos de rastreio. Ela também é muito utilizada com o *Computer Aided Design* (CAD), os desenhos assistidos por computador, os desenhos industriais e cinematográficos, bem como em projetos de arquitetura e engenharia em que se necessita de precisão de medidas e visualização 3D.

Formação das imagens

A imagem se forma pela distribuição espacial de uma intensidade em um plano. Em termos matemáticos, a distribuição dessa intensidade pode ser representada como uma função de duas variáveis.

$$z = f(x,y) \qquad (1)$$

A função z é contínua, mas computadores não conseguem processar imagem contínua, assim, as imagens digitais são representadas como uma matriz de pontos 2D. Um ponto na grade 2D (matriz) se chama pixel ou pel, que são abreviaturas da palavra *picture element*, ou elemento de imagem, mas pixel é mais utilizado na literatura.

Um pixel representa uma unidade básica da imagem e que pode ser controlada, conforme apresentado na Figura 2, que possui informações sobre cores e brilho (intensidade). Nos casos mais simples, ele é retratado por uma grade retangular. Já sua posição é dada pela notação comum das matrizes, sendo que o primeiro índice (M) representa a linha da matriz; e o segundo (N), a coluna.

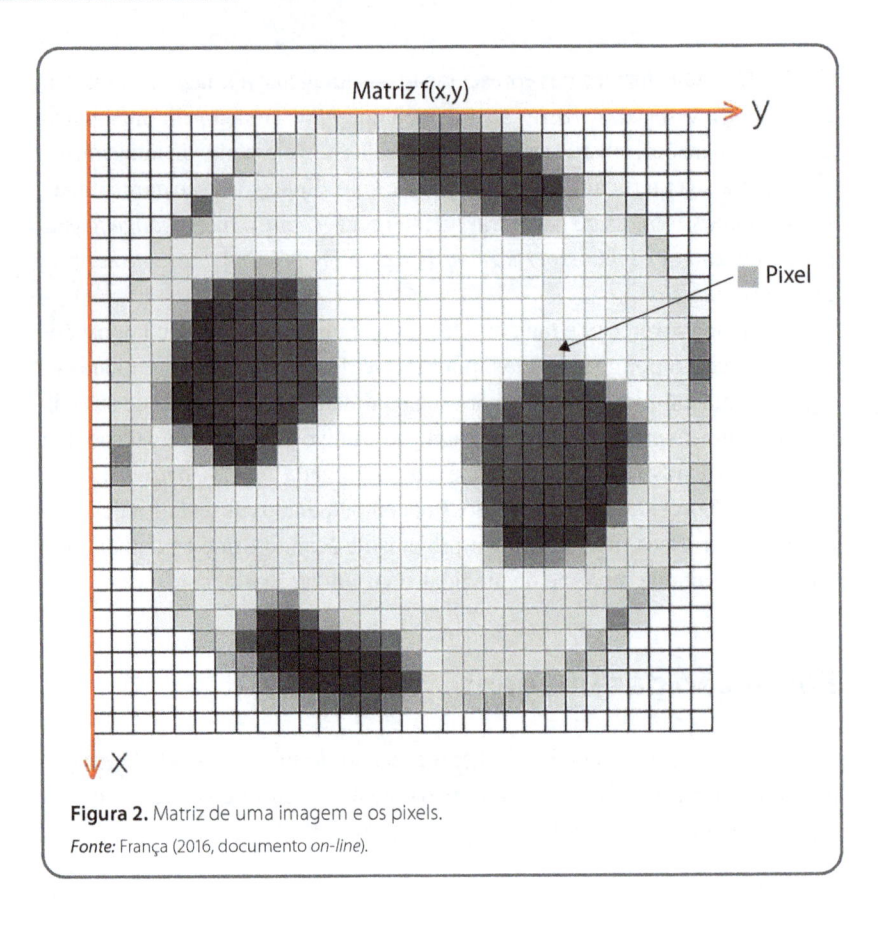

Figura 2. Matriz de uma imagem e os pixels.
Fonte: França (2016, documento *on-line*).

Se uma imagem digital contém $M \times N$ pixels, ela é representada pela matriz $M \times N$, na qual o índice M varia de 0 a $M-1$ e o índice N oscila de 0 a $N-1$. O M representa o número máximo de linhas, e o N retrata o máximo de colunas. De acordo com a notação matricial, o eixo vertical (y) aumenta de cima para baixo, e não como é comum ocorrer nos gráficos; já o eixo horizontal (x) permanece inalterado.

Na Figura 3, você pode ver uma representação completa de uma imagem $N \times N$, dos pixels e da matriz de intensidade com valores. Observe que o pixel não deve ser encarado como a unidade física, e sim lógica, pois depende da resolução do meio em que será reproduzida. Por exemplo, se uma imagem for apresentada na televisão de 32 polegadas, os pixels serão bem menores que a imagem na televisão de 50 polegadas, por isso, na primeira, ela parecerá ter uma qualidade muito melhor. Esse exemplo pode ser considerado ao se comparar a impressão de uma imagem que mede 20 × 10 cm em seu tamanho normal e foi expandida para ocupar toda a área de uma folha de papel A4.

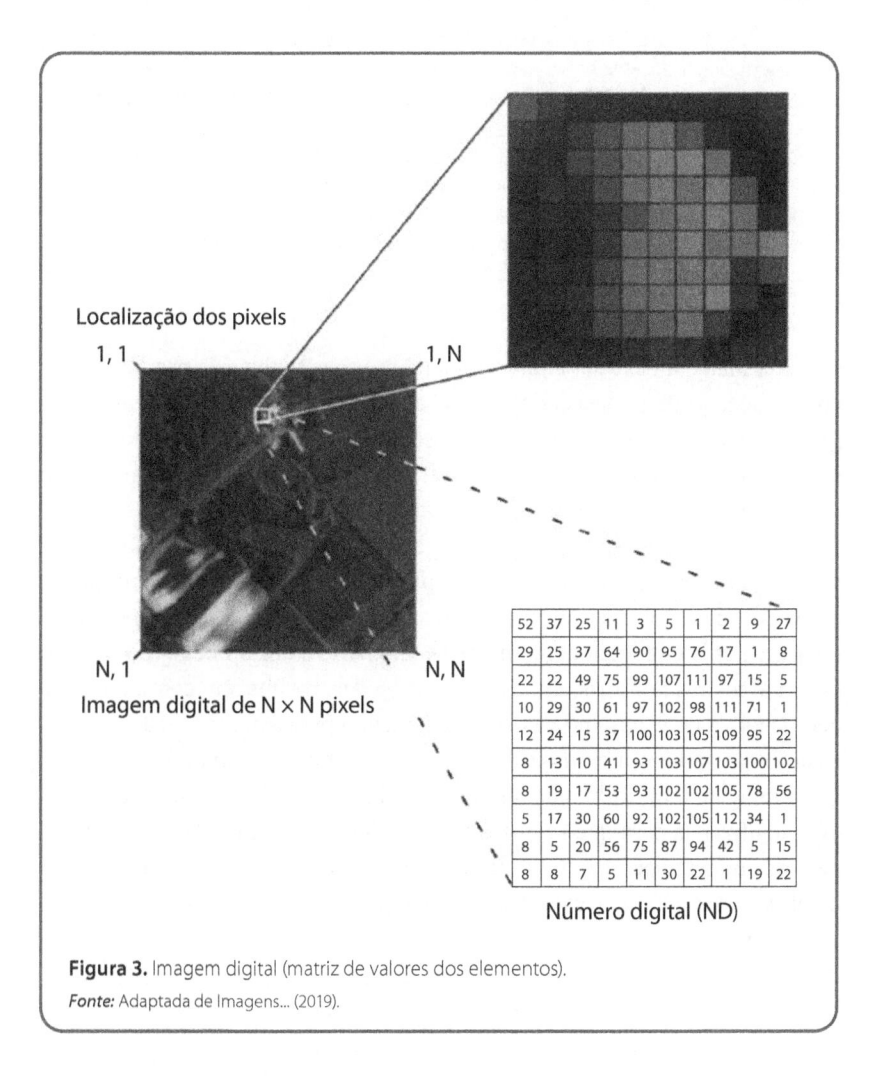

Figura 3. Imagem digital (matriz de valores dos elementos).
Fonte: Adaptada de Imagens... (2019).

> **Saiba mais**
>
> Em um monitor, a qualidade da imagem final está muito ligada ao número de pontos físicos que reproduzem determinada cor, além do *dot pitch*, que é a distância entre dois pontos de cor igual na matriz de elementos que representa a imagem (p. ex., pontos de fósforo ou matriz de LEDs). Quanto menor for o *dot pitch*, mais pontos por polegada (*dots per inch* [DPI]) terá a tela e maior será a capacidade de sua resolução máxima. Não adianta ter uma tela grande com um *dot pitch* grande, pois ela apresentará uma imagem reticulada. Geralmente, o *dot pitch* é apresentado em milímetros, sendo que os monitores mais comuns possuem valores de 0,28 mm ou menores.

Uma imagem deve ser adquirida, a não ser que tenha sido produzida por computação gráfica, nascendo a partir de parâmetros, características e programas de um computador. Seu processo de captura pode ocorrer por vários meios, como câmeras digitais, *scanners*, filmadoras, sensores, máquinas de ultrassom, de raio X, de ressonância magnética, etc.

Esse processo de aquisição e digitalização de imagens possui várias etapas, conforme você pode ver, de forma simplificada, na Figura 4. A aquisição se inicia por meio dos dispositivos citados anteriormente, logo após, a imagem é amostrada e quantizada. A amostragem envolve um processo no qual se obtém amostras pontuais, igualmente espaçadas, da imagem contínua ou as coordenadas x e y. Esse processo é fundamental para a digitalização, em que se define o número máximo de linhas M e o número máximo de colunas N que a imagem terá, formando a matriz de pixels $M \times N$. Depois, as amostras são quantizadas para que se possa codificá-las em *binary digit* (bits), sendo que essa quantização é a digitalização da amplitude ou intensidade de cada pixel, transformando os valores contínuos em quantidades discretas.

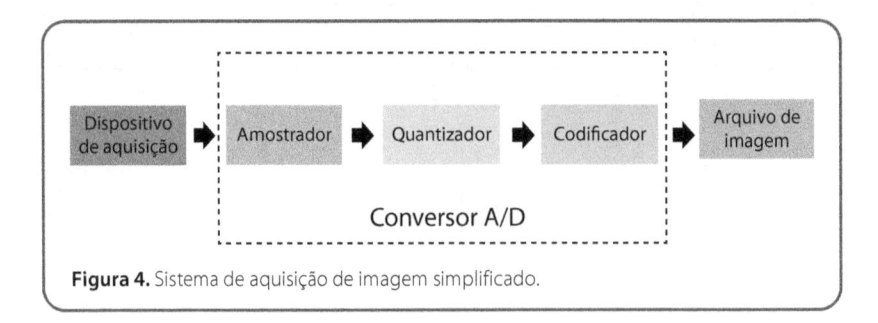

Figura 4. Sistema de aquisição de imagem simplificado.

Para entender esse processo, pense que o número de bits limita a quantidade de cores que a imagem pode ter. Assim, pode-se dizer que o número de cores Z é função do número de bits da seguinte forma:

$$Z = 2^N \qquad (2)$$

Onde N é o número de bits. Portanto, com um bit $Z = 2^1$, pode-se codificar duas cores. Com dois bits, $Z = 2^2 = 4$ cores; com três bits, $Z = 2^3 = 8$ cores; e assim por diante.

Assim, o quantizador arredonda os valores das intensidades dos pixels para que possa codificá-los. Essa fase tem relação direta com a quantidade de cores que haverá na imagem. Se o número de bits for baixo, o arredondamento será expressivo, mas caso o número de bits seja elevado, o arredondamento será menor.

A combinação entre o número de pixels e a quantidade de bits determinará a qualidade da imagem, cuja escolha dependerá da sua utilização. Por exemplo, as imagens das páginas de *sites* devem ter tamanhos de arquivos pequenos para que sejam carregadas rápido. Já as imagens de ressonância magnética precisam ter uma qualidade muito boa para que se possa verificar detalhes muito pequenos e, nesse caso, o tamanho do arquivo não é uma exigência fundamental.

Por fim, após o processo de codificação, é gerado o arquivo para armazenamento. O conjunto amostrador, quantizador e codificador é conhecido como conversor analógico-digital (A/D) e comercializado na forma de circuito integrado.

Fique atento

O tamanho do arquivo gerado pelo sistema pode ser muito grande, dependendo das configurações escolhidas. Por exemplo, ao digitalizar uma imagem com resolução de 1366 × 768, haverá 1.049.088 pixels. Se codificar cada pixel com 32 bits de codificação (4 bytes), você terá um arquivo com 33.570.816 bits, 4.196.352 bytes ou cerca de 4 MB. As fotos de publicidade e propaganda podem chegar facilmente a mais de 1 GB, devido à alta qualidade exigida.

Há outro aspecto que você deve considerar, se uma fotografia de comprimento 12 × 9 cm for digitalizada em uma configuração de 1366 × 768, que é adequada para uma tela de 14 polegadas, mas apresentada na de 50 polegadas, a qualidade será bem inferior, pois o tamanho do pixel mostrado na tela será muito maior.

Na Figura 5, você pode ver uma comparação do tamanho do pixel para vários *pixels per inch* (ppi), ou pixels por polegada, sendo que o tamanho do pixel da esquerda (72 ppi) é muito maior que o da direita com 300 ppi.

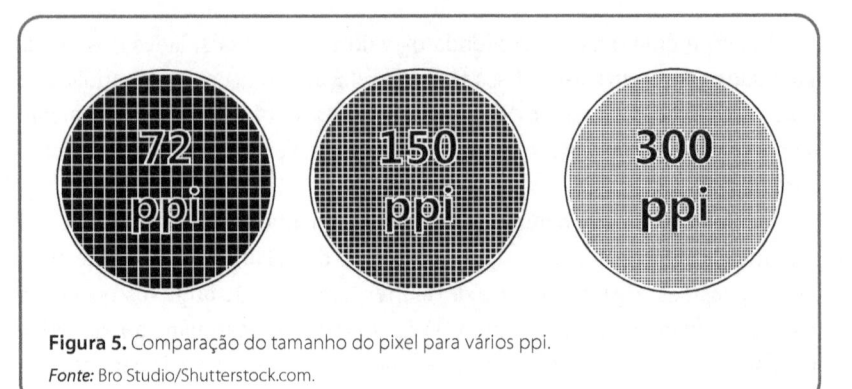

Figura 5. Comparação do tamanho do pixel para vários ppi.
Fonte: Bro Studio/Shutterstock.com.

Exemplo

Suponha que você tenha um cartão de memória de 2 GB e deseja saber quantas imagens pode colocar na resolução máxima de sua máquina, que é de 1800 × 1200 pixels — considerando que o número total de pixels em uma imagem será 1800 × 1200 = 2.160.000 pixels. Se for codificada com 32 bits (4 bytes), a imagem possuirá 8.640.000 bytes ou, aproximadamente, 8.64 MB. Assim, como 2 GB tem 2 × 1024 × 1024 × 1024 bytes = 2.147.483.648 bytes, o cartão armazenará, no máximo, 2.147.483.648/8.640.000 = 248 imagens com essa resolução.

Extração de características de imagens

O processamento digital de imagens pode ser usado em um campo muito vasto de aplicações, por exemplo, naquelas em que as imagens são analisadas para produzir uma saída útil ou no reconhecimento de padrões, a extração de características importantes desempenha um papel fundamental. Tais características permitem o cômputo eficiente de valores que descrevam a imagem ou parte dela, sendo geralmente representados por vetores de características, bem como a discriminação entre estes, que devem ser comparáveis utilizando-se de alguma métrica de similaridade ou diferença.

A característica de imagem se define como qualquer elemento capaz de ser expresso quantitativamente, mesmo sujeito às variações. Em geral, ela é calculada em imagens 2D, mas, comumente, está relacionada aos objetos 3D. Jain, Kasturi e Schunck (1995) agrupam os padrões que podem ser extraídos de imagens em características globais, locais e relacionais.

As características globais são descritores que podem ser obtidos com base em localização, intensidade e relações espaciais de todos os pontos de uma região, por exemplo, perímetro, área, momentos, descritores de Fourier, etc. Já as características locais são calculadas do contorno de um objeto ou uma pequena região da imagem, como segmentos de contorno, curvatura de superfície e de contorno, detecção de concavidades ou cantos, entre outros.

As características relacionais, por sua vez, se referem às medidas de orientação relativa, distâncias entre características ou posições relativas de regiões, transições, contornos fechados, concavidades ou qualquer outra característica local.

Existem, também, as operações pontuais, locais ou globais. As pontuais atuam em nível de pixel, sendo que o resultado no pixel de uma imagem resultante depende somente deste pixel da imagem original. Devido ao fato de que a única informação disponível é a intensidade ou a cor do pixel, grande parte dessas alterações muda, principalmente, as características de luminância e cor, como nível de branco, saturação, brilho, nível de preto, correção gamma, solarização, contraste, posterização, negativo, etc. Essas operações ainda podem considerar dados globais da imagem e utilizar várias imagens originais no processamento, apesar de estarem restritas somente ao pixel processado. Por exemplo, uma técnica muito usada para reduzir ruídos em uma imagem é a realização de uma média entre várias imagens obtidas na mesma posição.

As operações locais ocorrem caso a vizinhança de um pixel na imagem original influencie o resultado na imagem final. Por exemplo, quando um número de pixels vizinhos (que se deseja processar) é multiplicado por um valor e se soma esse resultado, gera-se um pixel novo. Várias operações conhecidas, como detecção de bordas, *sharpen*, *blur*, etc., são implementadas a partir desse conceito. Da mesma forma, mas utilizando técnicas diferentes, há operações de filtragem e interpolação (*resize*, *warping*, *strectch*, *morphing*, rotação, etc.).

Já quando todos os pixels da imagem original precisam ser processados para originar um pixel na imagem resultante, trata-se de operações globais. Seus exemplos são as transformadas (de *wavelets*, Hough, Fourier, etc.), as quais permitem a extração de informações muito relevantes nas imagens. A transformada de Fourier faz operações de filtragem, multiplexações, determinação de parâmetros para *streaming*, entre outras, sendo uma base na teoria do processamento de sinais. Já a transformada de Hough é utilizada na identificação das formas geométricas na imagem (círculos, arcos, retas, etc.), e a de *wavelets* serve para comprimir imagens.

As operações de processamento descritas anteriormente são realizadas a partir de características extraídas das imagens e utilizadas em tarefas de processamento básico, análise, classificação ou reconhecimento. Em classificação ou reconhecimento, os padrões reconhecidos se dividem em classes a partir das características numéricas. Assim, para caracterizar um objeto que se deseja reconhecer ou classificar, usa-se os descritores que especificam o aspecto considerado. Na Figura 6, você pode ver alguns dos descritores de características mais utilizados, mas eles não são os únicos, pois existem centenas de outros.

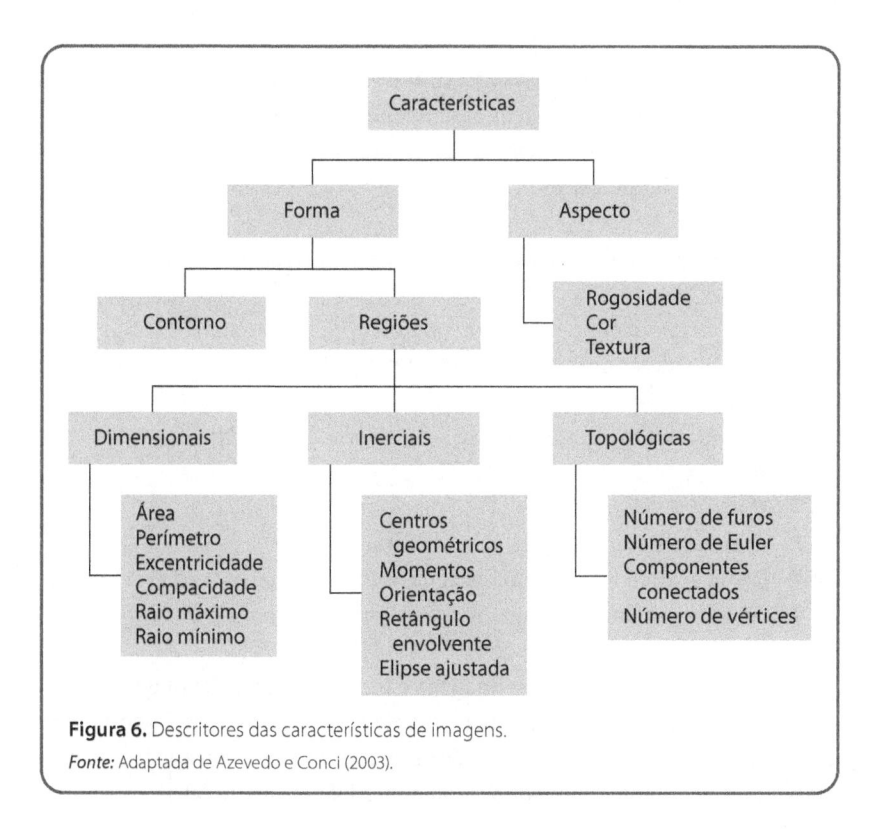

```
                        Características
                       /            \
                   Forma            Aspecto
                  /     \                \
                                         Rogosidade
           Contorno    Regiões           Cor
                     /    |    \         Textura
                    /     |     \
            Dimensionais Inerciais Topológicas
                |         |          |
             Área       Centros    Número de furos
             Perímetro   geométricos Número de Euler
             Excentricidade Momentos Componentes
             Compacidade Orientação   conectados
             Raio máximo Retângulo   Número de vértices
             Raio mínimo  envolvente
                         Elipse ajustada
```

Figura 6. Descritores das características de imagens.
Fonte: Adaptada de Azevedo e Conci (2003).

As características são inúmeras e dependem das tarefas realizadas, bem como do tipo de imagem tratada. Por exemplo, para reconhecer impressões digitais, pode-se trabalhar com descritores como contorno, arcos e bifurcações; já para reconhecimento facial, é melhor trabalhar com dimensionais, como as distâncias entre os olhos, entre os olhos e o nariz, comprimento da boca, etc.

A quantidade de características e seu tamanho em bits dependem da tarefa e do grau de acerto desejados. Muitas vezes, determinada tarefa exige apenas uma característica, mas outras podem pedir muitos kilobytes de informação.

Devido à complexidade das etapas realizadas, o processamento de imagens exige grandes quantidades de memória e poder de processamento, assim como os algoritmos demandam enormes massas de dados nas tarefas de análise e reconhecimento. Por isso, a tarefa de extração de características é fundamental, porque simplifica o conjunto de dados em um conjunto mais simples de se trabalhar, que permita a realização da tarefa desejada e represente a imagem original com mais precisão.

O ideal é que as características extraídas da imagem sejam específicas à tarefa realizada, porém, existem algumas técnicas genéricas que permitem a redução da dimensão e podem ser de grande auxílio em diversos projetos. Veja, a seguir, algumas dessas técnicas:

- Redução dimensional de múltiplo fatores ou *multifator dimensionality reduction.*
- Núcleo *principal components analysis* (PCA) ou *kernel* PCA.
- Análise de componentes independentes ou *independent componet analysis.*
- Agrupamento semipreciso ou *semidefinite embedding.*
- *Isomap.*
- *Partial least squares.*
- Análise de componentes principais ou PCA.
- Redução dimensional não linear ou *nonlinear dimensionality reduction.*
- Análise semântica latente ou *latent semantic analysis.*

A área de processamento de imagens é bastante ampla e abrange muitas e variadas áreas do conhecimento humano. Seu emprego nas tarefas cotidianas cresce cada vez mais; e seu potencial está apenas no início em aplicações com realidade aumentada, realidade virtual e inteligência artificial.

Referências

AZEVEDO, E.; CONCI, A. *Computação gráfica*: teoria e prática. Rio de Janeiro: Campus, 2003. 353 p.

FRANÇA, R. N. Representação de uma imagem digital — matriz de pixel. *In*: WIKIPEDIA. 2016. Disponível em: https://pt.wikipedia.org/wiki/Filtragem_no_dom%C3%ADnio_espacial#/media/Ficheiro:Representa%C3%A7%C3%A3o_de_uma_imagem_digital_-_Matriz_de_pixel.jpg. Acesso em: 28 jun. 2019.

IMAGENS de Satélite — Visualização. *Instituto Português do Mar e da Atmosfera*, Lisboa, 2019. Disponível em: https://www.ipma.pt/pt/educativa/observar.tempo/index.jsp?page=satelite03.xml. Acesso em: 21 jun. 2019.

JAIN, R.; KASTURI, R; SCHUNCK, B. G. *Machine vision*. New York: McGraw-Hill, 1995. 549 p. (McGraw-Hill series in Computer Science).

Leituras recomendadas

EXTRAÇÃO de características. *In*: WIKIPEDIA: a enciclopédia livre. [San Francisco, CA: Wikimedia Foundation, 2017]. Disponível em: https://pt.wikipedia.org/wiki/Extra%C3%A7%C3%A3o_de_caracter%C3%ADsticas. Acesso em: 21 jun. 2019.

GONZALEZ, R. C.; WOODS, R. E. *Processamento digital de imagens*. 3. ed. São Paulo: Pearson Prentice Hall, 2010. 624 p.

KAMIDA, V. T. *Rastreamento de pessoas em sequência de imagens infravermelhas*. Orientador: Erikson Freitas de Morais. 2017. 53 f. Trabalho de Conclusão de Curso (Bacharelado em Ciência da Computação) — Departamento Acadêmico de Informática, Universidade Tecnológica Federal do Paraná, Ponta Grossa, 2017. Disponível em: http://repositorio.roca.utfpr.edu.br/jspui/handle/1/7393. Acesso em: 21 jun. 2019.

MIKUCKI, D. A. *Reconhecimento de padrões aplicado ao processo de detecção para prevenção de laminite em bovinos*. Orientadores: Amaury Antônio de Castro Junior; Pedro Paulo Pires. 2017. 77 f. Dissertação (Mestrado em Computação Aplicada) — Faculdade de Computação, Universidade Federal do Mato Grosso do Sul, Campo Grande, 2017. Disponível em: http://repositorio.ufms.br:8080/jspui/handle/123456789/3050. Acesso em: 21 jun. 2019.

RESMINI, R. *et al*. Diagnóstico precoce de doenças mamárias usando imagens térmicas e aprendizado de máquina. *REAVI — Revista Eletrônica do Alto Vale do Itajaí*, Ibirama, v. 1, n. 1, p. 55–67, ago. 2012. Disponível em: http://www.revistas.udesc.br/index.php/reavi/article/view/2630. Acesso em: 21 jun. 2019.

SCURI, A. E. *Fundamentos da imagem digital*. Rio de Janeiro: Tecgraf; PUC-Rio, 2002. 95 p. Disponível em: https://webserver2.tecgraf.puc-rio.br/~scuri/download/fid.pdf. Acesso em: 21 jun. 2019.

Redes neurais convolucionais II

Objetivos de aprendizagem

Ao final deste texto, você deve apresentar os seguintes aprendizados:

- Definir a rede neural convolucional e suas camadas.
- Comparar as redes neurais convolucionais e densas.
- Explicar a extração de características.

Introdução

As redes neurais convolucionais têm vantagens significativas sobre as demais técnicas quando processa sinais naturais, cuja diferença computacional necessária é expressiva se comparada às redes neurais densas. Elas ainda conseguem aprimorar o processamento subdividindo a análise em partes menores, por meio de filtros que se adaptam para encontrar características específicas em sons e imagens. Assim, elas são divididas em camadas, cada qual com uma função claramente definida, para somente então entregar a classificação da imagem nos neurônios de saída com o auxílio de uma rede totalmente conectada similar às densas.

Neste capítulo, você estudará a rede neural convolucional e suas camadas, comparando-a com as redes neurais densas, bem como verá a extração de características.

Redes neurais densas e convolucionais

Um longo caminho deve ser percorrido até chegar a este ponto, pois as redes neurais são apenas uma parte do aprendizado de máquina na inteligência artificial.

Qualquer rede neural tem como objetivo a utilização dos modelos de neurônios artificiais, inspirados no comportamento e/ou na ação humana, de forma a obter respostas automáticas e que possam ser consideradas racionais. Essa racionalidade é um critério sob o qual se espera que o resultado obtido por um agente seja denominado correto, pensando nos limites das informações conhecidas quanto ao problema e ao ambiente envolvidos (NORVIG; RUSSELL, 2013).

O valor de um neurônio é resultado da soma de todas as suas entradas (a_i), cada qual multiplicada pelos respectivos pesos atribuídos à conexão ($w_{i,j}$), conforme você pode ver na equação 1.

$$in_j = \sum_i^n w_{i,j} \cdot a_i \qquad \text{(equação 1)}$$

Para obter o valor da saída (a_j) desse neurônio, a função anterior (equação 1) deve passar por uma função de ativação, como apresentado na equação 2. Ao contrário das entradas, há somente uma saída por neurônio, porém, isso não impede seu uso como entrada para vários neurônios simultaneamente, conforme você pode ver na Figura 1 (NORVIG; RUSSELL, 2013).

$$a_j = g(in_j) = g\left(\sum_i^n w_{i,j} \cdot a_i\right) \qquad \text{(equação 2)}$$

A função de ativação pode variar, por exemplo, quando o modelo do *perceptron* foi proposto, sua função era de saída binária, sendo a saída sempre igual a 0 ou 1, dependendo do somatório de entradas e seus pesos, como você pode ver na equação 3. Atualmente, os neurônios utilizam funções de ativação contínuas, assim, a saída pode ter qualquer valor real entre 0 e 1, como a função sigmoide, que é mais facilmente expressa na forma vetorial (equações 5 e 6) e com um viés (*bias*), em vez de um limiar (*threshold*), para que haja entre eles apenas uma diferença de sentido, conforme apresentado na equação 4.

$$a_j = \begin{cases} 0 \text{ se } \sum_i^n w_{i,j} a_i \leq limiar \\ 1 \text{ se } \sum_i^n w_{i,j} a_i > limiar \end{cases} \qquad \text{(equação 3)}$$

$$b = -\,limiar \qquad \text{(equação 4)}$$

$$in_j(sigmoide) := w \cdot x + b \qquad \text{(equação 5)}$$

$$in_j(sigmoide) : \begin{cases} ATIVO \text{ se } w \cdot x + b \leq 0 \\ INATIVO \text{ se } w \cdot x + b > 0 \end{cases} \qquad \text{(equação 6)}$$

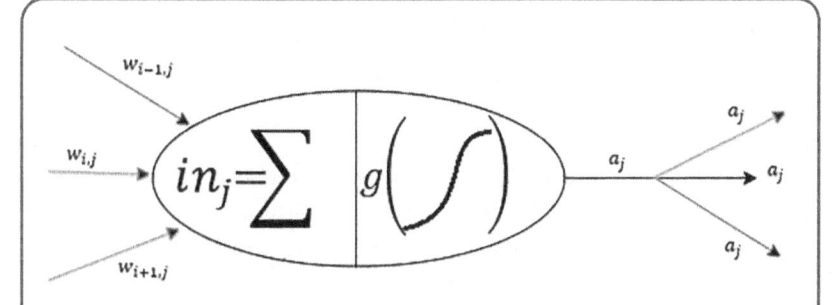

Figura 1. Representação gráfica do modelo de um neurônio. Internamente, há o somatório que depois passa por uma função de ativação.

A ligação entre os neurônios pode ser tanto em apenas uma direção, sendo nomeada de rede *feedforward* (Figura 2a), como em ambas as direções, neste caso, fica conhecida por redes neurais recorrentes, em que há um retorno ou um *feedback* (Figura 2b) de, pelo menos, um neurônio de uma camada para outra anterior (NORVIG; RUSSELL, 2013).

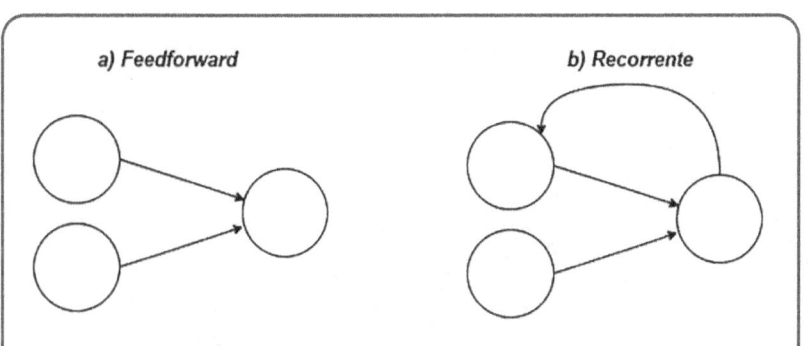

Figura 2. Ligações. (a) Rede neural *feedforward* com dois neurônios de entrada e um de saída. (b) A mesma ligação, mas com uma conexão de retorno (*feedback*), que se chama rede neural recorrente.

A rede neural pode conter apenas as camadas de entrada e saída, como foi visto na Figura 2, porém, na maioria dos casos, não será possível resolver de forma eficiente o problema. Quando for possível, o tempo de aprendizado e a quantidade de neurônios serão muito maiores que o necessário se utilizar mais camadas.

As camadas internas não são de entrada nem saída e se denominam camadas escondidas (*hidden layers*). Diferentes estruturas de rede podem ser criadas para os mais diversos objetivos, e cada tipo oferece soluções melhores ou piores em determinados casos.

As redes rasas e densas formam a primeira divisão no grupo das redes neurais, cuja diferença é simples: a rasa possui poucas camadas (três ou menos), e a densa tem muitas camadas. Ambas resolvem problemas complexos, porém, a maior quantidade de camadas foi superior tanto no treinamento como na eficiência de resolução quando comparada a uma rasa com a mesma quantidade de conexões e neurônios. Além disso, as redes rasas apresentavam boa eficiência para problemas simples e bem definidos, mas eram insuficientes na resolução de problemas reais, especialmente aqueles que envolviam sinais naturais. Ao observar a forma como o cérebro humano lidava com as informações, as redes densas começaram a ser mais utilizadas, pois havia indícios de que ele separava o processo em múltiplas camadas (DENG; YU, 2014). Veja um exemplo de rede neural densa na Figura 3.

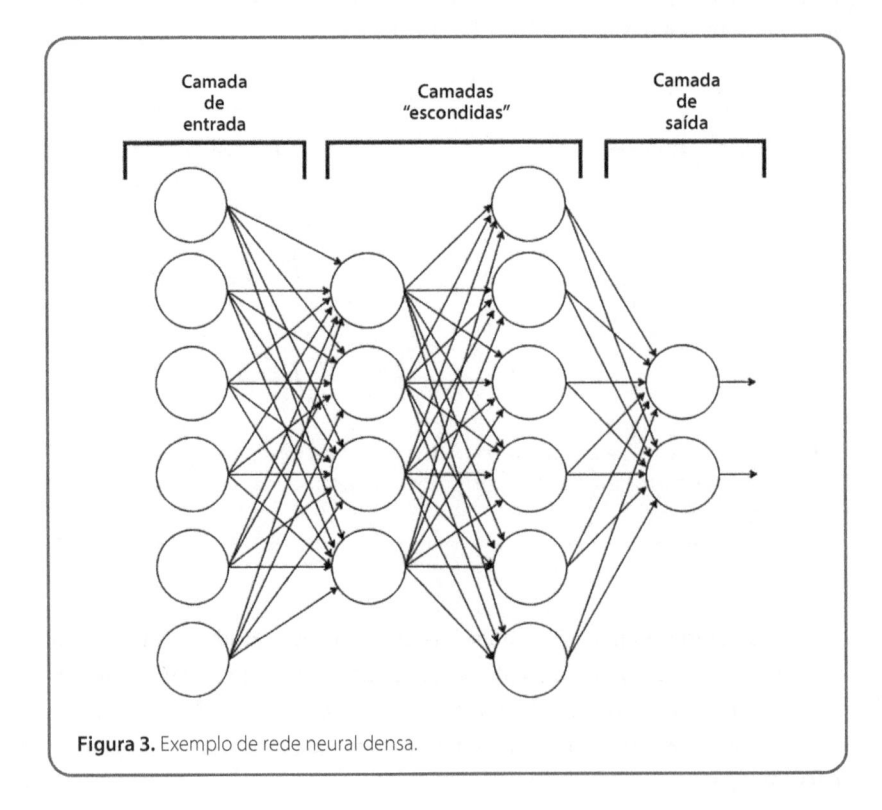

Figura 3. Exemplo de rede neural densa.

Assim, técnicas de propagação reversa (*backpropagation*) popularizaram as primeiras redes densas, que se tornaram limitadas em tamanho. Quando o número de camadas crescia muito, essas redes eram incapazes de extrair com eficiência as informações durante o treinamento, especialmente pela quantidade de cálculo necessário à nova camada para se minimizar o custo ou o erro de resposta, não conseguindo ir adiante em alguns mínimos locais (DENG; YU, 2014).

Recentemente, novas técnicas que envolvem as redes neurais densas foram desenvolvidas, criando outras subcategorias, como as redes neurais convolucionais. Nestas, é comum que cada neurônio de determinada camada receba a totalidade de saídas dos neurônios da camada imediatamente anterior. Espera-se, com isso, obter maior capacidade de raciocínio e adaptação, porém, para cada conexão há um valor de peso associado, livre para ser ajustado independentemente dos demais. Sob determinado ponto de vista, essa liberdade é considerada uma vantagem, mas pode se tornar um verdadeiro problema e um limitador operacional.

Como visto anteriormente, as máquinas possuem processamento finito, assim, também serão limitados os tamanhos de redes viáveis para a resolução de determinado problema. Na maioria, por exemplo, o limite ocorre pelo tempo de aprendizado. Uma vez que os valores de peso e viés (*bias*) entre os neurônios estejam definidos, não haverá grandes dificuldades para realizar a operação em alta velocidade, mas no treinamento, uma série de cálculos de parametrização deve ser feito, recalculando o valor de peso de todas as conexões.

Outra limitação às redes densas com o uso de aprendizado por propagação reversa é que, a partir de um limite, elas não conseguem mais distinguir o aprendizado real do ruído e param de aprender (*overfitting*), como você pode ver na Figura 4, em que a rede atua fora da curva natural. Por esses motivos, as redes rasas (que tinham ferramentas mais fáceis de obter o mínimo global) voltaram a ser mais usadas (O'SHEA; NASH, 2015).

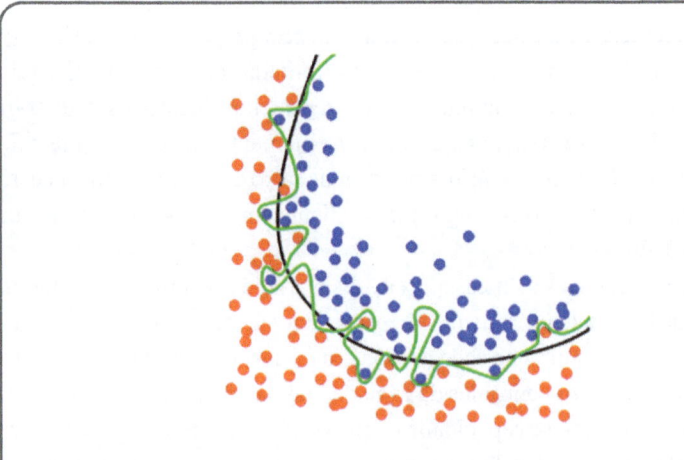

Figura 4. A linha escura representa a curva de aprendizagem correta; e a linha verde, o aprendizado que adiciona erros tanto do treino como dos ruídos.
Fonte: Cárdenas-Montes (2015, p. 2).

O processamento de imagens é uma situação que demanda volume considerável de entradas e inúmeros treinamentos para obter resultados satisfatórios, sendo que o treinamento consiste no ajuste do peso de cada conexão. Para uma rede convencional, os valores de peso são independentes; e os pixels, tratados de forma individual. Já para uma rede convolucional, o uso do *kernel* para calcular todas as entradas de um neurônio garante que, naquele campo receptivo observado pelo *kernel* a cada iteração, haverá uma contribuição entre pixels próximos, tornando o aprendizado da rede mais conectado às características espaciais da imagem.

Portanto, as redes convolucionais fracionam o processamento em grupos menores, não havendo mais a rígida conexão de todos os neurônios de uma camada com os da seguinte. Agora, os pesos são dependentes de cada *kernel* que busca uma mesma característica em regiões diferentes da imagem, assim, haverá pesos suficientes para cobrir um campo receptivo, sendo replicados para os demais campos, conforme você pode ver na Figura 5.

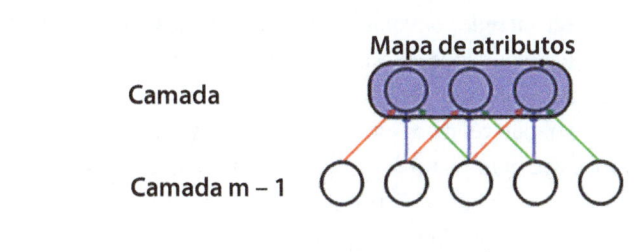

Figura 5. Conexões de mesma cor possuem o peso igual.
Fonte: Adaptada de Convolutional... (2013).

Este tipo de rede é inspirado no sistema visual humano, que também divide o processamento em filtros menores; ao contrário das redes densas convencionais, não haverá uma ligação total entre todas as camadas.

O processo de aprendizagem ainda pode se beneficiar das técnicas utilizadas para outros tipos de rede, como o *backpropagation* e o gradiente descendente, porém com ligeiras adaptações para que os pesos sejam idênticos entre as camadas receptivas diferentes com mesmo *kernel*.

Fique atento

Apesar de as redes densas terem inúmeras camadas com pesos e resultados de treinamento diferentes, as redes convolucionais são mais eficientes por conseguirem fragmentar as camadas em várias características, menos abstratas e mais especializadas na resolução do problema para a qual foram treinadas.

Camadas das redes convolucionais

As camadas que perfazem o sistema de filtros das redes convolucionais são divididas em quatro categorias: campo receptivo, camada de retificação, camada de subamostragem (*pooling*) e camada completamente conectada, conforme você pode observar na Figura 6.

Na primeira camada da rede convolucional, a imagem passa por diferentes operações de convolução para buscar por características específicas, como o reconhecimento de partes de um caractere ou dos membros em um animal. O resultado dessa operação reduz o tamanho da imagem, pois as bordas são eliminadas no processo, bem como os pixels que têm pouco vínculo com o tipo de característica que se busca. O resultado ainda é uma nova matriz de pixels, chamada de mapa de atributos (*features map*).

Na sequência, a camada de retificação (ReLU, em inglês *rectified linear unit*) transforma os pixels do mapa de atributos utilizando uma função não linear. Nessa categoria, várias funções diferentes podem ser usadas dependendo das necessidades, como a sigmoide e a tangente. Uma das suas contribuições é evitar que o aprendizado se torne demasiadamente lento por dispersar bastante o sinal após sua passagem entre as camadas.

Já a camada de subamostragem reduz o tamanho dos mapas de atributos utilizando tamanhos fixos de janela, que substituirá por um pixel correspondente ao valor máximo do grupo, conhecido como máximo morfológico. Essa operação diminui bastante a quantidade de dados e, consequentemente, de neurônios e conexões necessárias sem que as informações mais relevantes sejam perdidas, porque, após a convolução, espera-se que boa parte dos pixels seja nulo e as características em regiões próximas estejam devidamente expressas por seus máximos. Há ainda algo mais importante que o impacto computacional, pois ela controla adequadamente o *overfitting* e permite que redes muito maiores sejam construídas, mantendo a capacidade de aprendizado.

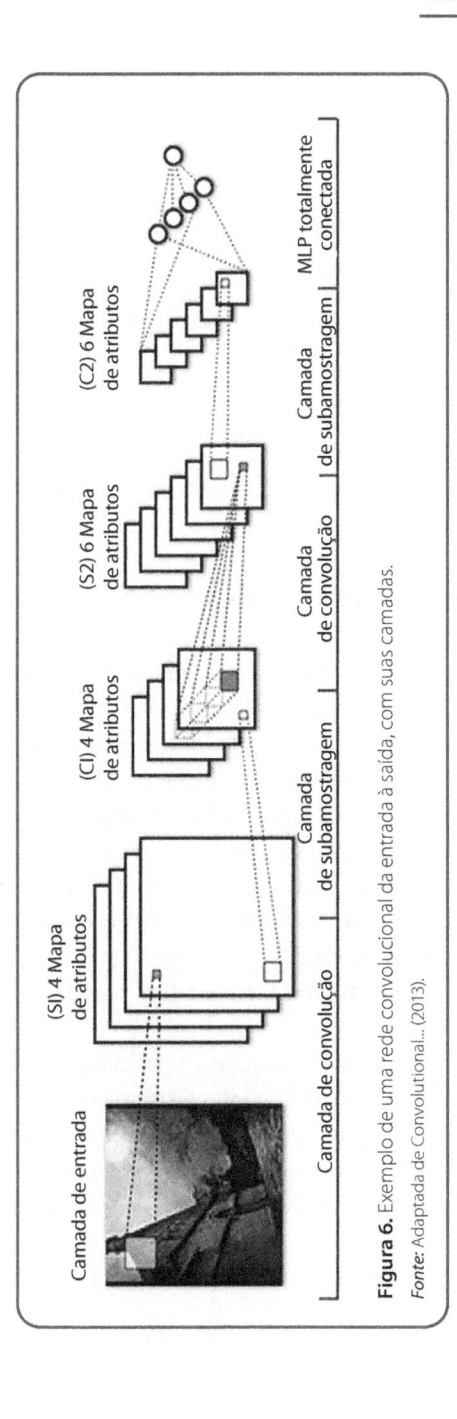

Figura 6. Exemplo de uma rede convolucional da entrada à saída, com suas camadas.
Fonte: Adaptada de Convolutional... (2013).

> **Saiba mais**
>
> Ao criar camadas com características bem definidas, as redes neurais convolucionais se tornam verdadeiras especialistas na resolução de problemas para os quais foram treinadas, porém, isso não impede que o aprendizado automático e não supervisionado crie sozinho tais camadas. Na verdade, essas redes servem de apoio para entender melhor como e por que esses padrões são criados, auxiliando ainda na pesquisa cognitiva para a compreensão do cérebro humano.
>
> Elas são treinadas e, posteriormente, analisadas para saber quais características foram melhor percebidas, carregando informações sobre a natureza do sinal que podem ser importantes para o estudo.

Extração de características

A característica pode ser definida como uma região ou uma quantidade de informação de qualquer tamanho relevante para o processamento da imagem, bem como um conjunto de pixels, reta, borda ou outro padrão reconhecido como um indicador que ajuda a rede a distinguir e classificar diferentes imagens. Por exemplo, para que uma rede social consiga nomear automaticamente cada pessoa em uma foto, são necessários vários procedimentos de detecção de características, como as mais gerais, incluindo um contorno que indique os olhos e a posição adequada destes em relação ao restante da imagem. Já para um dígito manuscrito, círculos e retas verticais ou horizontais se tornam características relevantes e, juntas, podem fazer a rede classificar adequadamente a imagem visualizada.

Em redes neurais densas convencionais, as imagens eram transformadas de matrizes em vetores como uma linha de pixels sequenciais, em que cada um deles era conectado à entrada de um respectivo neurônio. No entanto, essa abordagem dificulta o aprendizado das características mais abrangentes e de alta relação espacial, porque pixels vizinhos vertical e horizontalmente tendem a possuir características similares, e são exatamente estas que estão sendo buscadas, conforme você pode ver na Figura 7.

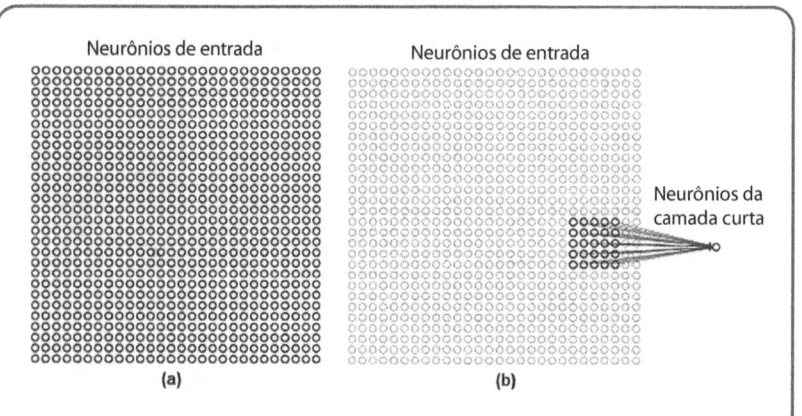

Figura 7. (a) Matriz de pixels de uma imagem. (b) cada neurônio da camada oculta resulta da convolução de uma pequena região na matriz de pixels.
Fonte: Adaptada de Nielsen (2018).

A extração de características pode servir de base para a classificação das imagens em classes, como no reconhecimento de texto; a localização de determinados padrões em objetos (molduras, etc.) ou a sua contagem; a segmentação de partes de um objeto como apoio na operação final, por exemplo, uma quantidade par de olhos em uma imagem indicaria uma pessoa; entre outras aplicações.

Para que as características sejam extraídas, as redes devem ser treinadas a fim de parametrizar as camadas de filtro. Não haverá de fato a necessidade de supervisão fornecendo os resultados esperados de saída para comparação e ajuste, sendo que, em muitos casos, se pretende utilizar a rede para descobrir os padrões em imagens por conta própria.

O treinamento com grande quantidade de amostras refinará as camadas de convolução para buscar pelas características esperadas e, apesar do potencial elevado, as redes necessitarão de uma grande quantidade de treinamento. Em contrapartida, a necessidade computacional diminuiu vastamente pela redução no tamanho das camadas, mas a quantidade de dados existentes aumentou exponencialmente, bem como a facilidade de obtenção e acesso, o que hoje se define como *big data*.

Geralmente, a extração de características tem como entrada imagens em tons de cinza, convolucionadas por meio de funções de *kernel*, uma para cada padrão buscado na imagem. Em imagens naturais, espera-se que uma variação nas cores entre pixels vizinhos seja proporcional à mesma característica em outros pontos ou imagens, o que possibilita utilizar *kernels* de tamanho reduzido para varrer uma imagem em busca de várias ocorrências, conforme você pode conferir na Figura 8.

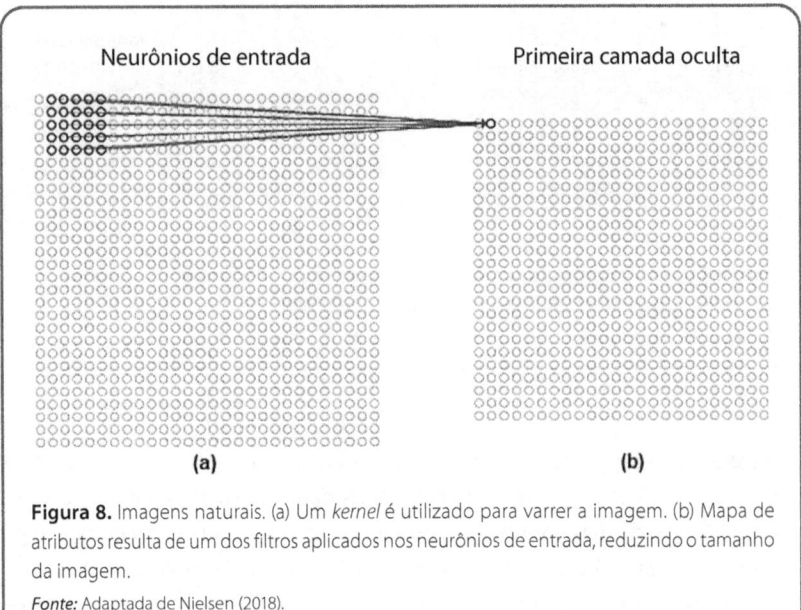

Figura 8. Imagens naturais. (a) Um *kernel* é utilizado para varrer a imagem. (b) Mapa de atributos resulta de um dos filtros aplicados nos neurônios de entrada, reduzindo o tamanho da imagem.
Fonte: Adaptada de Nielsen (2018).

Apesar de cada neurônio na primeira camada oculta possuir um viés (*bias*) e vários pesos associados ao *kernel* do qual se originaram, todos estes são exatamente os mesmos. Isso porque a intenção de cada mapa de atributos é varrer a imagem em busca das regiões que contenham determinadas características, logo, o cálculo para cada posição da varredura se mantém igual, mudando apenas o conjunto de pixels de entrada a cada posição (NIELSEN, 2018, documento *on-line*).

Exemplo

A quantidade total de pixels em uma imagem é a área das suas dimensões, assim, uma imagem quadrada de 20 × 2 contém 20 · 20 = 400 pixels. A grande diferença entre as soluções das redes neurais convencionais e as convolucionais está na menor quantidade de conexões compensada pela superação em maior quantidade de camadas.

Nas redes convencionais, cada pixel seria um neurônio de entrada que se liga a uma próxima camada, sendo que cada neurônio de entrada terá ligação direta com cada neurônio da camada oculta (400 pixels).

Com uma camada oculta de mesmo tamanho, cada um dos 400 pixels terá de ser alocado em outros 400 neurônios.

$$400 \cdot 400 = 160000$$

Assim, seriam necessários 1.600 valores de peso e mais 400 de viés (um para cada neurônio da camada de saída).

$$160000 + 400 = 160400$$

Já a rede convolucional considera apenas os pesos utilizados para determinado *kernel*, por exemplo, em 12 *kernels* de 2 x 2, haverá tantas ligações quanto a rede neural convencional e um peso compartilhado.

$$12 \cdot (2 \cdot 2 + 1) = 60$$

Portanto, apenas uma característica não deve ser suficiente para classificar adequadamente uma imagem. Por exemplo, detectar os olhos na imagem não seria indício suficiente de ter encontrado um rosto humano, somente a análise de uma série de características será capaz de determinar isso com grande precisão. Por esse motivo, as redes convolucionais não criam apenas um mapa de atributos, mas vários deles, que juntos formarão a camada oculta. Na Figura 9, você pode observar três mapas de atributos criados a partir de uma camada de entrada, cuja quantidade é proporcional a de *kernels* utilizados, cada qual com a finalidade de buscar por uma característica (NIELSEN, 2018, documento *on-line*).

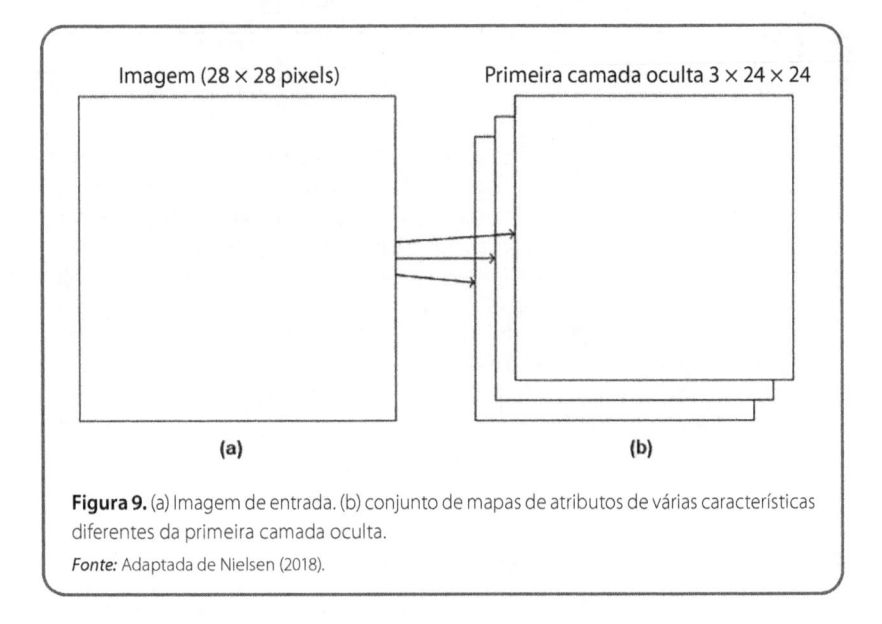

Figura 9. (a) Imagem de entrada. (b) conjunto de mapas de atributos de várias características diferentes da primeira camada oculta.
Fonte: Adaptada de Nielsen (2018).

Como a mesma característica pode ser comum entre os objetos de classes diferentes, após a convolução para localização das características, cabe compreender quais delas estão presentes e como esse conjunto de características encontradas classifica a imagem, o que ocorre apenas na última camada, denominada camada totalmente conectada.

Referências

CÁRDENAS-MONTES, M. *Sobreajuste — Overfitting*. Madrid: Centro de Investigaciones Energéticas, Medioambientales y Tecnológicas, Madrid, 2015. 5 p. (Notas de aula). Disponível em: http://wwwae.ciemat.es/~cardenas/docs/lessons/sobreajuste.pdf. Acesso em: 26 maio 2019.

CONVOLUTIONAL Neural Networks (LeNet). *Theano Development Team, Laboratoire d'Informatique des Systèmes Adaptatifs*, Montréal, 2013. Disponível em: http://deeplearning.net/tutorial/lenet.html. Acesso em: 26 maio 2019.

DENG, L.; YU, D. Deep Learning: Methods and Applications. *Foundations and Trends in Signal Processing*, Boston; Delft, v. 7, n. 3–4, p. 197–387, 2013. Disponível em: https://www.microsoft.com/en-us/research/wp-content/uploads/2016/02/DeepLearning-NowPublishing-Vol7-SIG-039.pdf. Acesso em: 26 maio 2019.

NIELSEN, M. A. Deep Learning. *In*: NIELSEN, M. A. *Neural networks and deep learning*. San Francisco: Determination Press, 2015. Disponível em: http://neuralnetworksanddeeplearning.com/chap6.html. Acesso em: 19 maio 2019.

NORVIG, P.; RUSSELL, S. *Inteligência artificial*. 3. ed. Rio de Janeiro: Campus, 2013. 1016 p.

O'SHEA, K.; NASH, R. *An introduction to convolutional neural networks*. [S. l.: S. n.], 2015. 11 p. Disponível em: https://arxiv.org/pdf/1511.08458v2.pdf. Acesso em: 26 maio 2019.

Leituras recomendadas

MAZZA, L. O. *Aplicação de Redes Neurais Convolucionais Densamente Conectadas no Processamento Digital de Imagens para Remoção de Ruído Gaussiano*. Orientadores: Flávio Luis de Mello e Heraldo Luís Silveira de Almeida. 2017. 105 f. Projeto (Graduação em Engenharia de Controle e Automação) — Escola Politécnica, Universidade Federal do Rio de Janeiro, Rio de Janeiro, 2017. Disponível em: http://www.monografias.poli.ufrj.br/monografias/monopoli10019807.pdf. Acesso em: 26 maio 2019.

PERKOVIC, L. *Introdução à computação usando Python*: um foco no desenvolvimento de aplicações. Rio de Janeiro: LTC, 2016. 516 p.

SOLOMON, C.; BRECKON, T. *Fundamentos de processamento digital de imagens*: uma abordagem prática com exemplos em Matlab. Rio de Janeiro: LTC, 2013. 306 p.

SPIEGEL, M. R.; STEPHENS, L. J. *Estatística*. 4. ed. Porto Alegre: Bookman, 2009. 600 p. (Coleção Schaum).

Redes neurais convolucionais III

Objetivos de aprendizagem

Ao final deste texto, você deve apresentar os seguintes aprendizados:

- Definir a convolução e seus tipos.
- Explicar as funções de *pooling* e achatamento (*flattening*).
- Caracterizar a rede neural densa.

Introdução

A convolução pode ser executada de diversas formas, nas quais o procedimento consiste em sobrepor a imagem e o filtro, obtendo a soma da multiplicação de cada pixel pelo valor do elemento do filtro de mesma posição espacial. Entretanto, algumas soluções reduzem a quantidade de conexões para obter uma convolução, já outras eliminam uma camada que seria utilizada apenas para adicionar *padding*, compensar a redução inicial no tamanho ou contextualizar melhor o filtro para uma imagem de resolução elevada, sem reduzir sua qualidade.

A partir dessas convoluções, pode-se adotar medidas de redução de tamanho para diminuir a variância e a quantidade de processamento. Por fim, existem ainda as redes convolucionais densas, nas quais as camadas não estão interligadas apenas entre camadas vizinhas, mas se constituem blocos densos em que todas as suas camadas são concatenadas e interligadas.

Neste capítulo, você estudará a convolução, seus tipos, as funções de *pooling* e achatamento (*flattening*), bem como a rede neural densa.

Operação de convolução

As redes neurais convolucionais têm esse nome devido ao mecanismo de filtro utilizado para que a camada de entrada ou alguma camada oculta, convolucionada anteriormente, crie réplicas das matrizes originais em que apenas pixels e regiões condizentes com a característica buscada para cada *kernel* serão destacados na matriz de atributos (resultado da convolução). Já os demais serão suprimidos tendo sua intensidade reduzida e anulada.

Portanto, existirá ao menos uma convolução a ser efetuada a partir da camada de entrada e seguida de outras operações com a função de subamostrar, achatar, preencher, retificar e refinar o resultado dessa convolução. Nesse momento, esse resultado pode ser utilizado para classificar ou entrar na nova sequência de operações. Se houver mais de uma convolução ao longo da rede, será criada uma hierarquia de características, na qual as primeiras convoluções obtêm as mais genéricas, por exemplo, uma mão em uma imagem; e as seguintes detectam maiores detalhes, refinando o processo, como cada um dos dedos de uma das mãos.

Esse mecanismo pretende aproximar o funcionamento da rede ao sistema visual humano, que também cria uma hierarquia de características. Porém, você sabe o que é uma operação de convolução? Trata-se de uma operação linear, cujo resultado corresponde à soma do produto entre duas funções de área comum. É, portanto, a superposição de duas funções ao longo de toda a área delas, tecnicamente definida como integral de superposição, conforme você pode ver na equação 2.

$$h(t) = (f * g)(t) \qquad \text{(equação 1)}$$

$$h(t) = \int_{-\infty}^{\infty} f(i).g(t-i)di \qquad \text{(equação 2)}$$

> **Fique atento**
>
> Na equação 1, o operador "*" retrata uma função de convolução, sendo matematicamente aceita sua representação dessa forma. Já a operação de multiplicação usa o símbolo do ponto ".", que também deve ser observado com cautela, porque se confunde com o separador decimal utilizado em outros idiomas ou, principalmente, em diversas linguagens de programação. Esse padrão será obedecido ao longo deste capítulo.

Como as entradas da rede neural são finitas, a convolução pode ser expressa discretamente, substituindo a operação integral (de caráter contínuo) pelo operador somatório, como apresentado na equação 3.

$$h(n) = \sum_{i=0}^{n} f(i) \cdot g(n-i) di \qquad \text{(equação 3)}$$

O que a operação de convolução faz, em termos práticos, é inverter uma das funções (equação 3: $g(n-i)$) e movê-la (repetir para cada posição na iteração do somatório) ao longo de toda a área (todos os valores da função) da outra ($f(i)$) e somar o resultado dos produtos a cada passo ($f(i) \cdot g(n-i)$) da movimentação.

No caso de duas imagens, sendo ambas expressas na forma de vetores de pixels, a convolução inverteria o vetor menor e se moveria do primeiro ao último pixel do vetor maior, sendo que em cada momento seriam computados os resultados do produto escalar entre eles (equações 4 e 5). Contudo, cada elemento da matriz *f* não corresponde aos pixels da imagem em sua devida posição — a imagem ainda está expressa em forma de vetor. Assim, para garantir um produto escalar que seja equivalente ao somatório da equação 3, o vetor *f* é transformado em uma matriz e preenchido com nulos e índices suficientes de valores da função *f* a fim de igualar em tamanho os vetores *f* e *g*. Do mesmo modo, o vetor *g* é preenchido com valores nulos para que tenha o mesmo comprimento do vetor original *f* (NORVIG; RUSSELL, 2013).

$$h = f \cdot g \qquad \text{(equação 4)}$$

$$\begin{bmatrix} h_0 \\ h_1 \\ h_2 \\ \vdots \\ h_{2n-2} \end{bmatrix} = \begin{bmatrix} f_0 & 0 & 0 & 0 & \cdots & 0 \\ f_1 & f_0 & 0 & 0 & \cdots & 0 \\ f_2 & f_1 & f_0 & 0 & \cdots & 0 \\ \vdots & \vdots & \vdots & \vdots & & \vdots \\ 0 & \cdots & 0 & f_{n-1} & \cdots & f_0 \end{bmatrix} \cdot \begin{bmatrix} g_0 \\ g_1 \\ g_2 \\ \vdots \\ 0 \end{bmatrix} \qquad \text{(equação 5)}$$

Essa topologia de rede apresenta bons resultados para a solução de problemas em que amostras de regiões próximas (pixels vizinhos), no mesmo sinal, tenham grande relação de dependência entre si, o que em geral é válido para imagens, sons e sinais similares. No caso de imagens, os pixels vizinhos costumam ter alguma relação entre si, porque pertencem aos objetos ou às áreas parecidas, mas também por influência de sombra e luz em intensidades similares nessa mesma região. Também espera-se que os instantes de tempo próximos em um sinal de áudio possuam o comportamento parecido pela influência de notas, acordes, frequências e intensidades similares. Portanto, supõe-se que as redes neurais convolucionais sejam eficientes na resolução de problemas desse tipo.

Na manipulação de imagens, por exemplo, estas serão representadas por um vetor de pixels; e o operador de convolução, por outro vetor menor com valores parametrizados para buscar por determinados padrões nelas. O processo é executado sobrepondo os vetores, alinhados com seus pixels iniciais e, depois, se efetua a soma do produto entre os pixels sobrepostos, já a matriz de convolução pode ser deslocada para a posição seguinte, repetindo o processo até que se atinja a última posição da matriz da imagem.

As características da função de convolução podem ser alteradas para controlar a velocidade, a precisão e o tipo de padrão detectado na imagem, utilizando diferentes *kernels*. A velocidade, porém, não tem relação direta com o tipo de *kernel*, e sim influência direta sobre o tempo de aprendizado, que pode ser controlado alterando a quantidade de pixels deslocados em cada avanço, o que se conhece como *stride*, conforme você pode ver na Figura 1.

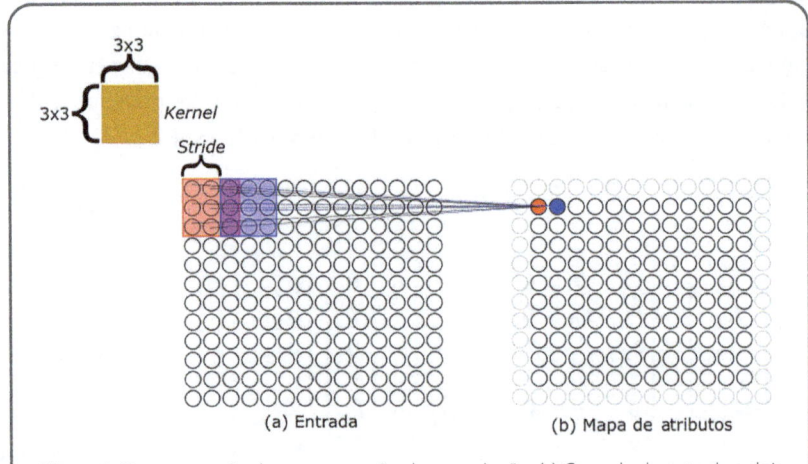

Figura 1. Demonstração de uma operação de convolução. (a) Camada de entrada e dois passos de uma convolução com *kernel* de 3×3 e *stride* de duas posições. (b) mapa de atributos, o neurônio em vermelho é resultado do primeiro passo do *kernel*, e o neurônio em azul do segundo. Já os neurônios apagados são perdidos devido à natureza dessa operação.

Deve-se pesar o custo e benefício, porque, em alguns casos, um aprendizado rápido pode ser interessante, especialmente para os ambientes em que há muita variação entre uma imagem e outra, ou entre os tipos de características buscadas a cada momento. Em outros, a precisão e os detalhes do que se pretende encontrar em uma imagem serão a prioridade e, portanto, é interessante que o avanço (*stride*) seja o menor possível.

Já a camada de atributos resultante da operação de convolução terá, para cada dimensão da matriz, um tamanho igual a equação 6.

$$D_S = \frac{D_I - D_K + 2P}{S} + 1 \qquad \text{(equação 6)}$$

onde:

D_I: dimensão da imagem;
D_K: dimensão do *kernel*;
P: *padding*;
S: *stride*.

Em uma convolução convencional, a quantidade de parâmetros e operações para processar todos os canais ou os mapas de atributos é igual a equação 7.

$$\text{operações}_{conv} = N_K . L_M . A_M . L_K . A_K . M \qquad \text{(equação 7)}$$

onde:

N_K: quantidade de *kernels* utilizados;
L: largura;
A: altura;
L_M: quantidade de iterações na direção do comprimento da imagem ou do mapa de atributos resultante das convoluções. $L_M = L_{imagem} - L_K + 1$;
A_M: quantidade de iterações na direção da altura da imagem ou do mapa de atributos resultante das convoluções. $A_M = A_{imagem} - A_K + 1$;
M: profundidade da matriz de entrada (canais da imagem ou quantidade de mapas de atributos).

Já para matrizes ou imagens quadradas, os valores de A e L serão iguais tanto para o *kernel* e o mapa de atributos resultante como para a imagem. Nesse caso, pode-se utilizar a equação 8.

$$\text{operações}_{conv} = N_K . D_M^2 . D_K^2 . M \qquad \text{(equação 8)}$$

onde:

D_M: tamanho das dimensões/lados do mapa de atributos resultante;
D_K: tamanho das dimensões/lados do *kernel*.

Assim, para um processo de convolução convencional, a quantidade de canais ou de mapas de atributos convolucionados em camadas mais profundas aumentará consideravelmente a quantidade de operações de soma e multiplicação executadas. Desse modo, a quantidade de parâmetros (pesos e vieses) será elevada.

Convolução bidimensional

O tipo mais comum de camada de convolução faz exatamente o mesmo processo descrito na seção anterior. Trata-se de uma convolução de duas dimensões, que varia no tamanho do *kernel* e *stride*, processando uma matriz de pixels de entrada de apenas um canal (somente uma cor). Essa função de convolução é conhecida como convolução bidimensional (2D).

Pode-se utilizar a convolução 2D para processar imagens coloridas, com três ou mais canais, a diferença é que, em vez de usar os mesmos *kernels* para todos esses canais, cada cor deve ter um *kernel* desenhado especificamente para ele, ainda que tenha a função de buscar características iguais ao outro *kernel* utilizado para outra cor. Portanto, cada característica precisa ter um impacto diferente nos diversos canais de cor, e o mesmo ocorre com o *kernel*, mas, infelizmente, isso implica no cálculo de mais pesos e vieses (*bias*).

A convolução 2D costuma exigir bastante processamento, o que geralmente é compensado ao reduzir o tamanho do *kernel* e aumentar o tamanho do *stride*, porém, o resultado terá uma precisão menor devido à quantidade de informação na entrada dos filtros ser menor. Outra solução inclui utilizar imagens na escala de cinza, reduzindo a quantidade de canais e o número de *kernels* diferentes, o que implica na redução da sua eficiência.

Convolução tridimensional

Em vez de realizar a convolução para apenas um canal, a convolução tridimensional (3D) a relaciona, para um neurônio da camada seguinte, entre os pixels vizinhos vertical, horizontal e profundamente, conectando os pixels de mesma posição em outros canais, como você pode observar na Figura 2.

Figura 2. Convolução 3D.
Fonte: Adaptada de Hijazi, Kumar e Rowen (2016).

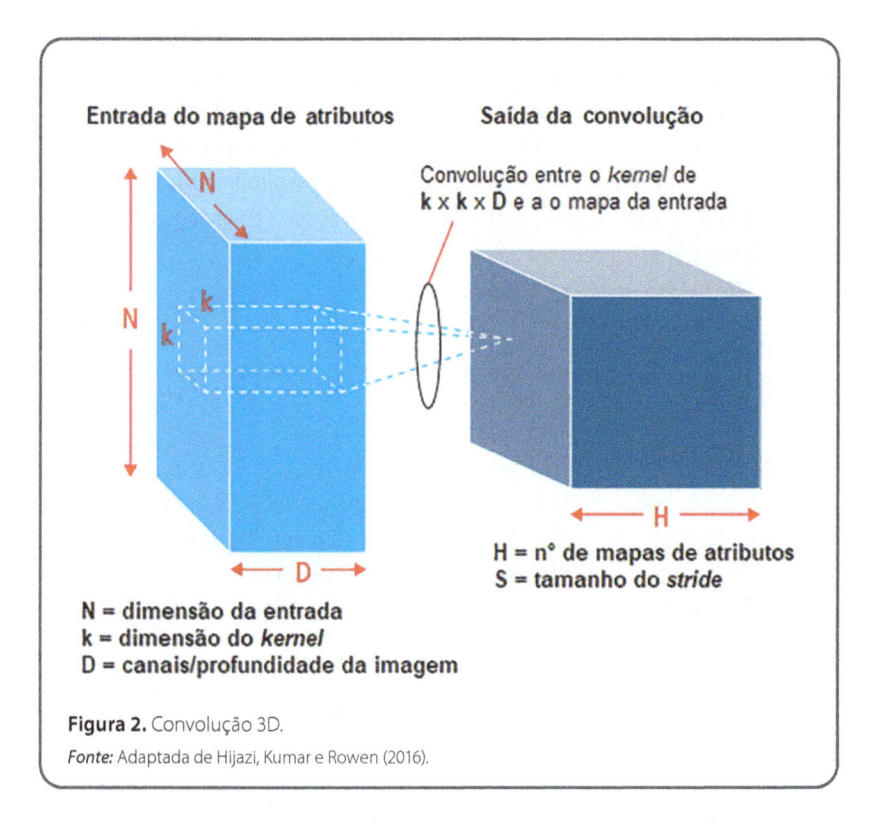

Convolução dilatada

Quando é necessário aumentar a área coberta pelo *kernel,* mas não se pode elevar o tamanho deste, porque a quantidade adicional de parâmetros impactaria muito na performance do treinamento ou execução da rede neural, expande-se a matriz de convolução adicionando um espaço entre os elementos do *kernel*, chamado de taxa de dilatação. A quantidade de parâmetros envolvidos ainda seria a mesma do tamanho original do *kernel,* porém, seu contexto de abrangência a cada iteração na imagem será maior, uma vez que cada célula do *kernel* está associada a uma posição mais distante da matriz do que o pixel imediatamente vizinho.

Convolução dilatada é o nome dado a esse processo, no qual toda a matriz será mapeada, porque o *kernel* ainda se move ao longo da matriz de entrada, cuja diferença é que a abrangência dele foi ampliada e mais detalhes do contexto foram absorvidos na mesma iteração. Esse procedimento será especialmente útil para as imagens de alta definição, em que um *kernel* pequeno seria insuficiente para extrair as características necessárias, ao passo que aumentar o seu tamanho impactaria em mais parâmetros a serem calculados. Da mesma forma, reduzir a resolução da imagem desperdiçaria uma quantidade significativa de informação e a possibilidade de obter um resultado mais satisfatório.

Na prática, a convolução dilatada cria um campo receptivo maior que a área do *kernel*, que obedecerá a seguinte equação 9.

$$p = [n + d.(n + 1)]^2 \qquad \text{(equação 9)}$$

onde:
p: quantidade de pixels do campo receptivo;
n: tamanho do *kernel*. Por exemplo, para um *kernel* 3×3, o tamanho é 3;
d: taxa de dilatação, a distância entre cada elemento do *kernel*.

O resultado dessa expansão e a diferença entre as convoluções convencional e dilatada podem ser vistos na Figura 3.

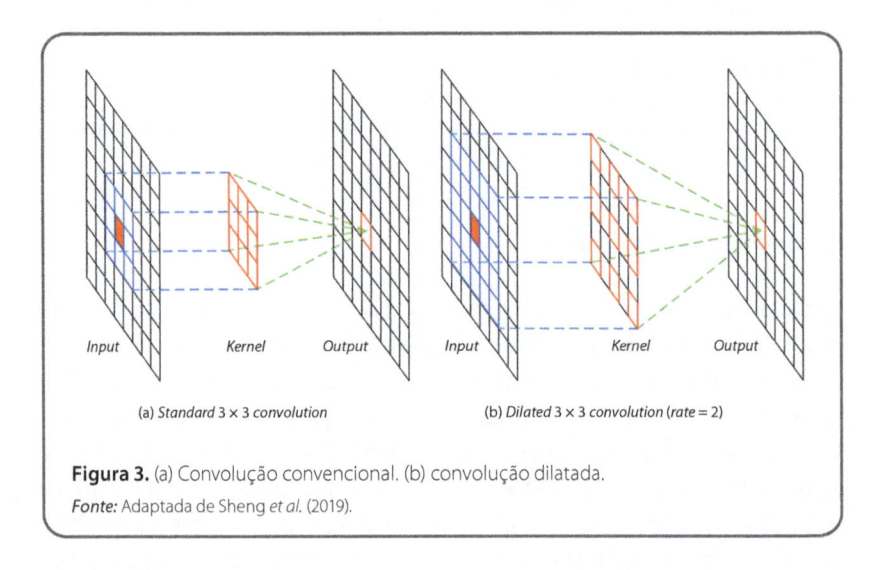

Figura 3. (a) Convolução convencional. (b) convolução dilatada.
Fonte: Adaptada de Sheng *et al*. (2019).

Convolução separável

A convolução separável, por sua vez, divide o processo em duas etapas: entre camadas de profundidade dos diferentes mapas de atributos ou canais de entrada (*depthwise*); e entre pontos (*pointwise*). Assim, há dois momentos de convolução, um executa a convolução convencional para cada canal individualmente, e o outro executa uma convolução para cada pixel do mapa de atributos em conjunto com o pixel de mesma posição de mapas dos demais canais, como você pode conferir na Figura 4.

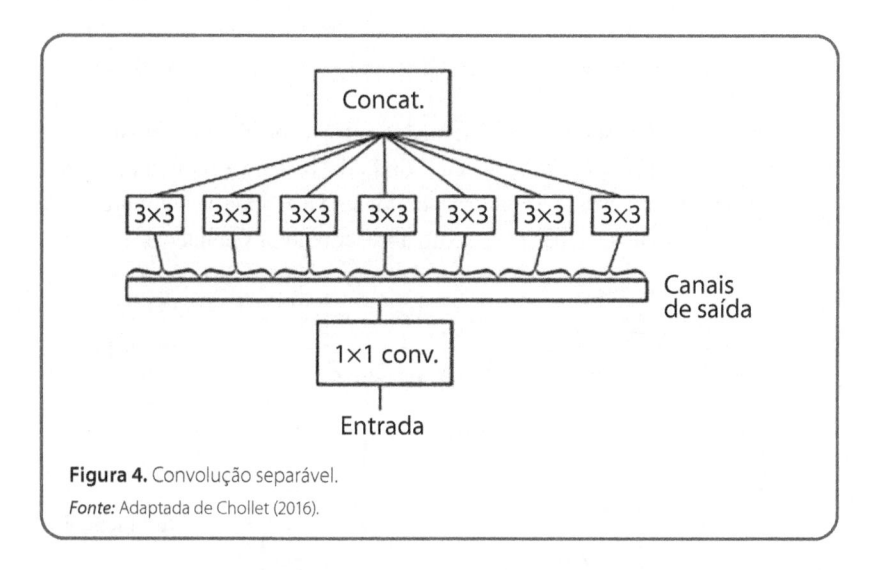

Figura 4. Convolução separável.
Fonte: Adaptada de Chollet (2016).

O processo é iniciado com a convolução de todos os canais individualmente, o que resulta na seguinte equação:

$$operações_{canal\ a\ canal} = D_M^2 . D_K^2 . M \qquad \text{(equação 10)}$$

Com apenas um *kernel* nesse processo, a equação 8 perde o termo N_K. Para que as camadas se relacionem entre si da mesma forma que ocorria na convolução convencional, executa-se vários *kernels*, de dimensão unitária, tanto para a largura como para o comprimento. Assim, a quantidade de operações para associar os canais é igual a:

$$operações_{ponto\ a\ ponto} = N_K . D_M^2 . M \qquad \text{(equação 11)}$$

Espera-se ainda que sejam obtidos os mesmos resultados, mas em vez de mesclar os canais com o *kernel* maior usado para detectar diferentes características e com pesos diferentes entre cada canal, o mesmo *kernel* pode ser utilizado para esses canais e ponderado ao final por diversos *kernels* unitários que os interligam. A quantidade total de operações executadas será igual a:

$$operações_{sep} = operações_{canal\,a\,canal} + operações_{ponto\,a\,ponto} \qquad \text{(equação 12)}$$

$$operações_{sep} = D_M^2 . D_K^2 . M + N_K . D_M^2 . M \qquad \text{(equação 13)}$$

$$operações_{sep} = M . D_M^2 . (D_K^2 + N_K) \qquad \text{(equação 14)}$$

A diferença na quantidade de operações entre a convolução convencional e a separável será proporcional a quantidade de *kernels* e o tamanho deles. Quanto maior forem esses parâmetros, maior será a economia computacional obtida pela convolução separável, como apresentado nas equações 15 e 16.

$$\frac{operações_{sep}}{operações_{conv}} = \frac{\cancel{M.D_M^2}.(D_K^2 + N_K)}{N_K.\cancel{D_M^2}.D_K^2.\cancel{M}} \qquad \text{(equação 15)}$$

$$\frac{operações_{sep}}{operações_{conv}} = \frac{(D_K^2 + N_K^2)}{N_K.D_K^2} = \frac{1}{N_K} + \frac{1}{D_K^2}$$

$$operações_{sep} = operações_{conv} . \left(\frac{1}{N_K} + \frac{1}{D_K^2}\right) \qquad \text{(equação 16)}$$

Convolução transposta

Ao executar uma convolução, haverá uma redução no tamanho da matriz de saída, se comparada à matriz de entrada. Assim, ampliar novamente o tamanho da saída necessitaria de uma camada de *unpooling*, ou se poderia efetuá-la de maneira direta utilizando uma convolução transposta.

Na convolução transposta, a entrada é ampliada nas extremidades para compensar o tamanho do *kernel* e do *stride*, que reduziriam a saída. Na prática, essa convolução tem alguns passos a mais para compensar a quantidade de linhas e colunas que seriam perdidas, conforme você pode visualizar na Figura 5.

Figura 5. Convolução transposta.

(a) Entrada
(b) Mapa de atributos

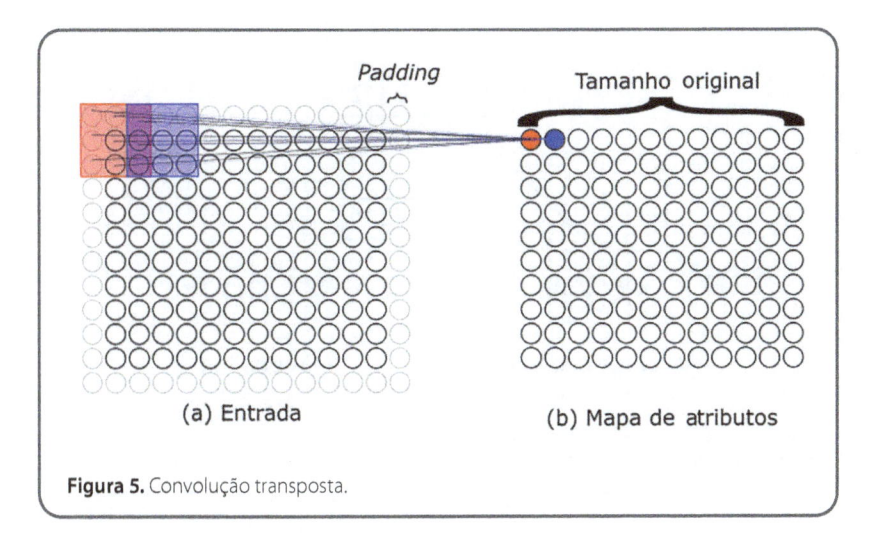

Funções de *pooling* e *flattening*

A função de *pooling* reduz o tamanho da matriz, dividindo-a em regiões de tamanho pré-determinado e agrupando os elementos dentro de cada região para que sejam representados por apenas um pixel.

O agrupamento dos pixels pode considerar diferentes critérios, os mais comuns são o critério de máximo (*max pooling*) e o critério da média (*average pooling*). No primeiro, entre todos os valores em cada região, apenas o de maior intensidade é considerado e adotado como o valor utilizado na célula da nova matriz. Já no segundo, o valor que representa cada região como a única célula na nova matriz fica igual à média dos elementos na região original (MAZZA, 2017). Na Figura 6, você pode ver esses dois critérios.

O *pooling* ainda reduz a quantidade de informação e a qualidade da imagem, bem como a quantidade de operações e ligações com as camadas seguintes. Os parâmetros utilizados nas suas funções são fixos e não podem ser alterados durante o treinamento da rede, servindo apenas como um redutor das operações. Eles também são o tamanho do filtro/região e o *stride*.

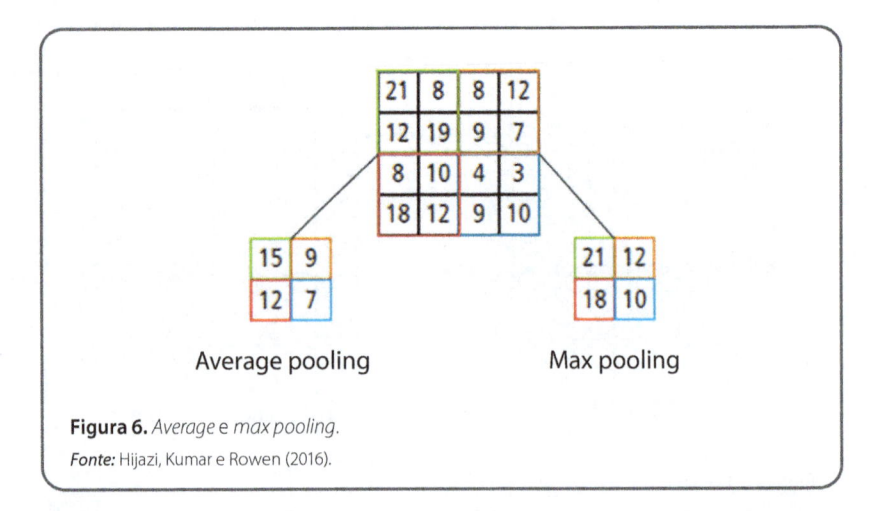

Figura 6. *Average* e *max pooling*.
Fonte: Hijazi, Kumar e Rowen (2016).

> **Saiba mais**
>
> Além de reduzir o tamanho dos mapas de atributos, o *pooling* torna o processo menos sensível às pequenas variações de posição na imagem. Se todos os pixels de um mapa de atributos se deslocarem poucas posições para o mesmo sentido, o efeito após o *pooling* tenderá a ser menor. Esse efeito é chamado de invariância e pode contribuir para uma melhor performance, porque a presença de uma característica costuma ser mais importante do que a posição em que ela está (MAZZA, 2017).

Já a função de *flattening* transforma a matriz de entrada em um vetor no qual cada elemento é empilhado (Figura 7). Essa operação costuma ser utilizada na saída da última camada de *pooling* para ligar o resultado das camadas convolucionais que serão interligadas a uma rede neural totalmente conectada, a fim de que a imagem seja classificada acionando as respectivas saídas (MAZZA, 2017).

$$\begin{bmatrix} 1 & 2 & 3 \\ 4 & 5 & 6 \\ 7 & 8 & 9 \end{bmatrix} \rightarrow \begin{bmatrix} 1 \\ 2 \\ 3 \\ 4 \\ 5 \\ 6 \\ 7 \\ 8 \\ 9 \end{bmatrix}$$

Figura 7. Função de *flattening*.

Exemplo

Uma imagem de tamanho 27 × 27 pixels passa por uma convolução de *kernel* 5 × 5 e *stride* de 2, gerando um mapa de atributos, que é reduzido por meio de uma função de *average pooling* de filtro 3 × 3. Você sabe qual será o tamanho final da matriz?

Para calcular o tamanho de um mapa de atributos, basta considerar os valores de comprimento da imagem, *kernel*, *padding* (se houver) e *stride*.

$$D_M = \frac{[D_I - D_K + 2.P]}{S} + 1$$

$$D_M = \frac{27 - 5 + 2.0}{2} + 1$$

$$D_M = \frac{22}{2} + 1 = 12$$

Porém, esse mapa de atributos 12 × 12 é reduzido por um *average pooling* de filtro 3 × 3, como você pode ver a seguir:

$$D_P = \frac{D_M}{D_F} = \frac{12}{3} = 4$$

Assim, o resultado será uma matriz 4 × 4 com valores para cada pixel condizentes com a média da respectiva região 4 × 4 no mapa de atributos.

Redes neurais convolucionais densas

Ao contrário do que acontece com as redes convolucionais convencionais, uma rede densamente conectada tem conexões que não são apenas a ordem convencional de entrada e saída, como também ligam as camadas distantes umas das outras, conforme você pode observar na Figura 8 (MAZZA, 2017).

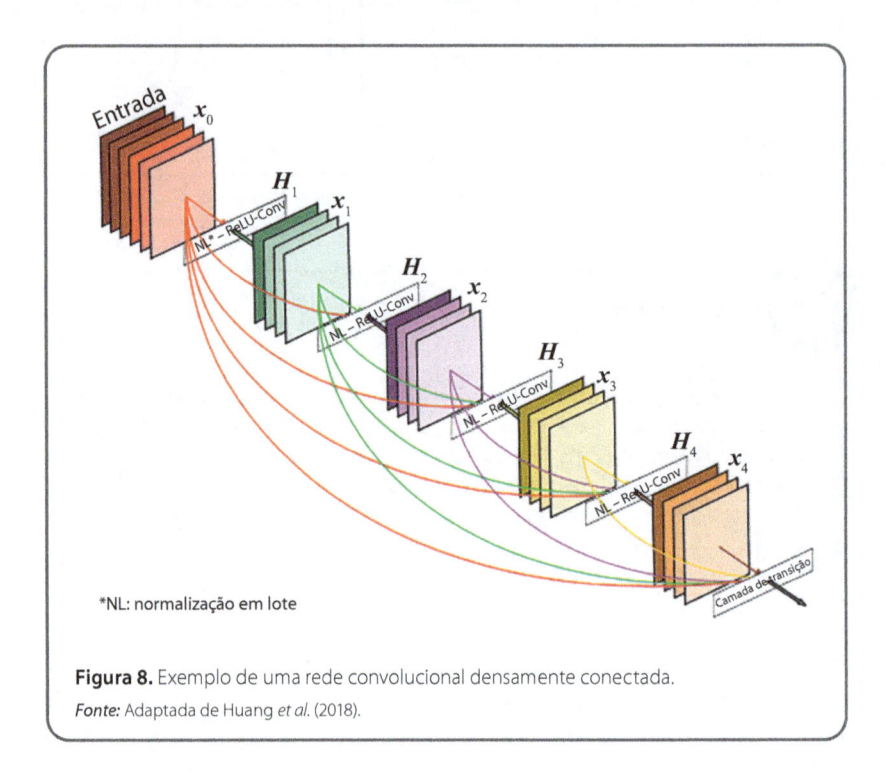

Figura 8. Exemplo de uma rede convolucional densamente conectada.
Fonte: Adaptada de Huang *et al.* (2018).

Este tipo de rede é subdividido em dois segmentos: o bloco denso, em que cada nova camada recebe a saída de todas as camadas anteriores; e o bloco de transição, que pretende limitar a densidade de conexões agrupando e conectando blocos densos com apenas uma conexão na transição entre estes, como você pode ver na Figura 9 (MAZZA, 2017).

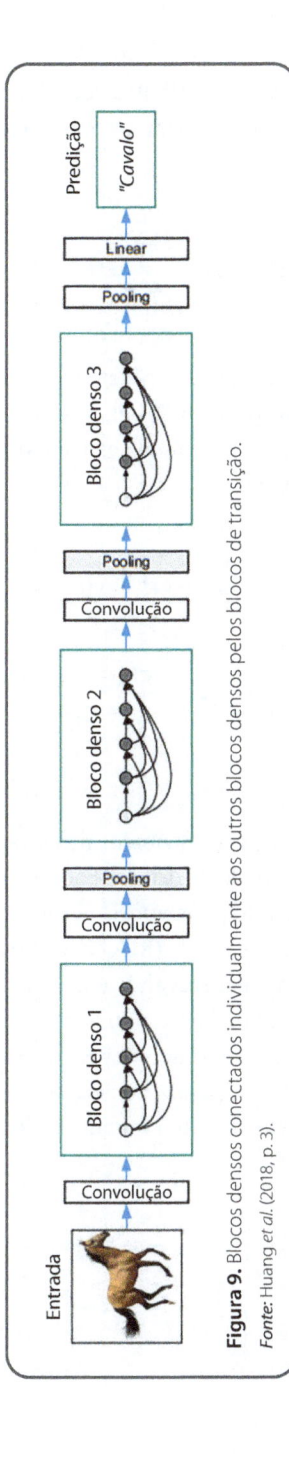

Figura 9. Blocos densos conectados individualmente aos outros blocos densos pelos blocos de transição.

Fonte: Huang *et al.* (2018, p. 3).

Já a quantidade de mapas de atributos recebidos por um bloco denso é igual ao somatório dos mapas de atributos anteriores, como apresentado na seguinte equação:

$$N_{MapasConectados} = \sum_{i=1}^{L} K_i \qquad \text{(equação 17)}$$

onde:
L: quantidade de camadas que antecedem a camada atual;
K_i: quantidade de mapas de atributos da i-ésima camada;
Assim, K é um valor fixo para todas as camadas, conforme você pode conferir nas seguintes equações:

$$N_{MapasConectados} = \sum_{i=1}^{L} K_1 + K(L-1) \qquad \text{(equação 18)}$$

$$N_{MapasConectados} = L.K_1 + \frac{L.K.(L-1)}{2} \qquad \text{(equação 19)}$$

onde:
K_1: é a quantidade de mapas de atributos na entrada.

A partir da equação 19, pode-se determinar com que proporção aumenta a quantidade de processamento e a memória necessária para operar uma rede convolucional densamente conectada (MAZZA, 2017).

Apesar da quantidade considerável de conexões interligando várias camadas, pois há uma concatenação e não apenas uma conexão direta da camada anterior à próxima (como ocorre nas redes convencionais), a rede convolucional densamente conectada consegue obter resultados melhores de classificação de imagens com uma quantidade inferior de parâmetros (HUANG *et al.*, 2018).

Fique atento

Ao final de todas as camadas de convolução, a rede é finalizada com o uso de uma rede neural convencional, totalmente conectada, em que se utiliza uma última função de *pooling*, porém, não tem o intuito de diminuir a quantidade de parâmetros diretamente (apesar de contribuir para isso), e sim de reduzir o efeito de má generalização ao fazer essa transição.

Portanto, utiliza-se a função *global average pooling*, cujo resultado é a redução de cada mapa de atributo para o único pixel que represente cada um deles. A característica será expressa pela intensidade desse último pixel, e não mais pelo mapa utilizado para aprimorar a análise de mais detalhes ou interligar as características (MAZZA, 2017).

Referências

CHOLLET, F. *Xception: Deep Learning with Depthwise Separable Convolutions*. [S. l.: S. n.], 2016. 14 p. Disponível em: https://arxiv.org/pdf/1610.02357v2.pdf. Acesso em: 26 maio 2019.

HIJAZI, S.; KUMAR, R.; ROWEN, C. *Using convolutional neural networks for image recognition*. San José: Cadence Design Systems, 2016. 12 p. Disponível em: http://ip.cadence.com/uploads/901/cnn-wp-pdf. Acesso em: 26 maio 2019.

HUANG, G. *et al. Densely Connected Convolutional Networks*. [S. l.: S. n.], 2018. 9 p. Disponível em: https://arxiv.org/pdf/1608.06993.pdf. Acesso em: 26 maio 2019.

MAZZA, L. O. *Aplicação de Redes Neurais Convolucionais Densamente Conectadas no Processamento Digital de Imagens para Remoção de Ruído Gaussiano*. Orientadores: Flávio Luis de Mello e Heraldo Luís Silveira de Almeida. 2017. 105 f. Projeto (Graduação em Engenharia de Controle e Automação) — Escola Politécnica, Universidade Federal do Rio de Janeiro, Rio de Janeiro, 2017. Disponível em: http://www.monografias.poli.ufrj.br/monografias/monopoli10019807.pdf. Acesso em: 26 maio 2019.

NORVIG, P.; RUSSELL, S. *Inteligência artificial*. 3. ed. Rio de Janeiro: Campus, 2013. 1016 p.

SHENG, Y. *et al. A Dilated Inception Network for Visual Saliency Prediction*. [S. l.: S. n.], 2019. 14 p. Disponível em: https://arxiv.org/pdf/1904.03571.pdf. Acesso em: 26 maio 2019.

Leituras recomendadas

DENG, L.; YU, D. Deep Learning: Methods and Applications. *Foundations and Trends in Signal Processing*, Boston; Delft, v. 7, n. 3-4, p. 197-387, 2013. Disponível em: https://www.microsoft.com/en-us/research/wp-content/uploads/2016/02/DeepLearning-NowPublishing-Vol7-SIG-039.pdf. Acesso em: 26 maio 2019.

NIELSEN, M. A. *Neural networks and deep learning*. San Francisco: Determination Press, 2015. Disponível em: http://neuralnetworksanddeeplearning.com/. Acesso em: 26 maio 2019.

O'SHEA, K.; NASH, R. *An introduction to convolutional neural networks*. [S. l.: S. n.], 2015. 11 p. Disponível em: https://arxiv.org/pdf/1511.08458v2.pdf. Acesso em: 26 maio 2019.

PERKOVIC, L. *Introdução à computação usando Python*: um foco no desenvolvimento de aplicações. Rio de Janeiro: LTC, 2016. 516 p.

SOLOMON, C.; BRECKON, T. *Fundamentos de processamento digital de imagens*: uma abordagem prática com exemplos em Matlab. Rio de Janeiro: LTC, 2013. 306 p.

SPIEGEL, M. R.; STEPHENS, L. J. *Estatística*. 4. ed. Porto Alegre: Bookman, 2009. 600 p. (Coleção Schaum).

Diferentes técnicas de IA

Objetivos de aprendizagem

Ao final deste texto, você deve apresentar os seguintes aprendizados:

- Identificar os agentes inteligentes.
- Explicar os algoritmos genéticos.
- Descrever o aprendizado de máquinas.

Introdução

Hoje, qualquer pessoa que use a internet está interagindo com alguma forma de automatização da inteligência artificial. O ambiente *on-line* utiliza diversas técnicas e ferramentas para aprender sobre o comportamento do usuário na Web, por exemplo, os *sites* mais visitados, seu tipo, as preferências em compras e as pesquisas mais realizadas, com o objetivo de fornecer respostas mais próximas ao gosto desse indivíduo.

A inteligência artificial se propaga de forma vertiginosa e pode ser encontrada em medicina, diagnósticos, robótica, educação, entretenimento, indústria, fábricas, entre outras áreas. Cada uma delas utiliza as técnicas e ferramentas mais adequadas às suas respectivas tarefas.

Neste capítulo, você estudará os agentes inteligentes, os algoritmos genéticos (AG) e o aprendizado de máquina.

Agentes inteligentes

De acordo com Norvig e Russell (2013), o agente é definido como "tudo o que pode ser considerado capaz de perceber seu ambiente por meio de sensores e de agir sobre esse ambiente por intermédio de atuadores". Já a definição de percepção por ele baseia-se na captação de sinais do ambiente por meio de seus sensores, que serão processados por algum sistema, lógico ou dedutivo, que simule o raciocínio para produzir ações sobre esse ambiente utilizando os atuadores.

Em uma comparação com os seres humanos, os órgãos dos sentidos (olhos, nariz, ouvidos, etc.) seriam os sensores; e os braços, pernas, mãos e boca se tornariam os atuadores. Um agente de *software* pode receber sequências alfanuméricas tecladas, comandos de um *mouse* ou de um toque na tela como entradas sensoriais e atuar sobre o ambiente imprimindo algo, fazendo um *download* ou mostrando algo na tela. Na robótica, fica mais fácil fazer uma analogia, pois já existem sensores (câmeras, sensores infravermelhos ou térmicos, etc.) para captar entradas e motores com braços mecânicos a fim de servir como atuadores.

Os agentes são entidades computacionais que tentam funcionar autônoma e continuamente em ambientes restritos, podendo coexistir com outros que possuam ou não características em comum. Assim, verifica-se que um sistema computacional será um agente se tiver a capacidade de, por meio dos sensores, perceber o ambiente em que está situado e agir nele utilizando os atuadores.

Um agente inteligente adota a melhor ação possível diante de determinada situação. A internet está cheia desse tipo, como em mecanismos de busca a fim de apresentar o melhor resultado a uma pessoa que esteja pesquisando algo, classificando-o de acordo com a relevância e o grau de acerto, ou nos *sites* que comparam preços, nos mecanismos que mostram propagandas nas páginas acessadas, entre outros.

A construção dos agentes inteligentes pode ser muito complexa, e o grau de complexidade dependerá de quão completo seu comportamento for descrito. Sua construção se inicia ao considerar a função do agente e a sequência de percepções. A função do agente é uma entidade matemática que define o comportamento desse agente e mapeia as ações possíveis por meio de uma sequência de percepções, que estão armazenadas nele.

Saiba mais

A sequência de percepções são percepções anteriores, armazenadas na memória e utilizadas, eventualmente, para determinada ação pelo agente. Em muitas ações, o agente considera não somente a percepção atual, como também o que já foi percebido por ele.

Uma das formas de se implementar uma função do agente é por meio de tabelas que relacionam possíveis ações a uma sequência de percepções. Trata-se de uma abordagem simples e eficiente, mas muito exaustiva, pois a complexidade dos ambientes torna o tamanho dessas tabelas inviáveis. Assim, a tarefa desafiadora é escrever rotinas, chamadas de programas do agente, que implementem as funções do agente da forma mais completa possível e possuam poucas linhas de código para as tabelas maiores.

Ao efetuar o projeto de um agente, deve-se especificar da maneira mais completa possível o ambiente da tarefa, que é composto de sua descrição, medida de desempenho, atuadores e sensores. No Quadro 1, você pode ver exemplos de agentes inteligentes, detalhando seus componentes e seu ambiente.

Quadro 1. Descrição do ambiente da tarefa

Tipo de agente	Medida de desempenho	Ambiente	Atuadores	Sensores
Carro autônomo	Viagem segura, rápida, sem infrações de trânsito, confortável e lucrativa	Estradas, diversos tipos de tráfego, pedestres e clientes	Direção, acelerador, freio, sinal, buzina e amortecedor	Câmeras, sonar, velocímetro, *Global Positioning System* (GPS), hodômetro, acelerômetro, sensores do motor e teclado
Sistema de diagnóstico médico	Paciente saudável e minimização de custos	Paciente, hospital e equipe	Exibição de perguntas, testes, diagnósticos, tratamentos e indicações	Entrada pelo teclado para sintomas, descobertas e respostas do paciente
Robô de seleção de peças	Porcentagem de peças em bandejas corretas	Correia transportadora com peças e bandejas	Braço e mão articulados	Câmera e sensores angulares articulados
Instrutor de inglês interativo	Maximização da nota do aluno em teste	Conjunto de alunos e ambiente de testes	Exibição de exercícios, sugestões, correções, autofalante e fone de ouvido	Entrada pelo teclado e microfone

Fonte: Adaptado de Norvig e Russell (2013).

Estrutura de agentes

Geralmente, um agente é composto de uma arquitetura, dispositivos em que será executado (de computação com sensores e atuadores físicos) e programa do agente que implementará a função do agente. Pode-se citar como programas com vários graus de complexidade: agentes reativos simples, agentes reativos baseados em modelos, agentes baseados em objetivos, agentes baseados na utilidade e agentes com aprendizagem (NORVIG; RUSSELL, 2013).

Os agentes reativos simples atuam baseados na percepção do momento e ignoram as percepções anteriores, mas isso não significa que eles não possam ocorrer em ambientes complexos. Por exemplo, se um carro autônomo percebe que o carro da frente está diminuindo a velocidade, ele também diminuirá sua velocidade. Portanto, trata-se de um agente reativo simples.

Os agentes reativos simples trabalham com regras muito simples do tipo:

SE <condição>, ENTÃO <ação>

Exemplo

Por exemplo, imagine um aspirador robotizado dentro de um grande quadrado dividido em nove quadrados menores, que se situa no retângulo central. A seguir, você pode ver um pseudocódigo para a implementação de um agente reativo simples (MEDEIROS, 2018).
- SE estado = sujo, ENTÃO aspirar.
- SE estado = limpo, ENTÃO faça movimento = SIM.
  SENÃO faça movimento = NÃO.
- SE faça movimento = SIM E quadrado na frente = SIM.
  ENTÃO direção de movimento = FRENTE.
- SE faça movimento = SIM E quadrado na frente = NÃO.
  ENTÃO direção de movimento = DIREITA.

Ao examinar as quatro regras, percebe-se que as regras um e dois são responsáveis por verificar se o quadrado está limpo ou não e pela ação de aspirar ou fazer movimento. Já as regras três e quatro se encarregam da ação de direção de movimento.

Nota-se que elas são regras simples, mas eficazes. Pode-se também considerar outras ações, principalmente porque, no ambiente real de emprego do aspirador, os obstáculos que ele terá de perceber e agir serão muito mais complexos.

Os agentes reativos baseados em modelos possuem alguma forma de lidar com observações parciais do ambiente que os cerca e devem ser capazes de atuar baseados em percepções incompletas, auxiliados pelo seu modelo de mundo. Esse modelo traduz o conhecimento de como o mundo atua e de como ele funciona.

> **Fique atento**
>
> Você deve considerar os aspectos a respeito de como as ações do agente influenciam o mundo e como este e o ambiente evoluem, independentemente do agente.

Por exemplo, no caso do carro autônomo, quando as luzes vermelhas de freio de um veículo na sua frente acendem, é um sinal de que ele também deve frear. O veículo que estiver lhe ultrapassando estará cada vez mais próximo do que antes e, depois, começará a se afastar, isso se refere ao modo como o mundo funciona. Quando o volante for girado para a esquerda, o carro virará à esquerda e, após conduzi-lo por dez minutos na direção sudoeste, ele estará a uma distância equivalente a dez minutos vezes a velocidade na direção que estava anteriormente, o que remete à forma como suas ações influenciam o mundo.

Portanto, o agente baseado em modelo se baseia em um modelo de como o mundo funciona. Na Figura 1, você pode observar um pseudocódigo para esse tipo de agente.

função (percepção) **retorna** ação

! variáveis: *estado* (a concepção do agente do estado atual do mundo)

              modelo (uma descrição de como o próximo estado depende do estado atual e da ação)

              regras (um conjunto de regras condição-ação)

              ação (a ação recente, inicialmente nenhuma)

estado ← ATUALIZAR ESTADO (*estado, ação, percepção, modelo*)

regra ← REGRA-CORRESPONDENTE (*estado, regras*)

ação ← *regra* AÇÃO

retornar *ação*

Figura 1. Sistema de aquisição de imagem simplificado.
Fonte: Adaptada de Norvig e Russell (2013).

Os agentes baseados em objetivos se baseiam na descrição do estado atual e dos objetivos que mostrem as situações desejadas. Geralmente, escolher qual ação será tomada para um dado objetivo é simples, mas, às vezes, pode ser bastante complicado. Existem diversas áreas dentro da inteligência artificial, como busca, planejamento, etc., que estudam formas de definir, para o agente, as sequências de ações a um objetivo.

O agente baseado em objetivos é mais flexível do que o agente reativo, pois este se baseia em regras de condição-ação, e o outro produz suas ações com base em um conhecimento colocado explicitamente e que pode ser modificado. Por exemplo, o agente reativo do carro autônomo freia ao captar a luz vermelha das lanternas traseiras de um veículo; já o agente baseado em objetivos verifica a taxa de redução de velocidade do carro na sua frente e escolhe diminuir ou não a sua, dependendo da reação seguinte desse carro (a redução pode ter sido momentânea). O agente reativo também poderia agir dessa forma, porém, muitas regras teriam de ser escritas para lidar com essa situação.

Já os agentes baseados na utilidade lidam com a efetividade da ação, alcançando seu objetivo de diversas formas. Por exemplo, quando você coloca um destino em um *software* de GPS, podem existir diversas rotas do seu local até ele. Qual será o caminho mais curto? Qual deles leva menos tempo? Terá algum posto no caminho ou um restaurante? Dependendo do objetivo e das condições impostas, determinada rota será mais efetiva do que as outras.

Esses agentes maximizam suas medidas de desempenho, e sua utilidade é exatamente avaliar as medidas e escolher a mais racional. No caso de objetivos conflitantes ou quando existir vários objetivos e não houver certeza de como alcançá-los, os agentes podem decidir com base em probabilidades e na importância desses objetivos. Portanto, eles tentam maximizar a utilidade esperada.

Os agentes com aprendizagem conseguem aprender a partir de uma condição inicial, podendo atuar em ambientes que não eram inicialmente conhecidos e evoluir seu conhecimento sobre tal mundo à medida em que atua. Em muitas situações, é melhor ter esse tipo de agente do que produzir um artefato inteligente, já com todo conhecimento. Eles também têm quatro componentes conceituais (NORVIG; RUSSELL, 2013).

- Elemento de desempenho: é quem decide qual ação executar com base nas percepções recebidas (trata-se da parte descrita até agora).
- Elemento crítico: monitora o comportamento do agente em relação aos padrões de desempenho e informa ao elemento de aprendizado.
- Elemento de aprendizado: modifica o comportamento do elemento de desempenho, com base nas informações do elemento crítico, para melhorar suas futuras ações e decisões.
- Gerador de problemas: está relacionado às novas experiências e sugere novas regras e ações.

Os agentes descritos anteriormente não esgotam todos os tipos de agente. Existem outras classificações e sugestões, como agentes de interface, que funcionam como um assistente pessoal; agentes móveis, que são capazes de se mover de um local para outro (como na internet); agentes de informação, que coletam as informações, sobretudo na internet; e sistemas multiagentes, que combinam todos os outros, por exemplo, os agentes colaborativos, que se comunicam entre si de forma colaborativa para alcançar alguma meta.

Algoritmos genéticos

A inteligência artificial é uma área que abrange variados campos do conhecimento, e a maioria das tarefas em que é empregada envolve uma quantidade de incerteza e eventos aleatórios. Portanto, busca-se técnicas que possam trabalhar nesse ambiente incerto, entre elas, centenas são usadas para fazer busca e otimização, como o AG.

O AG é uma das técnicas utilizadas pela inteligência artificial para encontrar soluções aos problemas que envolvem busca e otimização, bem como faz parte dos algoritmos evolutivos, que se inspiram na teoria da evolução usando conceitos como seleção natural, mutação, hereditariedade e recombinação (*crossing over*).

Existem muitas representações possíveis para utilização do algoritmo, e a mais simples é a representação usando cadeias de bits. Os cromossomos são modelados como cadeias de bits, em que se considera cada bit da cadeia um gene. Já o conjunto de cromossomos forma uma população, na qual cada um deles representa um indivíduo, sendo uma solução completa ou uma classificação.

O AG é efetuado por simulações em computador e funciona como algoritmo de busca, em que populações sucessivas são escolhidas para encontrar a melhor solução de um problema. Parte-se, inicialmente, de uma população aleatória ou de um conjunto de populações que representam soluções, obtendo-se novas gerações a cada evolução, as quais se avalia de acordo com as adaptações feitas. Depois, escolhe-se alguns indivíduos para sofrerem mutação ou serem recombinados e formarem a nova população, assim, cada nova população servirá como entrada para a iteração seguinte do algoritmo.

Eles possuem algumas peculiaridades que os diferenciam dos algoritmos de otimização tradicionais: as regras nas transições usam modelos probabilísticos e precisam apenas de formas de avaliação de resultado, e não dos conhecimentos derivados do problema. Os resultados são apresentados não como a única solução, e sim como um conjunto de soluções. Eles também tentam otimizar não os parâmetros em si, mas o conjunto de soluções. Independentemente da solução que for utilizada, o algoritmo é processado conforme você pode ver na Figura 2.

A sequência de execução do algoritmo ocorre da seguinte forma:

1. **Produza** a primeira geração, gerando uma população aleatória de cromossomos.
2. **Pare**, se o critério de parada for satisfeito, senão siga para o passo 3.
3. **Calcule** a aptidão de cada cromossomo.
4. **Selecione** cromossomos de acordo com a aptidão calculada e efetue a mutação e os cruzamentos.
5. **Gere** uma nova geração (população de cromossomos).
6. **Retorne** à etapa 2.

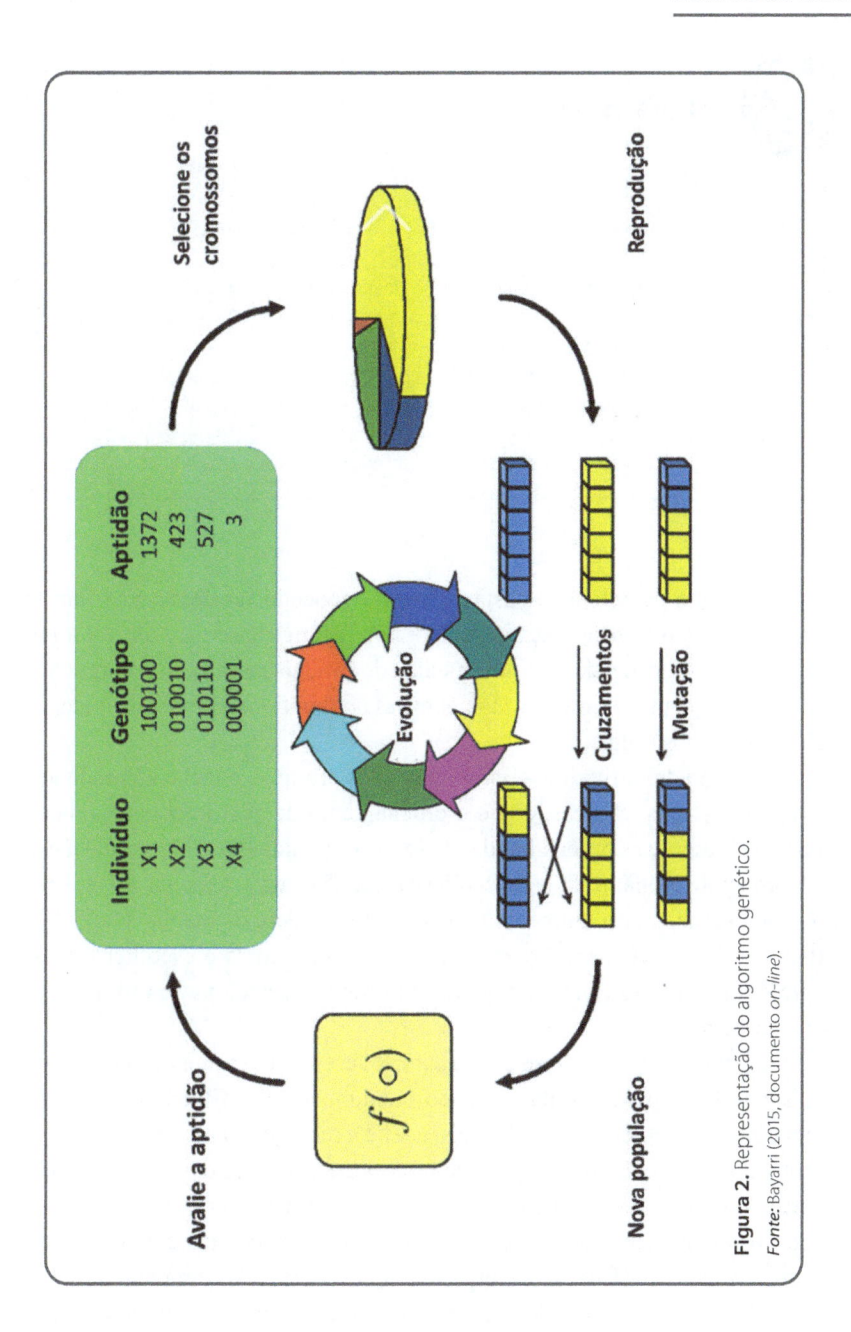

Figura 2. Representação do algoritmo genético.
Fonte: Bayarri (2015, documento *on-line*).

> **Fique atento**
>
> A quantidade de cromossomos deve ser determinada antes de se produzir sua primeira geração e permanece constante durante a evolução. Às vezes, ter uma população com tamanho variável, de uma geração para outra, pode ser útil.
> Para que o processo de cruzamento seja aplicado, o tamanho de cada cromossomo deve ser igual durante a evolução. Não é comum executar o AG com cromossomos variando de tamanho, embora isso possa ser feito.
> Geralmente, de uma geração para outra, os cromossomos com melhor aptidão são escolhidos para se unirem, e cada par deles pode gerar dois filhos, que substituem os da geração anterior. O algoritmo permite que alguns pais mais aptos possam gerar mais filhos e certos cromossomos da população anterior continuem na geração seguinte.

O conceito de aptidão é bastante amplo, podendo ser desde uma função objetivo (objeto da otimização), que possui uma métrica e gera um valor numérico (o mais utilizado), até uma medida de aptidão baseada na proximidade com que o genótipo (informação genética) do fenótipo (forma física) atende a determinados critérios.

A seleção de indivíduos (possuidores dos cromossomos) é efetuada utilizando algumas técnicas, como o ordenamento de acordo com a saída da função objetivo e as probabilidades de serem escolhidos. Depois de colocá-los em ordem de probabilidade, a escolha é aleatória para selecionar não apenas os mais aptos, como também não excluir totalmente os menos adaptados. Pode-se, inclusive, separar em pequenos subconjuntos e escolher o mais apto dentro de cada um ou colocar em ordem e selecionar os indivíduos mais capazes.

Em geral, a reprodução se divide em três fases. Primeiramente, escolhe-se dois indivíduos para acasalar, gerando, comumente, dois filhos e mantendo o tamanho populacional igual. Depois, é feita a recombinação (*crossing-over*) imitando um processo biológico de reprodução, em que os filhos recebem parte do código genético da mãe e parte do pai. Isso garante que os mais aptos troquem informações entre si e possuam uma maior probabilidade de sobrevivência. Por fim, ocorrem as mutações, realizadas com baixa probabilidade, com o objetivo de proporcionar uma maior diversidade genética nessa população.

Agora, você poderá ver como é feito o processo de cruzamento. Considere os dois cromossomos a seguir:

010100111001001
110101001111101

Escolhe-se um ponto de cruzamento, por exemplo, entre o sétimo e o oitavo gene:

0101001 | 11001001
1101010 | 01111101

Depois, troca-se as partes separadas:

010100101111101
110101011001001

Existem também outras formas de cruzamento, por exemplo, priorizar mais um pai, efetuar sua clonagem ou trocar as seções de mesmo comprimento de bit entre os cromossomos, como você pode ver a seguir:

010100111001001   010101001111001
110101001111101   →   110100011100 1101

Quando se procura uma solução para um problema de otimização, é comum ocorrerem máximos locais. Portanto, a mutação foi introduzida justamente para evitar isso e envolve a inversão do valor de um bit em um cromossomo, sendo uma operação unitária, aplicada somente ao único gene e com baixa probabilidade. Veja o exemplo a seguir:

110101001111101
↓
110101101111101

O algoritmo pode terminar quando determinada solução tiver sido alcançada, se o nível de aptidão mais alto na população alcançar certo valor, ou após um número específico de gerações.

Aprendizado de máquinas

O aprendizado de máquina ensina os dispositivos computacionais a fazerem o que é natural para humanos e animais: aprender com a experiência. Os algoritmos de aprendizado de máquina usam técnicas e métodos computacionais para extrair as informações e aprender diretamente dos dados, sem depender das equações predeterminadas como modelo. Eles ainda tentam melhorar, de forma adaptativa, seu desempenho à medida em que o número de amostras disponíveis para o aprendizado aumenta.

Os algoritmos de aprendizado de máquina encontram padrões naturais no conjunto de dados que geram conhecimento e ajudam os administradores a tomarem melhores decisões e a efetuarem previsões, podendo ser empregados também em algumas etapas de processamento pelos agentes inteligentes. Eles são usados todos os dias na tomada de decisões críticas de diagnóstico médico, na negociação de ações, na previsão de carga de energia, entre outras tarefas. Na internet, os *sites* de mídia contam com o aprendizado de máquina para selecionar, entre milhões de opções, as mais adequadas para dar recomendações de músicas ou filmes. Já no *e-commerce*, são utilizados para se obter informações sobre o comportamento de compra dos clientes.

Com o aumento da utilização das técnicas de inteligência artificial, o aprendizado de máquina tornou-se particularmente importante para resolver problemas em áreas como:

- Financiamento — para pontuação de crédito e algoritmos de negociação.
- Processamento de imagem e visão computacional — para reconhecimento facial, detecção de movimento e de objetos.
- Biologia computacional — para detecção de tumores, descoberta de drogas e sequenciamento de ácido desoxirribonucleico (DNA).
- Produção de energia — para previsão de preço e carga.
- Automotivas, aeroespaciais e industriais — para manutenção preditiva.
- Processamento de linguagem natural.

O aprendizado de máquina usa dois tipos de técnicas: aprendizado supervisionado, que treina um modelo a partir de dados de entrada e saída conhecidos, prevendo saídas futuras; e aprendizado não supervisionado, que encontra padrões ocultos ou estruturas intrínsecas nos dados de entrada. Na Figura 3, você pode ver os tipos de tarefas mais comuns para cada aprendizado.

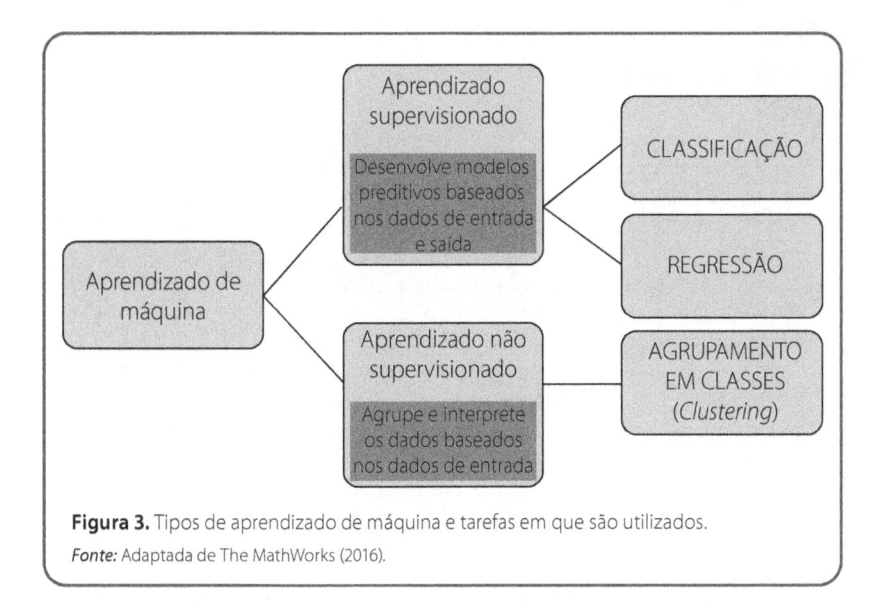

Figura 3. Tipos de aprendizado de máquina e tarefas em que são utilizados.
Fonte: Adaptada de The MathWorks (2016).

O objetivo do aprendizado de máquina supervisionado é construir um modelo que faz previsões baseadas em evidências, se houver incerteza. Um algoritmo de aprendizado supervisionado possui, para treinamento, um conjunto conhecido de dados na entrada e outro de respostas conhecidas para esses dados na saída, bem como treina um modelo para gerar previsões razoáveis de respostas na apresentação de dados novos.

O aprendizado supervisionado ainda usa técnicas de classificação e regressão para desenvolver modelos preditivos, como você pode ver a seguir.

- Técnicas de classificação predizem respostas discretas, por exemplo, se um *e-mail* é genuíno ou *spam*, ou se um tumor é canceroso ou benigno. Modelos de classificação fazem a classificação dos dados de entrada em categorias. Suas aplicações típicas incluem imagens médicas, reconhecimento de fala e pontuação de crédito.
- Técnicas de regressão preveem respostas contínuas, por exemplo, mudanças de temperatura ou flutuações na demanda de energia. Suas aplicações típicas incluem previsão de carga na distribuição de energia elétrica e negociação de crédito.

> **Exemplo**
>
> Suponha que você deseja fazer um sistema de diagnóstico de doenças cardíacas por meio de eletrocardiogramas. Para isso, será necessário obter uma série de eletrocardiogramas coletados de vários pacientes, com seus respectivos laudos, e verificar quais características deles levaram os médicos a concluírem que o coração estava sadio ou com alguma disfunção. Elas se chamam características significativas, sendo que as características selecionadas serão as entradas; e os diagnósticos, as saídas. Depois, o sistema deve ser modelado e treinado com essas informações para que, quando um novo paciente fizer o eletrocardiograma, ele extrairá suas características significativas e as comparará com aquelas que estão armazenadas e classificadas segundo os diagnósticos. Após a comparação, o sistema informará se o coração está sadio ou possui alguma disfunção.

Já o aprendizado de máquina não supervisionado é utilizado para procurar padrões ocultos ou estruturas internas no conjunto de dados e, comumente, quando não há dados classificados, nem conhecimento sobre sua segmentação, ou se o trabalho de classificação *a priori* (entrada *versus* saída) for muito complexo.

A técnica de agrupamento (*clustering*), um tipo de aprendizado não supervisionado, é a de emprego mais comum, sendo usada para a análise exploratória da massa de dados para encontrar padrões ou agrupamentos em dados. Algumas aplicações dessa técnica incluem pesquisa de mercado, análise de sequência genética e reconhecimento de objetos.

> **Saiba mais**
>
> A técnica de agrupamento pode ser utilizada como um passo anterior à aplicação do aprendizado supervisionado.

Na Figura 4, você pode observar um exemplo do emprego do algoritmo Médias-K na separação de duas classes. Considere que os dados utilizados são características significativas que estão parametrizadas, nesse caso, em vetores de duas dimensões.

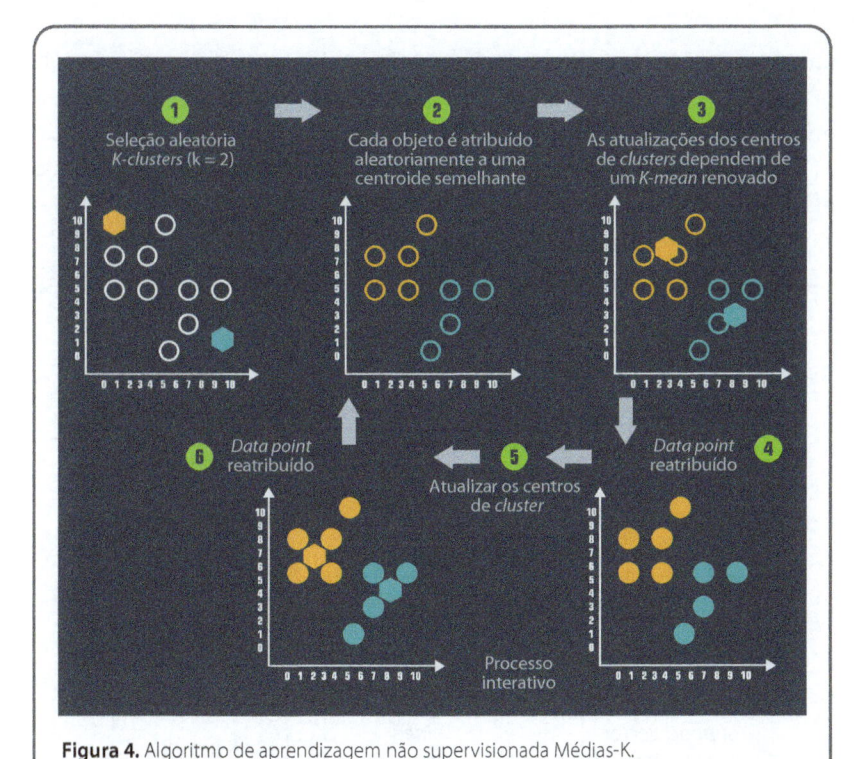

Figura 4. Algoritmo de aprendizagem não supervisionada Médias-K.
Fonte: Adaptada de ShadeDesign/Shutterstock.com.

Esse algoritmo funciona da seguinte forma:

- Passo 1 — seleção do número de centros aleatoriamente, nesse caso, K = 2.
- Passo 2 — cada amostra é associada a um centro aleatoriamente.
- Passo 3 — os centros são recalculados.
- Passo 4 — as amostras são reclassificadas.
- Passo 5 — os centros são recalculados.
- Passo 6 — as amostras são reclassificadas.

Depois, verifica-se se houve alguma mudança na classificação em relação à anterior. Caso a resposta seja **sim**, volta-se para o passo 5 e, se for **não**, você deve terminar o algoritmo. O algoritmo *X-Means* significa *Extended K-Means*, sendo que, na realidade, foi no algoritmo Médias-K que se introduziu mais um passo, selecionando-se o subconjunto de classes mais promissor para refinamento. Ele recebe como parâmetro de entrada os vetores que serão particionados, bem como o intervalo de números que indica o número mínimo e o máximo de *clusters* em que os dados de treinamento devem ser particionados.

Existem centenas de algoritmos que são utilizados no aprendizado de máquina e, na Figura 5, você pode conhecer os principais deles.

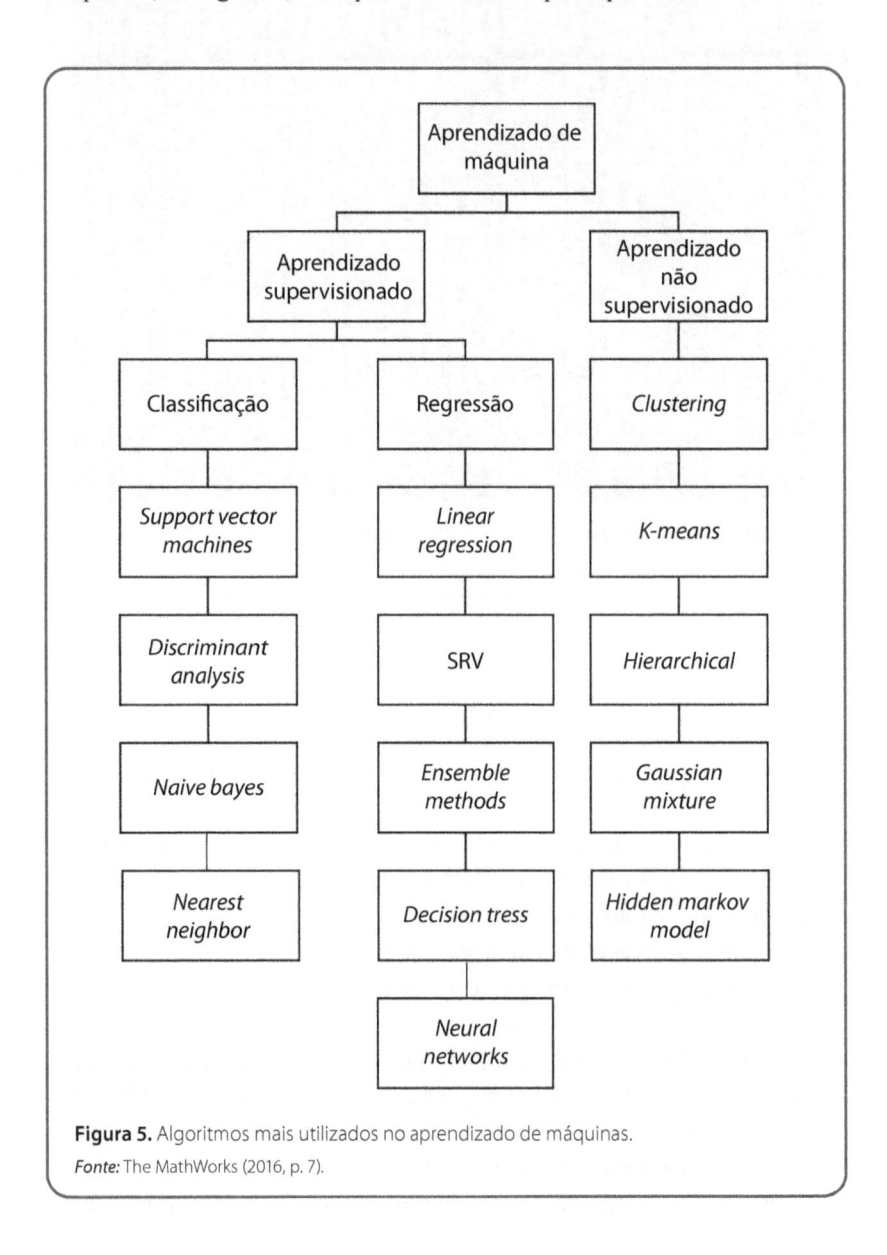

```
                        Aprendizado de máquina
                        ├── Aprendizado supervisionado
                        │       ├── Classificação
                        │       │       ├── Support vector machines
                        │       │       ├── Discriminant analysis
                        │       │       ├── Naive bayes
                        │       │       └── Nearest neighbor
                        │       └── Regressão
                        │               ├── Linear regression
                        │               ├── SRV
                        │               ├── Ensemble methods
                        │               ├── Decision tress
                        │               └── Neural networks
                        └── Aprendizado não supervisionado
                                └── Clustering
                                        ├── K-means
                                        ├── Hierarchical
                                        ├── Gaussian mixture
                                        └── Hidden markov model
```

Figura 5. Algoritmos mais utilizados no aprendizado de máquinas.
Fonte: The MathWorks (2016, p. 7).

Os algoritmos *Support Vector Machines* (SVM), *Discriminant Analysis, Naive Bayes* e *Nearest Neighbor* (NNR) são de classificação e utilizados com aprendizado supervisionado. O SVM é um classificador linear binário não probabilístico e, na forma padrão, prediz em qual das duas classes cada amostra de um conjunto de dados de entrada está. O *Discriminant Analysis* é um instrumento estatístico que avalia a adequação de uma classificação, dados os membros de uma classe ou para efetuar atribuições a uma classe entre várias outras. Já os *Naive Bayes* são uma família de classificadores probabilísticos simples baseados na aplicação do teorema de Bayes com pressupostos de independência fortes (*naive*) entre suas características.

A NNR ou regra do vizinho mais próximo é um problema de otimização que busca encontrar o ponto em um conjunto que seja o mais próximo (ou mais similar) a outro ponto. A proximidade é tipicamente expressa em termos de uma função de dissimilaridade, que pode ser uma medida de distância, quanto maior ela for, menor será a similaridade.

Os algoritmos *Linear Regression* (LR), *Support Vector Regression* (SVR), *Ensemble Methods, Decision Trees* e *Artificial Neural Networks* (ANN) são de regressão e utilizados com aprendizado supervisionado. A LR tenta predizer um valor que não se consegue estimar inicialmente, por meio da equação condicional de uma variável y, dados os valores de outras variáveis x. O SVR mapeia um conjunto de dados no espaço multidimensional por meio de um mapeamento não linear e, depois, faz uma regressão linear nesse espaço mapeado. Já os *Ensembles Methods* empregam vários algoritmos de aprendizado em conjunto para obter o melhor desempenho preditivo, tentando produzir resultados melhores do que os obtidos por qualquer um dos algoritmos usados isoladamente.

As *Decision Trees* são ferramentas de suporte à decisão, que usam um gráfico ou um modelo semelhante a uma árvore de decisões com suas folhas como resultados, sendo uma maneira de exibir um algoritmo que contém apenas instruções de controle condicional. Já as ANN são um conjunto de algoritmos conexionistas, inspirados no cérebro humano e projetados para reconhecer padrões. Elas também interpretam os dados por meio de neurônios de entrada e possuem diversas camadas intermediárias e neurônios de saída.

Os algoritmos *K-Means* (Médias-K), *Clustering Hierarchical, Gaussian Mixture* (GM) e *Hidden Markov Models* (HMM) são de agrupamento (*clustering*) com aprendizado não supervisionado. O Médias-K já foi descrito. O *Clustering Hierarchical*, também conhecido como análise hierárquica de *cluster* (HCA), é um método de análise de agrupamento que tenta construir as hierarquias partindo de um agrupamento e, depois, efetua divisões interativamente, ou parte de vários agrupamentos e procura a união, segundo alguma regra.

Já os GM são modelos probabilísticos para representar subpopulações comumente distribuídas dentro de uma população total. Esses modelos de misturas, em geral, não exigem saber a qual subpopulação um ponto de dados pertence, por isso, aprendem as subpopulações automaticamente — como a designação destas não é conhecida, isso constitui uma forma de aprendizado não supervisionado. O HMM, por sua vez, trata-se de um modelo estatístico de Markov, no qual o sistema que está sendo modelado é considerado um processo de Markov com estados não observáveis e ocultos.

A área do aprendizado de máquinas possui três paradigmas principais: o aprendizado supervisionado, o aprendizado não supervisionado e a aprendizagem por reforço ou *reinforcement learning* (RL). O RL ficou por último, porque ele é específico da área dos agentes e afeto a como os agentes de *software* atuam em um ambiente, maximizando a recompensa. Ele permite que o agente atue interativamente em um ambiente por tentativa e erro, utilizando os *feedbacks* de suas próprias ações e experiências.

Apesar de efetuar o mapeamento entre a entrada e a saída como o aprendizado supervisionado, o RL atua de modo diferente. No aprendizado supervisionado, o *feedback* fornecido ao agente é o conjunto correto de ações para executar uma tarefa, já o RL usa recompensas e punições como sinais de comportamento positivo e negativo.

Ele também funciona de forma diferente do aprendizado não supervisionado, cuja diferença tem relação com o objetivo deles. O objetivo na aprendizagem não supervisionada é encontrar semelhanças e diferenças em um conjunto de dados, e o objetivo na RL envolve achar um modelo de ação adequado que maximize a recompensa cumulativa total do agente. Na Figura 6, você pode visualizar a ideia básica e os elementos envolvidos no modelo RL.

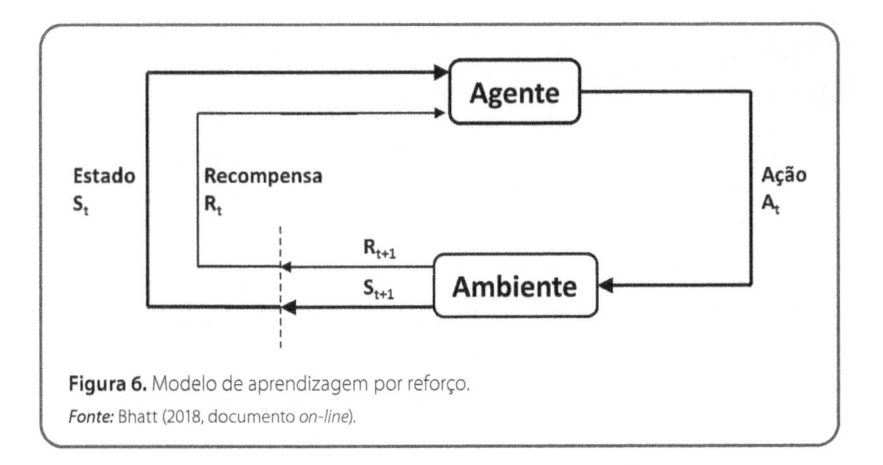

Figura 6. Modelo de aprendizagem por reforço.
Fonte: Bhatt (2018, documento *on-line*).

Alguns palavras-chave que descrevem os elementos de um problema de RL são:

- Meio ambiente — mundo físico no qual o agente opera.
- Estado — situação atual do agente.
- Recompensa — *feedback* do meio ambiente.
- Política — método para mapear o estado do agente para ações.
- Valor — recompensa futura que um agente receberia ao executar uma ação em um estado específico.

Um problema de RL pode ser explicado por meio de jogos. Por exemplo, no jogo de Pac-Man, o objetivo do agente (Pac-Man) é comer a comida na grade e evitar os fantasmas que estão no caminho. O mundo da grade é o ambiente interativo para o agente, o qual recebe uma recompensa por comer e uma punição se for morto pelo fantasma, perdendo o jogo. Os estados são as localizações do Pac-Man no mundo da grade, já a recompensa cumulativa total envolve vencer o jogo (BHATT, 2018, documento *on-line*).

Existem muitos algoritmos que são utilizados no RL, entre eles, o *Q-learning* e o *State-Action-Reward-State-Action* (SARSA). Eles são os mais usados, fáceis de implementar, se diferem em termos de estratégias de exploração e não possuem generalidade, pois não têm a capacidade de estimar valores para estados não vistos.

Referências

BAYARRI, S. Algoritmos genéticos: resolución de problemas y vida artificial (evolución y algoritmos, parte 2). *Los Libros de Salvador Bayarri*, [S. l.], 2015. Disponível em: http://bayarrilibros.blogspot.com/2015/01/algoritmos-geneticos-resolucion-de.html. Acesso em: 27 jun. 2019.

BHATT, S. 5 Things You Need to Know about Reinforcement Learning. *KDnuggets*, Brookline, 2018. Disponível em: https://www.kdnuggets.com/2018/03/5-things-reinforcement-learning.html. Acesso em: 27 jun. 2019.

MEDEIROS, L. F. *Inteligência artificial aplicada*: uma abordagem introdutória. Curitiba: InterSaberes, 2018. 264 p.

NORVIG, P.; RUSSELL, S. *Inteligência artificial*. 3. ed. Rio de Janeiro: Campus, 2013. 1016 p.

THE MATHWORKS. *Introducing machine learning*. Natick: MathWorks, 2016. 12 p. Disponível em: https://la.mathworks.com/content/dam/mathworks/tag-team/Objects/i/88174_92991v00_machine_learning_section1_ebook.pdf. Acesso em: 27 jun. 2019.

Leituras recomendadas

COPPIN, B. *Inteligência artificial*. Rio de Janeiro: LTC, 2010. 664 p.

DAMIÃO, M. A.; CAÇADOR, R. M. C.; LIMA, S. M. B. Princípios e Aspectos Sobre Agentes Inteligentes. *Revista Eletrônica da Faculdade Metodista Granbery — Curso de Sistemas de Informação*, Juiz de Fora, n. 17, jul./dez. 2014. Disponível em: http://re.granbery.edu.br/artigos/NTIw.pdf. Acesso em: 27 jun. 2019.

LIBRALÃO, G. L. *et al*. *Técnicas de aprendizado de máquina para análise de imagens oftalmológicas*. São Carlos: Instituto de Ciências Matemáticas e de Computação, Universidade de São Paulo, 2003. 8 p. Disponível em: http://www.lbd.dcc.ufmg.br/colecoes/wim/2003/003.pdf. Acesso em: 27 jun. 2019.

LUGER, G. F. *Inteligência artificial*. 6. ed. São Paulo: Pearson, 2013. 632 p.

SANTOS, J. C. *et al*. Seleção de atributos usando algoritmos genéticos para classificação de regiões. *In*: SIMPÓSIO BRASILEIRO DE SENSORIAMENTO REMOTO, 13., 2007, Florianópolis. *Anais* [...]. Florianópolis: Centro de Convenções de Florianópolis, 2007. p. 6143–6150. Disponível em: http://marte.sid.inpe.br/col/dpi.inpe.br/sbsr@80/2006/11.15.12.38/doc/6143-6150.pdf. Acesso em: 27 jun. 2019.